天在何方

한울은 어디에 있는가?

월산 김승복 천도교 설교집

한울은 어디에 있는가

| 월산 김승복 천도교 설교집 |

天在何方
천재하방

우리들이 조상님과 부모님의 은덕으로 무극대도에 입도하여 신앙생활을 하게 된 것은, 참으로 감사하고 행복한 일입니다. 신앙하는 사람은 한울님과 스승님의 감동으로 은총과 사랑을 받아야 합니다. 크고 작은 모든 일상생활에서 특별한 간섭을 받게 되어야 참다운 신앙인이라고 할 수 있습니다. 우리들은 한울님과 절친한 사이가 될 수 있어야 합니다. 한울님을 바르게 믿을 수 있어야 합니다. 신앙은 한울님을 극진히 공경하는 것입니다. 한울님을 모시고, 위하고, 섬기고, 받들고, 정성을 다하는 것입니다. 한울님의 덕과 스승님의 은혜를 생각마다 잊지 말고 목마른 사람이 물 생각하듯이, 굶주린 사람이 밥 생각하듯이, 추운 겨울날 헐벗은 사람이 옷 생각하듯이 간절하게 모앙하는 것입니다.

月山 김승복

풀꽃 모시는사람들

이 책은 1961년부터 2001년까지
천도교 월간지(신인간), 지상설교집, 천도교월보에 실렸던
월산 김승복 선생님의 글을 모은 것입니다

모시는 글

우리들이 조상님과 부모님의 은덕으로 무극대도에 입도하여 신앙생활을 하게 된 것은, 참으로 감사하고 행복한 일입니다. 신앙하는 사람은 한울님과 스승님의 감동으로 은총과 사랑을 받아야 합니다.

크고 작은 모든 일상생활에서 특별한 간섭을 받게 되어야 참다운 신앙인이라고 할 수 있습니다. 우리들은 한울님과 절친한 사이가 될 수 있어야 합니다. 한울님을 바르게 믿을 수 있어야 합니다.

신앙은 한울님을 극진히 공경하는 것입니다. 한울님을 모시고, 위하고, 섬기고, 받들고, 정성을 다하는 것입니다.

한울님의 덕과 스승님의 은혜를 생각마다 잊지 말고 목마른 사람이 물 생각하듯이, 굶주린 사람이 밥 생각하듯이, 추운 겨울날 헐벗은 사람이 옷 생각하듯이 간절하게 모앙하는 것입니다.

경외지심敬畏之心으로 모든 일에 수고롭고 괴롭고 부지런하고 힘써 지키면 한울님께서 감동합니다. 그 사람이 생각하고 말하고 행동하는 그대로 형상화되는 것이 인과법칙이요, 정시정문正示正聞하는 한울의 이치입니다.

어느 때 어느 곳에도 바르고 밝고 착하고 의로운 것을 분명히 하고, 마음을 편안하게 갖고 감사하고 기쁜 마음과 효제온공孝悌溫恭한 마음으로 천지만물과 화합하고, 모든 사람을 용서하고 적자지심赤子之心을 회복하여 광제창생의 마음으로 수련성도修煉成道가 되도록 노력하고 정진해야 합니다. 한울님을 위하고 장생할 수 있는 주문을 지성으로 많이 외워야 합니다. 한울님께 날마다 청수를 봉전하고 기도를 해야 합니다. 한울님께 식사할 때 감응 식고와 감사 식고를 극진히 하여 효도로써 봉양해야 합니다. 한울님께 매매사사 출입을 할 때 진심으로 심고를 하는 것이 가르침을 받을 수 있는 지름길입니다.

시일식侍日式은 모두 화합하여 동귀일체가 되는 합동기도식이요, 설교를 통하여 한울님 말씀을 듣는 시간입니다. 시일식은 신앙통일, 규모일치, 동귀일체를 실천하는 날입니다.

시일侍日이 오면 천도교회로 나오십시오. 천도교회는 모든 것을 해결해 드리는 곳입니다. 진리를 찾고 싶은 사람, 건강을 바라는 사람, 행복을 원하는 사람, 부부화순과 가정의 화목을 바라는 사람, 성공을 바라는 사람, 자유극락을 원하는 사람들은 천도교회로 오세요. 이신환성으로 자신의 정신을 개벽하면 운명을 개척할 수 있습니다. 한울님께서 특별히 도와주지 않으면 아무 일도 성공할 수 없습니다.

기도합시다.

한울님은 천지만물을 이뤄 놓고 간섭하고 명령하고 통일하시는 우주 본체요 우주생명이요 우주정신이요 우주의식이요 이치기운이요 성심이요, 하나님이며 천주님이며 부처님이요, 신이요 영이요 상제라는 많은 명사가 있지만, 오직 유일무이한 성령입니다.

사람은 한울님을 모신 한울사람 신선입니다. 참되고 행복하고 멋지고 신나는 신선 생활을 하자는 것이 신앙입니다. 한울님과 신성사님의 감동을 받아 한울님의 무한 지혜 무한 능력을 얻어 실상을 알아서 진리를 터득하기 바랍니다.

우리들은 후천개벽의 종자사람이요, 선구자이고 주인입니다. 그 책임과 의무를 다하기 위하여 만사여의가 되셔야 합니다.

가족 동반하여 시일식에 참석합시다.

천도교회로 나오세요.

환영합니다.

월산 김승복 심고

월산 김승복 천도교 설교집: 天在何方

차례

모시는글 | 5

1960년대

수도를 어떻게 할 것인가 15 | 인내천의 신앙 21 | 수심정기守心正氣 29

인내천 사람 40 | 신앙의 힘 51 | 사언행일치思言行一致 59

무無와 유有 65 | 해탈 73 | 종교생활 83 | 정신개벽 91

해월신사님의 수도 102 | 기화지신氣化之神 107 | 믿음 115

견성각심見性覺心 122 | 역지사지易地思之 129

이신환성以身換性·1 137 | 심학心學 143 | 천사天師님의 감응 151

책재원수責在元帥 159 | 재금사이작비在今思而昨非 165

1970년대

포덕천하 173 | 만사지萬事知·1 180 | 한울님을 바르게 알고 믿자 186
수도의 계단 192 | 신앙생활과 참회 198 | 한울님을 위하는 글 204
정성과 공경과 믿음 210 | 시천주의 생활 216

1980년대

무궁한 나 223 | 정시정문正示正聞 227 | 천재하방天在何方 233
만사지·2 238 | 각천주覺天主 243 | 자유 249
도道 253 | 마음 258 | 이신환성·2 264
삼화일목三花一木 269 | 도성덕립은 재성재인在誠在人 276

1990년대

동귀일리同歸一理 287 | 주문과 궁리窮理 294 | 동귀일체同歸一體 301
진리유일眞理惟一 307 | 불사약不死藥 316 | 경외지심敬畏之心 323
지상신선地上神仙 330 | 수도를 권하면서 인사를 드립니다 337

부록 |

「월산 선생님 말씀집」 출간을 축하드리며 | 이영복 종법사 343

「월산 선생님 말씀집」 출간을 축하하며 | 임운길 연원회의장 346

사람이 한울되는 답은 인내천 | 조현 한겨레신문 기자 349

월산 도정과의 마지막 만남 | 조현 한겨레신문 기자 352

월산 김승복 약력 357

1960년대

수도를 어떻게 할 것인가 15 | 인내천의 신앙 21 | 수심정기守心正氣 29

인내천 사람 40 | 신앙의 힘 51 | 사언행일치思言行一致 59

무無와 유有 65 | 해탈 73 | 종교생활 83 | 정신개벽 91

해월신사님의 수도 102 | 기화지신氣化之神 107 | 믿음 115

견성각심見性覺心 122 | 역지사지易地思之 129

이신환성以身換性·1 137 | 심학心學 143 | 천사天師님의 감응 151

책재원수責在元帥 159 | 재금사이작비在今思而昨非 165

天在何方

내 마음이 굳게 되어야 마음과 기운이 서로 화하고, 서로 화함으로써 한울님과 합일하여 만사를 통하게 됩니다. 수심정기가 된 사람은 천일합일이 되므로 의심이 없고, 근심 걱정이 없으며 두려움이 없게 됩니다. 의심이 없고 근심이 없고 두려움이 없으니 자기 마음을 자기가 믿을 수 있으며 자기 마음을 자기가 공경할 수 있는 성인이 되는 것입니다.

수도를 어떻게 할 것인가

　수도하는 사람은 처음부터 주관적 목적이 있어야 하며, 그 목적을 달성하려면 수도하는 방법과 수도하는 계단이 반드시 있어야 합니다.

　어떤 사람이 높고 험악한 산에 오르고자 한다면 산의 상봉은 목적이 되고, 행장을 차리고 모든 준비를 하는 것은 방법이 되며, 어느 길로 어떻게 올라가야 한다는 것은 계단이라고 할 수 있습니다. 산으로 올라가는 사람이 아무런 목적이나 준비도 없이 길도 모르고 산중으로 들어간다면 무모한 일이 아닐 수 없습니다. 필경 길을 잃고, 숲 속에서 진퇴양난이 될 것입니다. 수도하는 사람이 목적·방법·계단을 확실히 모르면 아무런 준비도 없이 등산하는 사람과 같이 될 것은 명약관화한 일입니다.

　천도교의 수도하는 방법과 목적과 계단은 신성사님께서 이미 경전과 기타 많은 법설에서 말씀하셨지만, 다시 한 번 생각해서 수도하시는 여러분에게 참고가 되었으면 우자천려愚者千慮 그 가운데 필유일득必有一得이 되겠습니다.

첫째, 목적입니다. 수도하는 목적은 안으로 자기의 인격 완성에 있고 밖으로 보국안민輔國安民 포덕천하布德天下 광제창생廣濟蒼生 지상천국地上天國 건설에 있습니다. 인격 완성의 표준은 지극한 수련을 통하여 견성각심見性覺心으로 도성덕립道成德立하는 데 있습니다. 다시 말씀드리면 모든 사람이 한울사람이 되고, 이 지구상에 한울나라를 이루는 것이 궁극 목적입니다.

천지가 개벽된 이후 인류 역사를 통하여 수많은 성인·철학자·사상가·학자들이 있었지만 인생의 의의와 인생의 목적이 무엇인가를 밝히지 못했습니다. 인생의 의의와 목적을 모르기 때문에 오늘날 인류는 처참한 멸망 직전에 놓여 있는 것입니다.

천도天道가 순환하여 무왕불복지리無往不復之理로 다행히 수운대신사께서 동방 한국에 나시어 천도를 대각하시고 우리들에게 인생의 의의는 인내천이요, 인생의 목적은 지상천국임을 밝혀 주셨습니다. 실로 인류에게 광명을 주셨습니다. 한울님도 너무 좋아서 "개벽 후 오만년에 노이무공勞而無功하다가서 너를 만나 성공하니 나도 성공 너도 득의得意"라고 하셨습니다.

둘째, 수도의 방법입니다. 수도하는 방법은 오관五款 실행을 지극한 믿음과 공경과 정성으로 잘 하는 것은 물론이요, 신성사神聖師님께서 직접 가르치신 경전과 법설을 숙독상미熟讀賞味하여 모든 진리를 체득해야 하며, 특히 「수덕문」에 있는 8대 계명과 「도덕가」에 있는 4대 계명을 절대로 지켜야 합니다.

수도하는 사람은 반드시 『동경대전』과 『용담유사』는 외워야 하고 기타 모든 법문 법설을 숙독상미하여 각득覺得하는 데 이르러야 합니다. 수도하는 사람은 오직 경전을 공부하여 의심을 깨쳐야 하고 이치를 터득해야 하고, 주문을 외워 견성각심見性覺心을 해야 합니다. 수도하면서 기성종교의 경전이나 또는 철학, 경제, 정치 등 기타의 서적을 공부하는 것은 금물입니다. 설사 지식이 날로 넓어진다 하여도 진리와 방편을 분별치 못하고 의심이 날이 갈수록 늘어갑니다. 인내천의 심주心柱가 서서 진리와 방편을 분별할 수 있는 심경心境이 되었으면 참고로 공부를 하여도 좋은 일입니다. 그러나 수도의 맛을 본 사람이면 다른 서적을 보려고 하여도 재미가 없어서 자연히 읽지 않게 됩니다. 그래서 수운대신사께서 "열세 자 지극하면 만권시서 무엇하며 심학이라 하였으니 불망기의 하였어라." 하신 것입니다.

셋째, 수도의 계단입니다. 수도의 계단은 접령接靈·강화降話·자천자각自天自覺·해탈解脫·대도견성大道見性입니다. 접령은 강령降靈을 말함이니 강령이 될 때는 여러 가지 현상이 나타납니다. 온몸이 화끈 달면서 떨리기도 하고, 팔이나 다리가 먼저 떨리기도 하고, 가슴과 뱃속에서 떨려 나오기도 하고, 머리 혹은 뒷등이 먼저 떨리기도 하고, 온 몸이 몹시 춥고 떨리기도 하고, 혈맥 정신이 서로 잘 상통함으로 온 몸이 가려워지기도 하고, 특히 얼굴이 몹시 가려워지기도 합니다. 강령이 되면 곧 영부靈符를 받을 수 있습니다.

강화는 한울님 말씀하는 것을 안다는 것입니다. 한울님 말씀이 처음에는 공중에서 들리기도 하고 혹은 자신의 입을 통하여 나오기도 하며, 때로는 강시降詩를 부르기도 하며, 또는 자기 자신이 모르는 말도 많이 하다가 나중에는 내유강화지교內有降話之敎로 한울님과 말씀을 주고받을 수 있게 됩니다. 수운대신사께서도 처음은 공중에서 한울님 말씀이 들렸다 하셨고 그 후에는 내유강화지교로 안에서 들렸다 하셨습니다.

자천자각은 한울님이 자기 마음인 것을 깨치는 것입니다. 천인합일天人合一이 되어 한울님 마음이 내 마음으로 정해지므로 이것을 해탈이라고 합니다. 해탈이 되면 사악하고 망령된 생각이 털끝만치도 없이 되고, 슬픔·안타까움·괴로움·쓰라림이 없어, 희노애락을 초월한 마음이 됩니다. 수운대신사께서도 오심즉여심吾心卽汝心이라고 하시는 한울님 말씀을 들으시고 비로소 자천자각이 되고 해탈이 되셨습니다.

대도견성은 만사지萬事知가 되고 불생불멸不生不滅을 깨치는 것입니다. 도道를 알고 도를 받아 인내천의 진경을 체득함으로써 진進·퇴退·영盈·축縮을 자유자재로 할 수 있고, 무선악無善惡·무공적無空寂·무색상無色相·무상하無上下·무거래無去來·무의무립無依無立·불생불멸·무무無無한 본성, 즉 본래아本來我를 각득覺得하는 것을 견성 또는 각성覺性이라고 합니다. 이것을 바로 무상정각無上正覺이라고 합니다.

이러한 접령·강화·자천자각(해탈)·대도견성의 네 계단을 주문 삼칠자에서 분별하면 지기금지至氣今至 원위대강願爲大降은 접령의 계단이요, 시천주侍天主는 강화의 계단이요, 조화정造化定은 자천자각이 되는 해탈의 계단이요, 영세불망永世不忘 만사지萬事知는 대도견성의 계단이 됩니다.

수운대신사께서 각도하신 경위를 보면 경신庚申(1860) 4월 5일에 대각大覺하신 것이 아니라 접령강화가 된 것이요, 그 해 9월 20일경에야 "내 마음이 곧 네 마음이니라 사람이 이것을 어찌 알았으리오, 천지는 알되 귀신은 알지 못하였으니 귀신도 나니라." 하신 말씀을 강화지교 降話之教로 받으시고 비로소 자천자각하시고 해탈이 되어 대도견성이 된 것입니다. 그래서 차제도법次第道法이 오직 스물한 자에 있다고 말씀하신 것입니다.

수도하는 사람은 언제나 이와 같이 계단을 생각하고 자신의 수도가 어느 정도에까지 이르렀는지 헤아려 보면, 스스로 알 수 있습니다. 수도하는 사람은 접령이 되면 강화가 되도록 힘쓰고, 강화가 되면 자천자각이 되어 해탈이 되도록 힘쓰고, 해탈이 되면 곧 대도견성이 되어 만사지가 되도록 힘써야 합니다. 이처럼 수도하시는 군자는 언제나 수고로움과 괴로움을 무릅쓰고 부지런히 힘쓰셔야 합니다.

이와 같이 수도하는 방법과 목적과 계단이 확실하므로 수운대신사께서는 "십 년을 공부해서 도성입덕 되게 되면 속성이라 하지마는 무극한 이내 도는 삼년불성 되게 되면 그 아니 헛말인가."라고 하셨습니다.

수도하는 사람은 오직 경전을 귀귀자자 살펴내어 도의 무극한 이치와 천지의 무궁지수無窮之數를 각득覺得하고 수심정기守心正氣의 대법으로 정성을 다하여 주문을 외워 견성각심을 해서 도성덕립이 되기를 바랍니다.

신성사님의 경전과 법설에는 무극한 원리가 밝혀져 있으므로 무극대도無極大道라고 하셨습니다.

「흥비가」 마지막 절에 "약간 약간 기록하니 여차여차 우여차라. 이 글 보고 저 글 보고 무궁한 그 이치를 불연기연 살펴내어 부야흥야 비해 보면 글도 역시 무궁하고 말도 역시 무궁이라. 무궁히 살펴내어 무궁히 알았으면 무궁한 이 울 속에 무궁한 내 아닌가." 하셨습니다. 무궁을 알아 무궁한 이 울 속에 무궁한 내가 되려면 신성사님과 같은 심경이 되어야 하니 진진불퇴進進不退하고 성성불매惺惺不昧하여 일묵一默에 공적극락空寂極樂이요, 일희一喜에 태화건곤太和乾坤이요, 일동一動에 풍운조화風雲造化가 되도록 성性 심心 신身 삼단三端을 일체로 각득해야 하겠습니다.

모든 욕심을 버리고 애착을 단절하고 무아無我의 심경이 되어 일체 장애를 폐의弊衣와 같이 벗어 버리고 만난萬難을 무릅쓰고 아무쪼록 도성덕립이 되어, 머지않아 돌아오는 춘삼월 호시절에 후회함이 없어야 하겠습니다.

* 『신인간』 225호(속간 21호), 포덕102(1961)년 12월.

인내천의 신앙

신앙이라 함은 한울님을 믿고 공경한다는 뜻입니다.

인류 역사 이후 4대 종교인 유교·불교·선교·기독교와 수많은 사교邪敎의 신앙 방법이 각양각색으로 명색과 방언에 따라 각각 그 명칭이 다르고, 혹은 우상을 설設하고 혹은 산신山神 수신水神 토왕土王 석신石神 용왕龍王 제석帝釋 성황당城隍堂 등으로 이루 헤아릴 수 없이 많은 잡신으로 분립되어 오늘에 이르렀습니다. 시간이 흐르고 역사가 바뀜에 따라 천지가 일대 변운의 시기를 맞이하여 우리 인간의 신앙도 필연적으로 통일이 될 것은 너무나도 명약관화明若觀火한 사실입니다. 왜 그러냐 하면 근본 진리는 오직 하나이기 때문에 이에 인내천의 새로운 신앙이 나타난 것입니다.

기성종교와 모든 사교邪敎의 신앙이 대개 우상숭배였는데 그 우상숭배를 배격하고 오직 하나님을 유일신으로 섬긴다는 기독교도 더 큰 우상을 만들었으니 소위 천당의 옥좌玉座에 '하나님'이 앉아 계신다는 그것입니다. 이에 비하여 천도교의 인내천 신앙은 일체 우상숭배를 없애고 자기의 마음을 자기가 숭배하는 것입니다. 무형한 한울님이 유형화한 것이 사람이므로 사람의 마음은 곧 한울님입니다. 다시 말하면 불생불멸不生不滅·무루무증無漏無增한 본연 본체인 본래아本來我가 스스로 화하여 육신을 가진 현재의 내가 된 것이므로 사람이 곧 한울님인 것입니다.

그러므로 자기 마음을 자기가 믿고(自心自信), 자기 마음을 자기가 공경하고(自心自敬), 자기 마음을 자기가 정성하는 것(自心自誠)이 인내천 신앙의 독특한 점입니다. 이때 자기 마음이라 함은 낙지이후落地以後 한울님께 받은 벌거숭이의 마음, 즉 본연한 한울님 마음이요, 결코 육신관념이 아닙니다.

물정物情에 사로잡혀 악하게 습성화되어 욕심과 애착과 탐욕과 감정에 사로잡힌 마음을 어떻게 믿고 숭배할 수 있겠습니까? 이 마음은 사람이 차차 성장하면서 생긴 습성에서 온 것이므로 물정심物情心이라고도 하고 제2천심이라고도 합니다. 또한 마탈심魔奪心도 바로 이 마음을 두고 하는 말입니다. 인내천이라고 해서 잘못 생각하여 물정심을 사랑하고 키우면 간사하고 망령되고 의심과 두려움에 사로잡히고도 자기만이 스스로 높은 체 하는 사람이 되는 것이니 크게 경계하여 조심하지 않으면 안 될 일입니다.

신성사님의 심법을 자기의 마음대로 혹 만들고 혹 걷어치우며 혹 변경시키어, 절반은 믿고 절반은 의심하여 천도교인의 본분을 잊어버리고 본의 아닌 난법난도亂法亂道를 하는 사람이 허다합니다. 인내천의 신앙을 가지고 한울님을 믿는다면서도 과거의 습성에 젖어 산신을 믿으며 부처의 우상을 섬기는 사람, 그 밖에도 많은 잡신을 믿는 사람이 있으니 스승님의 신성한

심법을 어기는 것은 물론이고 한울님께 큰 죄인이 되니 심히 두렵고도 슬픈 일입니다. 스승님의 심법을 밝게 살펴 한울님께 죄를 짓지 않도록 해야 겠습니다.

한울님은 오직 한 근원의 이치요 오직 한 기운으로서 영통신계靈通神界로 일이관지되셨습니다. 무형은 오직 하나의 이치 기운인 것입니다.

사람의 좁은 소견, 미달한 지식에서 오는 오류, 습성에서 생기는 사견私見, 주위 환경으로 인해 용단을 내릴 수 없는 육신관념 등 모든 것을 헌 옷을 벗어 버리듯이 하여 참다운 인내천의 신앙을 해야 겠습니다. 육신관념에서 벗어나려면 습관된 마음을 성령으로 개벽하여 본연한 한울님을 찾아야 합니다. 육신관념을 버리고 정신을 개벽하는 데는 순서가 있습니다.

의암성사 말씀하시기를 "정신을 개벽코자 하면 먼저 자존심自尊心을 모실 시侍 자로 개벽하고, 자존심을 개벽코자 하면 먼저 의심스럽고 두려운 마음을 정할 정定 자로 개벽하고, 의심스럽고 두려운 마음을 개벽코자 하면 먼저 아득하고 망령된 마음을 알 지知 자로 개벽하고, 아득하고 망령된 마음을 개벽코자 하면 먼저 육신관념을 성령으로 개벽하라."고 하셨습니다. 아득하고, 망령되고, 의심스럽고, 두려운 마음과 자존심을 없애고자 하면 한울님을 모셔야 한다는 말씀입니다.

한울님 모시는 방법을 천도교경전 「도결道訣」 장에서 찾아보면 "「천지부모天地父母」 네 글자는 글자는 비록 각각 다르나, 그 실은 도무지 하나로 한울 천天 한 자니라. 부모가 나를 낳고 나를 기르나 자연히 자라나는 것은

인내천의 신앙 23

천지의 조화요, 천지가 나를 화생하고 나를 이루게 하였으나 천명을 받아 가르치고 기르는 것은 부모의 은덕이니, 그러므로 천지가 아니면 내가 화생할 수 없고 부모가 아니면 내가 길러질 수 없으리니, 천지부모가 덮고 기르는 은혜가 어찌 조금인들 사이가 있으랴? 그러므로 우리 대도의 종지는 첫째, 천지를 섬기되 부모를 섬기는 듯이 하는 이치요, 둘째, 음식을 먹을 때에 고告하는 것은 살아계시는 부모에게 효도로 봉양하는 듯이 하는 도이니 이 두 가지 이치를 알면 도통도 그 가운데 있다."고 하셨습니다.

한울님은 무형의 부모요 부모는 유형한 한울님입니다. 그러므로 한울님을 섬기는 데 부모와 똑같이 공경하고, 정성을 다하여 모셔야 합니다. 시천주侍天主에서 양천주養天主가 되고 양천주에서 각천주覺天主가 되어야 인내천의 진경에 도달하게 됩니다. 그러므로 수운대신사는 시천주를 강조하셨고, 해월신사는 양천주를 말씀하셨으며, 의암성사는 각천주를 말씀하신 것입니다.

천도교인은 스승님의 심법을 바르게 알고 바르게 믿고 바르게 터득해야 합니다. 인내천의 진경에 들어가는 데는 첫째 강령降靈, 둘째 강화降話, 셋째 자천자각自天自覺, 넷째 대도견성大道見性의 네 계단이 있으니 이는 4층 집과도 같습니다. 인내천의 진경에 도달하는 단계를 비유를 들어 말씀드리겠습니다.

도를 닦는 어떤 사람이 진심갈력으로 천신만고하다가 진경眞境의 4층집을 발견하였습니다. 그래 기뻐서 뛰어 들어가려고 하니 입구에 문을 지키는 사람이 섰는데 그 옆에 마음을 비추어 볼 수 있다는 '심투경心透鏡'이라는 큰 거울이 달려 있었습니다. 문을 지키는 사람이 말하기를 '이곳에 들어가려면 이 거울에 마음을 비춰서 믿음과 공경과 정성이 지극하다는 것이 나타나야 들어갈 수 있으니 거울 앞에 서라'고 하였습니다. 그래서 도를 닦는 사람이 자기의 믿음과 공경과 정성이 부족함을 알고 머뭇거리는데 문지기가 '시간이 되었으니 빨리 서라'고 하는 것입니다. 그래서 할 수 없이 거울 앞에 섰는데 다행히 합격이 되었습니다.

1층 방으로 들어가니 갑자기 몸이 화끈 달고, 춥고 떨리더니 온 몸에 기운이 나서 정신이 없고 어쩔 줄을 모르다가 겨우 정신을 가다듬었습니다. 넓은 방을 살펴보니 이 세상에서 볼 수 없는 묘한 것이 넷이 있는데 하나는 차력借力을 할 수 있는 것이요, 하나는 기합술氣合術을 할 수 있는 것이요, 하나는 치병력治病力이요, 하나는 축지법縮地法을 할 수 있는 것이라 한 번씩 시험을 해 보니 신기하기 짝이 없었습니다. 시험을 해 보고 곰곰이 생각하니 모두가 한울님의 기운으로 되는 줄을 알았습니다.

다시 2층으로 올라가려는데 계단 입구에 역시 심투경이 있었는데 이번에는 욕심이 있는가 없는가를 보는 거울이었습니다. 다행히 또 합격이 되어 2층으로 올라갔습니다. 넓은 방에 들어서자 아무도 없는데 어디서 말씀이 들려 왔습니다. "어서오너라." 하는 소리에 깜짝 놀라 정신을 가다듬고 "누구요?" 하고 물으니 "네가 찾는 한울님이다."라는 대답이 들렸습니다. 그 후부터 한울님과 그 도인은 서로 문답을 주고받았습니다. 한울님의 허령창창한 영의 세계에서 옛날 사람들이 하던 풍수학風水學·의술학醫術學·점술학占術學·주역周易도 알 수 있었으며 무엇이나 생각하는 대로 알 수 있었습니다.

그러나 이 모든 것이 참다운 이치가 아니고 본래 목적한 인내천의 진경도 아니었습니다. 그래 모든 것을 다 버리고 3층으로 올라가려고 하니 또 역시 심투경이 있었고, 이번에는 애착심愛着心이 있는가 없는가를 보는데 다행히 또 합격이 되었습니다.

3층의 넓은 방에 들어서자 한울님께서 "오 착하다 너의 마음, 너의 정성이여! 너는 들으라! 너의 마음이 곧 나의 마음이니라." 하셨습니다. 그 말씀이 떨어지자 그 도인은 한울과 사람이 둘이 아니요 하나임을 알았습니다. 생각에 생각을 해도 하나! 오직 마음 하나뿐임을 알았습니다. 백천만사가 모두 다 꿈속의 꿈인 것을 알게 됨으로써 기쁨도, 슬픔도, 괴로움도, 즐거움도 벗어난 마음이 되었습니다.

아무 것도 걸리는 것이 없는 한가한 마음이 되어 천천히 4층으로 올라가는데 역시 심투경이 있어 무아심無我心이 되었는가를 보는데 문제 없이 합격되어 4층으로 올라갔습니다.

방에 들어가자 문득 자신이 있음도 잊어버리고 오직 하나인 마음도 없어지고, 텅텅 비고 빈 곳이었습니다. 그곳이 바로 불생불멸不生不滅이며 무루무증無漏無增인 진성眞性임을 깨달았습니다. 모든 것이 오직 마음속에서 이루어지며 깨달아짐을 확실히 터득하였습니다. 그 도인은 인내천의 진경을 완전히 터득하였으므로 그 마음은 자유자재自由自在 호호극락好好極樂이 되었습니다.

이와 같이 지극한 믿음과 공경과 정성을 다 하고 욕심을 버리고 애착을 단절하고 무아의 심경이 되면 인내천의 진경에 도달하여 황황상제皇皇上帝의 위位에 올라갈 수 있는 것입니다.

한울님을 부모같이 모시고 지극한 믿음이 있으면 한울님과 사람이 서로 믿음이 계약되므로 그 가운데서 신통력이 나오고, 지극한 공경을 하면 한울님께서 모든 비밀을 말씀으로 알려주시고, 지극한 정성을 다하면 한울님의 명을 받아 한울님을 대신하여 모든 일을 하게 되는 것입니다. 지극한 믿음이란 한울님 모심을 믿으며 만법萬法의 인과因果, 만상萬相의 인과, 화복禍福의 인과 백천만사가 한울님의 무위이화無爲而化로 되는 것을 믿는 것입니다.

지극한 공경이란 수운대신사께서 「팔절」에서 '잠깐이라도 한울님을 사모하여 우러러하는 마음을 늦추지 말며, 자나 깨나 두려워하는 마음을 가지는 것'이라고 말씀하였습니다. 사람이 행하고 거주하고 앉고 눕는 것, 말하고 잠잠하는 것 모두가 한울님의 시키시는 바로서 만일 한울님께서 간섭치 아니하면 즉시 죽음을 면치 못합니다. 그러므로 잠깐도 앙모仰慕하는 마음을 잊을 수 없으며 항상 두려워하고 삼가는 것이 공경입니다.

지극한 정성이란 항상 자기의 마음을 잃지 않았나 헤아려 보며 스스로 자기의 게으름을 아는 것이라고 하였습니다. 그러므로 지극한 믿음과 공경과 정성을 다하면 수심정기守心正氣가 자연히 되고, 수심정기가 되니까 천인합일이 되는 것입니다.

  인내천의 신앙을 바르게 알고 바르게 믿고 바르게 터득하여 바른 사람이 되어야 할 것입니다. 바른 사람이란 아는 것과 말과, 행동과, 일하는 것이 일치하는 사람입니다. 지知·언言·행行·사事가 일치하는 사람이 참다운 천도교인이며 참다운 인내천의 신앙을 가진 사람입니다.

  천도교인은 모두 바르고 참다운 사람이 되어 세상의 모든 사람들을 참다운 사람으로 만들고, 바르고·밝고·착하고·의로운 세상을 만들어 참된 행복을 누리도록 해야 할 것입니다.

* 『신인간』 226호(속간 22호), 포덕103(1962)년 3월.

수심정기 守心正氣

天在何方

　수심정기라 함은 마음을 지키고 기운을 바르게 한다는 뜻입니다. 천도교의 진리를 온전히 체득하려고 도를 닦는 사람에게 있어서 가장 중요한 것은 수심정기입니다.

　수운대신사께서 「수덕문」에 "인의예지는 옛 성인의 가르친 바요 수심정기는 내가 다시 정한 것이니라."고 말씀하셨습니다. 인의예지仁義禮智를 하려고 하면 먼저 수심정기를 해야 하며, 수심정기는 체體가 되고 인의예지는 용用이 되어야 한다는 것입니다.

　수심정기를 하지 못하면 스승님께서 가르친 계명誡命을 지킬 수 없으며 천도교의 실천 기본 덕목인 사인여천事人如天과 부부화순夫婦和順을 할 수 없으므로 수도자의 최고 목적인 도성덕립道成德立을 할 수 없습니다.

　도성덕립의 목적을 세우고 성품과 마음을 닦는 사람이 마음을 지키고 기운을 바르게 하지 못하면 한울성품을 거느리지 못하고 한울님의 가르침을 받지 못하므로 견성각심見性覺心에 이를 수도 없게 됩니다. 그러므로 해월신사께서는 "수심정기 네 글자는 천지가 운절隕節되는 기운을 다시 보충하는 것"이라고 하셨습니다.

수심정기를 못하는 사람은 산 사람이면서 송장과 같은 사람입니다. 왜냐하면 수심정기를 못하므로 내유신령內有神靈과 외유기화外有氣化로 생기는 기화지신氣化之神이 없게 되는 까닭입니다. 살고서도 송장과 같은 모든 사람들을 가르쳐 수심정기의 대법大法으로 기화지신의 생혼生魂을 일으키고 인내천의 새 사람이 되게 하는 것이 천도교인의 의무이며 책임입니다.

그러므로 수심정기법을 다시 한 번 살펴 어김이 없게 하기 위하여 마음과 기운이 어떻게 구분이 되는 것이며, 마음을 어떻게 지키며, 기운을 어떻게 바르게 할 것인가를 밝혀 봅니다. 수도하시는 분에게 조금이라도 도움이 되면 다행한 일이 아닐까 합니다.

첫째, 마음과 기운의 구분입니다.

마음과 기운이 어떻게 구분이 되는 것인가. 해월신사께서는 "기운이 마음을 부리는가, 마음이 기운을 부리는가. 기운이 마음에서 나는가, 마음이 기운에서 나는가. 화해나는 것은 기운이요, 이를 쓰는 것은 마음이니 마음이 화하지 못하면 기운이 법을 잃느니라. 그 근본을 상고하면 귀신鬼神과 심성心性과 조화造化가 도무지 이 한 기운이 시키는 바니라. 움직이는 것은 기운이요, 움직이고자 하는 것은 마음이라."고 말씀하셨습니다.

마음과 기운을 나무에다 비유한다면 뿌리는 기운이요, 가지는 마음이니 마음과 기운은 하나이면서 둘이요 둘이면서 하나인 것으로 마음이 본래 기운에서 난 것입니다.

의암성사께서 「각세진경覺世眞經」에 "마음이란 무엇인가. 들리는 듯 하나 보기는 어려운 혼원한 허령虛靈이니라. 영이란 무엇인가, 허한 영이 창창하여 물건에 남기지 아니함이 없으며, 비추지 않은 때가 없으나 고요히 움직이지 아니하며, 일어나면 밝고, 어두우면 변화하여 스스로의 덕과 스스로의 이치의 천지의 세요, 자연의 이치이니라." 하시고 「무체법경無體法經」에는 "마음은 즉 신神이요 신은 즉 기운이 시키는 바니라." 하셨고, 또 "마음은 기운이니 심기心氣는 원원충충圓圓充充하고 호호발발浩浩潑潑하여 움직이고 고요하고 변하고 화하는 것이 때에 맞지 아니함이 없느니라."고 하셨습니다.

수운대신사께서 3·7자 주문을 해석하시는 가운데 기氣를 말씀하시되 "기란 허한 영이 가득하여 일에 간섭치 아니함이 없고, 일에 명령하지 아니함이 없으나 그러나 모양이 있는 것 같으나 형상하기 어렵고, 들리는 듯하나 보기는 어려우니, 이 또한 혼원한 한 기운이니라."고 하셨습니다.

마음과 기운은 근본은 하나이나 구분을 하면 기운은 솟아오르는 샘물과도 같고 타오르는 불과도 같은 것이고, 마음은 물과 불을 어떻게 쓰는가를 말하고, 심기心氣라고 하면 동일한 것이 되고, 마음과 기운을 구분하면 기운은 체體가 되고 마음은 용用이 되는 것입니다.

둘째, 마음을 지키는 법입니다.

마음을 지키는 방법에 대하여 의암성사께서 "…수심守心이니 잠시라도 마음을 정맥精脈에서 떠나지 않게 할 것이라, 떠나지 않게 하는 바는 일용행사

수심정기

日用行事 간에 생각하고 생각하여 잊지 말고 세 가지를 서로 어김이 없게 할 것이라."고 말씀하셨습니다.

또한 정맥精脈과 삼단을 설명하시기를 "사람이 음양陰陽, 이기理氣, 조화造化로 화생하는데 성품은 바탕이 되고, 마음은 기운이요, 정精은 뇌골폐부 곳곳에 있는 것이라."고 하시고, 사람의 움직이는 이치를 설명하시되 "마음을 먼저 발동시키어 정을 통하고, 맥을 통하고, 피를 통하여 손과 발이 움직이는 것이므로 만일 무심한 가운데 갑자기 움직이면 기운과 피가 크게 손상하므로 크게 해로운 것이니 삼가고 삼가라."고 하셨습니다.

이와 같은 이치는 누구나 다 체험하면서도 모르고 있습니다. 방안에 무심코 가만히 앉아 있다가 갑자기 일어나면 현기증이 일어나며 심할 때는 가슴이 울렁거리고 아주 심하면 곤두박질을 하는 수도 있습니다. 이것은 혈맥정신血脈精神이 통하기 전에 움직이므로 서로 상충이 되어 일어나는 발작입니다. 그러므로 일용행사에 있어서 일동일정一動一靜에 꼭 심고를 하여 혈맥정신에 어김이 없도록 하는 것이 마음을 지키는 법입니다. 주문을 외울 때에도 잠시라도 마음을 정·맥·혈에서 떠나지 않게 하는 것이 마음을 바르게 지키는 것입니다.

마음은 내 마음이니 본래 내 마음대로 움직일 수 있으며 지킬 수 있습니다. 그런데 습관과 환경으로 말미암아 마음을 지키는 것이 대단히 어렵게 되었습니다. 그러나 모든 진념塵念이 한없이 일어나는 가운데서 마음을 힘써 지키어 잃지 않고 굳게 하여 흐르지 않게 하면 자연히 일만 진념이 꿈과 같이 되므로 해탈이 됩니다. 그러므로 마음으로써 마음을 다스리고 마음으로써 마음을 밝게 하는 것입니다.

옛날 어느 곳에 도를 닦는 사람이 하루는 도통을 하신 그 선생을 찾아가서 하는 말이 "선생님 저는 아무리 해도 해탈을 할 수가 없으니 선생님께서 도력으로 해탈을 시켜 주시옵소서." 하고 부탁하였습니다. 한참 있다가 그 선생이 하는 말이 "그래, 네 소원대로 해탈을 시켜 줄 테니 네 마음을 가져오너라." 하는 말에 그 사람은 말문이 막혀 혼자서 곰곰이 생각을 해보았습니다. 마음이 어디 있는지도 알 수 없으며, 마음이 사각으로 생겼는지, 둥글게 생겼는지, 길쭉한 것인지, 뾰족한 것인지 알 수가 없었습니다. 그래 선생님에게 "선생님 마음을 가져올 수는 없습니다." 하니 "그렇다. 마음이 본래 있는 것이 아니다. 너도 그것을 알았으니 지금 해탈이 된 것이니라." 하는 선생의 말을 듣고 그 수도자는 선생을 하직하고 돌아오는 길에 깊이 생각을 하여 해탈을 하였다고 합니다.

마음을 지킨다는 것은 선천심先天心을 지킨다는 것이 아니요, 육신이 있은 후에 받은 마음을 지키는 것입니다. 마음을 잘 지키면 벌거숭이 마음으로 돌아가 본연한 한울님 마음과 융합 일치가 되는 것입니다.

그러나 본래의 마음인 성심본체는 항상 머무는 곳이 없으므로 지킬 것도 없으며 닦을 것도 없습니다. 항상 머무는 곳이 없으므로 일어나는 것이 없으며, 일어나는 것이 없으므로 생함도 없으며 생하는 것이 없으므로 멸함도 없는 것입니다.

의암성사께서 「우음偶吟」에 "거울 속에서 티끌이 생기는 것이 아니라 일만 티끌이 일어 거울에 붙나니 만일 본래의 거울을 없이 하면 일만 티끌이 어느 곳에 붙으랴."고 하셨습니다. 마음을 지키고 닦아 한울님 마음이 되어 비고 비인 본연한 진성眞性을 통하면 없음도 없고 있음도 없습니다. 그러므로 성심본체를 터득하기 위하여 자기 마음을 자기가 지켜 바르고 밝고 착하고 의롭게 하고 눈·코·귀·입·몸·뜻에서 일어나는 모든 욕심을 없게 하고 애착을 단절해야 할 것이며 무아의 심경이 되어 물정심物情心에서 초월하여 자기 마음이 마탈심魔奪心이 되지 않도록 힘써 지켜야 할 것입니다.

사람은 본래 무형한 한울님이 유형화한 것이므로 본연한 한울님 마음을 잘 지키고 천명에 순종하여 천리를 보존하고 천법에 의하여 백천만사를 하면 되는 것입니다.

셋째, 기운을 바르게 하는 법입니다.

기운을 바르게 하는 방법에 대하여 의암성사께서 "…정기正氣니, 기쁘고 성나고 슬프고 즐거운 것을 과도하게 하지 말라. 성나는 것이 과하면 경맥驚脈이 통하지 못하고, 슬픈 것이 과하면 정맥精脈이 화하지 못하고, 기쁘고 즐거운 것이 과하면 산맥散脈이 고르지 못하나니, 이는 반드시 큰 해가 되는 것이라 삼가고 삼가라."고 말씀하셨습니다. 사람의 질병도 '희노애락'을 너무 지나치게 하여 조절을 하지 못하여 발생하는 것이니 기운을 바르게 하여 육신관념에서 벗어나도록 해야 합니다.

사람의 마음과 기운과 피는 불가분의 관계로 마음과 기운이 바르게 되면 피가 맑아지고 반면에 마음과 기운이 바르지 못하면 피가 흐려져 질병이 생깁니다. 비록 잘못하여 질병으로 고생을 한다 해도 수심정기로 일용행사를 잘 해 나가면 어떠한 불치의 병이라도 쉽게 고칠 수 있습니다. 각양각색의 불치병 환자가 입교하여 정심수도로 병을 고친 경우는 수없이 많습니다.

기운을 바르게 한다는 것은 사람의 건강에 직접 관계되는 소위 '양기법養氣法'으로 육신의 무병장생을 기한다는 말이니 바로 수심정기의 묘법의 효과를 가르친 것입니다.

기운은 본래 솟는 샘물과도 같고 붙는 불길과도 같은 것이므로, 쓰기 전에는 선도 없고 악도 없으며 바른 것도 없고 사특한 것도 없으나 한번 움직임에 따라 선악이 되고 정사正邪도 됩니다. 기운을 바르게 하는 방법은 바른 생각을 하고 바른 행동을 하는 것입니다. 기운은 본래 혼원한 오직 하나인 한울님 기운이나, 사람의 기운으로 되어 육신관념과 감정에 사로잡혀 악惡도 되고, 사邪도 됩니다. 그러므로 수운대신사께서 "탁한 기운을 소제消除하고 맑은 기운을 어린아이와 같이 키우라."고 하셨습니다.

성심 수련을 하는 사람이 주문을 외울 때에 기운을 한 곳으로 집중시켜야 하므로 염주를 가지고 헤아리는 것도 좋은 방법의 하나입니다.

기운을 일정한 곳으로 모으지 아니하면 잡념에 사로잡히기 쉽고, 졸음이 와서 큰일입니다. 그러므로 자세를 똑바로 하고, 발끝을 보이지 않게 감추고 바르게 앉아 기운과 마음을 정·맥·혈에서 떠나지 못하게 하는 것이 수심정기입니다. 그러나 초보자로서는 극히 어려운 것이므로 똑바로 앉아 기운을 배꼽 아래 한 치에 있는 단전에 모으고, 숨 쉬는 것은 자유로이 하되 자기 자신이 숨을 쉬는지 아니 쉬는지 모르게 하고, 몸은 목석木石과 같이 움직이지 않아야 물결치는 파도가 잔잔하고 고요해지듯이 시시각각으로 변하는 마음을 잡아 기운을 바르게 할 수 있습니다.

심기를 바르게 하려고 목석과 같이 앉으면 처음에는 머리도 아프고 사방이 결리고 아픈 데가 많이 일어나지만 점차로 수심정기가 되어 혈맥정신이 잘 상통하면 몸이 가벼워지고 머리가 시원해지면서 스스로 자기의 정신이 총명해짐을 알 수 있게 됩니다. 기운을 단전丹田에 모으는 방법은 본래 선교仙敎나 불교에서 하는 참선과 양기養氣의 방법이지만, 수심정기가 잘 될 때까지 단전법을 방편으로 써도 무방합니다.

불교에서 단전법으로 참선을 할 때 화두話頭를 세워 생각을 해야 한다는 주장과 아무런 생각 없이 그냥 해야 한다는 두 주장으로 서로 시비가 분분하나 이것은 이치를 분별치 못한 사람들의 논쟁에 지나지 않습니다.

단전법을 사용하여 수심정기가 되거나, 화두를 세워 만법萬法의 인과와 만상萬相의 인과와 화복禍福의 인과의 지혜를 닦으면 허광심虛光心이 생生하여 모르는 것이 없고 밝지 않은 것이 없어 자연히 의심하는 것이 없어지므로 여여심如如心에 오르고, 한 걸음 더 나가서 인내천의 진경에 도달하여 자유심自由心이 됩니다. 그러므로 수도자의 정도에 따라 유념有念과 무념無念을 자유자재로 해야 할 것입니다.

의심을 가진 사람은 우선 화두를 세워 이치를 터득하여 믿음으로 나아갈 것이며, 의심이 없는 사람 또는 무식하여 의심을 하려야 할 수 없는 사람은 지극한 믿음과 공경과 정성으로 이치를 통하는 데 이르러야 하는 것입니다.

수심정기는 마음이 혈맥정신에서 떠나지 않게 하여 성심신性心身의 삼단三端에 어기지 않도록 하고 희노애락을 적당하게 조절하고, 일동일정 하는 것과 일용행사 하는 것이 한울님의 소사所使임을 믿고 공경하여 정성으로 한울님 을 염념불망하는 것입니다. 수심정기를 하면 자연히 천덕사은天德師恩을 잊지 않게 되므로 지기와 지극히 화하여 성인에 이르게 됩니다.

마음은 영이요 곧 기운이므로 기운을 바르게 하면 마음을 지킬 수 있고, 마음을 지키면 기운을 바르게 할 수 있으며, 기운이 바르지 못하면 마음도 바르지 못하고, 마음이 바르지 못하면 기운도 바르지 못하게 됩니다.

내 마음이 굳게 되어야 마음과 기운이 서로 화하고, 서로 화함으로써 한울님과 합일하여 만사를 통하게 됩니다. 수심정기가 된 사람은 천일합일이 되므로 의심이 없고, 근심 걱정이 없으며 두려움이 없게 됩니다. 의심이 없고 근심이 없고 두려움이 없으니 자기 마음을 자기가 믿을 수 있으며 자기 마음을 자기가 공경할 수 있는 성인이 되는 것입니다.

수운대신사께서 「논학문」에서 "그 마음을 지키고 그 기운을 바르게 하면, 그 성품을 거느리게 되고 그 가르침을 받게 된다."고 하셨습니다. 수심정기하여 한울님의 가르침을 받아 천리천심天理天心을 어기지 않고, 스승님 심법에 어김이 없도록 해야 합니다.

　사람들이 수심정기를 못하는 이유는 사람의 육신에서 생기는 탐욕과, 입으로 인하여 생기는 시비·모략·중상·잡담과, 뜻으로부터 오는 자존심·의구심·미망심이 장애가 되기 때문입니다.

　옛날에 한 수도자가 아무리 애태우며 힘써 도를 통하려고 해도 아니 되므로 조급한 마음에 그 선생을 찾아가서 "선생님 저는 도통을 하려고 지극한 정성으로 힘써 해도 아니 되니 그 까닭을 가르쳐 주시옵소서." 하고 아뢰었습니다. 그 선생이 잠자코 있다가 "일어서서 바지를 걷어올려라." 하므로 그 수도자가 바지를 걷어 종아리를 내놓자 선생은 사정없이 세 번 초달楚撻을 하고, 아무 말도 없이 돌아앉아 책만 보았습니다. 그래서 그 수도자는 하는 수 없이 선생을 하직하고 돌아오는 길에 동문 선배의 집에 들렀습니다. "어디 갔다 오느냐?"고 그 선배가 물으므로 선생을 뵈옵고 오는 길이라고 하니 "그럼 선생께서 무슨 말씀을 하더냐?"고 하므로 "아무 말씀도 않고 초달만 세 번 치시더라."고 사실대로 말을 하니 "그래 무슨 뜻인지 알았는가?" 하므로 "아직도 깨닫지 못하고 있다."고 하니 그 선배가 하는 말이 "수도하는 사람이 그것도 깨닫지 못해서야 되겠는가. 그것은 바로 몸·입·뜻, 이 셋으로 생기는 모든 육신관념을 버리라는 뜻일세." 하는 말에 그 수도자는 비로소 그 뜻을 깨닫고 그 후 도통을 하였다고 합니다.

　수심정기로 모든 육신관념을 버리고 성령으로 개벽하여 지극한 믿음과 공경과 정성을 다하여 근근불식勤勤不息 진진불퇴進進不退의 정신으로 부지런히 힘쓰면 믿음에서 신통력이 생기고, 공경에서 한울님과 사람이 언어가 상통하여 뜻이 같아지고, 정성에서 천명을 받아 체천행도體天行道하게 되는 것입니다.

그러므로 수도자는 일만 가지 어려운 가운데 제일 어려운 수심정기를 잘 해서 성품을 거느리고 한울님의 가르침을 받아 한울나라 한울사람이 되어야 할 것입니다.

* 『신인간』, 227호, 포덕103(1962)년 6월.

인내천 사람

天在何方

"사람이면 다 사람인가 사람이 사람노릇을 해야 사람이다." 이 말은 일제 치하 때 유행한 말입니다.

의암성사께서 "정심수도로 인내천의 참사람이 되어 후천개벽의 때를 당하여 신인간 창조 운동의 종자 사람이 되어야 한다."는 법설을 하시면서 하신 말씀을 삼천리 방방곡곡에 남녀노소 모두가 외쳤던 것입니다. 발 없는 말이 천리를 간다는 격으로 의암성사님 말씀은 전 민족의 거룩한 교훈이 되었습니다. 사람으로 사람이 되어 사람 노릇을 하려면 먼저 인내천 사람이 되어야 하고, 인내천 사람이 되려면 천도교 교리를 바르게 알아 바른 믿음을 가지고 정심수도로 바르게 터득해야 합니다. 한울님은 불택선악不擇善惡하시므로 사람이 원하고 구하고 바라는 대로 되는 것이니 재삼 깊이 생각해야 합니다.

사람은 '본래아本來我'인 무형한 한울님이 유형화한 것으로 다만 무형과 유형으로 구분이 있을 뿐 성령의 근본은 오직 유일무이唯一無二한 것이요 동일한 이치와 기운입니다.

　사람이 마시고 먹고 입고 사는 일용행사에 있어서 일동일정이 모두 한울님의 이치와 기운으로 인과법칙에 따라서 되는 것이므로 사람이 자기 스스로가 잘 하면 잘되고 잘 못하면 잘못됩니다.

　스스로가 잘 하면 어리석고 우매한 사람이 총명하고 지혜로운 사람이 될 수도 있고, 건강치 못한 사람이 자기의 정성과 노력으로 건강한 사람이 될 수 있으며, 가난한 사람이 부자가 될 수 있고, 천한 사람이 귀한 사람이 될 수 있습니다. 인간의 화복과 흥망성쇠를 자기 자신의 노력으로 얼마든지 개척하며 창조하여 보다 더 착하고 참되고 좋은 방향으로 변화시킬 수 있는 것입니다. 사람의 운명이 결코 결정된 것이거나 예정된 것이 아니고 자기 운명을 자기가 개척할 수 있으므로 바른 수도를 통해서 인내천 사람이 될 수 있으며 인내천 사람이 많아지면 자연히 지상천국을 이룰 수 있습니다.

　어떠한 종교 신앙을 막론하고 신앙을 하는 사람은 반드시 목적이 있습니다. 불교를 믿는 사람의 최고 목적은 생불이 되는 것이고, 예수교를 믿는 사람은 천당으로 가는 것이 목적이고, 천도교인은 인내천 사람이 되어 지상천국을 이루는 것이 목적입니다.

　천도교를 믿어 인내천 사람이 되려고 진심갈력으로 수도하시는 사람 중에는 간혹 그 신앙 방법이 확실하게 마음에 서지 못해서 견성각심 見性覺心의 전로가 아득하고, 참으로 시천주 侍天主가 되지 못하고 과불급 過不及이 되어 고생하시는 분이 없지 않습니다.

그러므로 수도하시는 분은 경전을 귀귀자자 살펴내어 어질고 지혜로운 마음으로 정심수도를 하지 않으면 좋은 결과를 얻을 수 없는 것입니다.

의암성사께서 『무체법경』에 "혹은 가로되 한울을 마음 밖에 두고 다만 지극한 정성을 다하여 감화를 받아 도를 얻는다 하고, 또는 가로되 한울이 내게 있으니 우러러 하기는 어느 곳에 하며 믿기는 어느 곳에 하리오. 다만 내가 나를 우러르고 내가 나를 믿고 내가 나를 깨닫는다 하여 닦는 이로 하여금 마음 머리 두 방향에 의심구름이 가득하게 하도다."라고 하시어 모두 바른 길이 아님을 지적하셨습니다. 또 "무릇 천지만물이 주체와 객체의 형세가 없지 않으니 한울을 주체로 보면 내가 객체가 되고 나를 주체로 보면 한울이 객체가 되나니 이것을 가리지 못하면 이치도 아니요 도도 아니니라. 그러므로 주체와 객체의 위치를 두 방향에 지정하노라 사람의 권능이 한울을 이기면 한울이 사람의 명령 아래 있고 한울의 권능이 사람을 이기면 사람이 한울의 명령 아래 있나니 이 두 가지는 다만 권능의 균형에 있느니라."고 하셨습니다.

한울님은 만리만사萬理萬事의 원리원소原理原素로 천지만물의 부모이며, 만리만사를 운용하는 천지만물의 임금과 스승이 되고, 사람은 한울님을 모신 한울님의 사람입니다. 한울님은 창조주요 사람은 한울님의 발전 과정에서 최고로 진화된 존재로, 한울님은 전체요 사람은 개체로서 주와 객을 확실히 정하여 한울님을 부모같이 모시고, 스승같이 지극히 공경하고, 임금에게 충성하듯이 지극한 정성으로 섬기면 한울님의 가르침을 받게 됩니다. 나아가 오심즉여심의 경지를 터득하면 한울님과 사람이 합일이 되어 주와 객이 일체가 되어 인내천 사람이 됩니다. 인내천 사람이 되려면 육신관념에서 성령으로 개벽하여 본연한 본래의 나를 찾는 것이니 이 본래의 나가 곧 한울님이요, 내 마음의 근본입니다. 의암성사께서는 다음처럼 말씀하셨습니다.

"내게 한 물건이 있으니 물건이란 본래 나니라. 이 물건은 보고자 하여도 능히 보지 못하며 듣고자 하여도 능히 듣지 못하며 묻고자 하여도 능히 물을 곳이 없고 잡고자 하여도 잡을 곳이 없고 항상 머무는 곳이 없어 능히 법을 짓지 아니하나 일만 법이 자연히 체를 갖추었으며 정으로써 능히 기르지 아니하나 만물이 자연히 나타나느니라. 변함이 없으나 스스로 되며 움직임이 없으나 스스로 나타나며 한울과 땅을 이루어 놓고 도로 한울과 땅의 본체에 살며 만물을 내어 이루고 편안히 만물에 사나니 다만 한울을 인과因果로 하여 선함도 없고 악함도 없으며 나지도 아니하고 없어지지도 아니 하나니 이것이 이른바 본래의 나니라."

이와 같은 본래의 나가 곧 한울님이니 이 본연한 본래의 나를 각득하여야 인내천 사람이 됩니다. 본래 나의 성심본체는 내 마음의 근본 마음이므로 습관된 마음을 텅 비우면 빈 마음에서 빛이 나서 한울님을 양養하게 되고 나를 없이 하면 유일무이한 성심본체를 찾게 되는 것이니 육신관념을 성령관념으로 개벽해야 합니다. 경전을 자세히 살펴 미망심迷忘心을 없애고, 일동일정 하는 것이 한울님의 소사임을 믿고 공경함으로써 그 덕에 합하여 의구심疑懼心을 없애고, 마음이 곧 한울님인 것을 깨달아 자존심自尊心을 없애면 사특하고 망령된 마음을 초월한 본래의 나를 찾게 됩니다.

자기가 참 자기를 찾는 것이니, 어느 수도하는 사람이 천신만고하여 진심갈력으로 한울님을 찾고 보니 바로 자기 마음인 것을 깨닫고 혼자 무릎을 치며 우셨다고 합니다. 비유하면 어떤 사람이 봄을 찾아 떠나 이리 저리 찾다가 못 찾고 집으로 돌아와 자기 집 뜰에 있는 복숭아나무 꽃을 보고 봄을 찾았다는 이야기와도 비슷합니다.

속담에 망건 쓰고 망건 찾는다는 말과 같이 모든 사람이 건망중으로 자기 자신을 잊은 바보 등신이 되었습니다. 마치 금은보배를 많이 가지고 굶어죽는 어리석은 사람과도 같습니다.

사람은 본래 한울사람으로 마음도 한울이요 몸도 한울인 신선사람이니 인내천 사람으로 세상에 화해 나왔습니다. 그러므로 경전에 '내가 나 된 것이요 다른 것이 아니다. 멀리 구하지 말고 나를 닦으라' '가까운데 있고 먼데 있는 것이 아니다' '나는 도시 믿지 말고 한울님을 믿었어라. 네 몸에 모셨으니 사근취원 하지 말라.'고 하셨습니다. 또 의암성사께서는 "너는 반드시 한울이 한울 된 것이니 어찌 영성이 없겠느냐. 영靈은 반드시 영이 영된 것이니, 한울은 어디 있으며 너는 어디 있는가. 구하면 이것이요 생각하면 이것이니 항상 있어 둘이 아니니라." 하시며 한울님과 사람이 하나임을 밝히셨습니다.

무형한 한울님이 사람을 창조하고 그 속에서 살고 있는 것이므로 자기에게 모신 한울님을 자기의 마음에서 찾아 번복飜覆·물욕物慾·혹세惑世·기천欺天하는 마음을 버리고 사특하고 망령된 마음에서 해탈하여 본래 나를 찾으면 바로 인내천 사람이요, 인내천 사람이 되면 그 마음이 곧 한울님이므로 자기의 마음을 자기가 믿고 공경할 수가 있으니 성인이 됩니다.

성인은 다른 사람이 아니라 육신관념을 버리고 성령관념으로 개벽한 성령의 사람이요 인내천 사람으로, 그 마음은 바르고·밝고·착하고·의롭고 그 몸은 항상 수고롭고·괴롭고·부지런하고·힘쓰는 사람입니다. 그러므로 인내천 사람이 되면 지언행사知言行事가 일치한 사람이 되는 것입니다.

우리 인생의 목적이 안으로 자기의 인격완성으로 한울사람이 되고 밖으로 지상에 천국을 이루는 데 있는 것이니 정심정신正心正身으로 한울님께 죄를 범하지 않아야 합니다. 정심은 번복·물욕·혹세·기천의 4계명을 마음으로 지키는 것이요, 정신은 「수덕문」에 있는 일번치제一番致祭·만혹파거萬惑罷去·의관정제衣冠正齊·노식수후路食手後·도가불식지악육道家不食之惡肉·한천지급좌寒泉之急坐·유부녀지방색有夫女之防塞·와고송주臥高誦呪의 8대 계명을 몸으로 바르게 지키는 것입니다.

이상의 4계명으로 마음을 바르게 하고 8대 계명으로 몸을 바르게 하여 한울님과 합일하여 인내천 사람이 되어 한울님의 적실한 가르침을 받아 바르게 덕화를 펴야 합니다. 그러나 급급한 사람들은 자기 인격완성을 기하지 않고 지상천국의 목적만 생각하여, 자신의 미망심과 의구심에서 벗어나지도 못하고 스스로 아는 체 스스로 높은 체 하는 위정자가 되고, 자기도 모르면서 남을 가르치는 스승이 되니 한심하고 통탄할 일이라고 아니 할 수 없습니다.

미망심과 의구심과 자존심에 사로잡힌 사람이 깜찍한 재주로 남을 지도하고 위정자가 된다면 그 나라 그 민족은 장님이 장님을 끌고 가는 것과 같이 위태로울 것은 너무나도 명약관화한 사실입니다.

서양의 철인 소크라테스는 "무지는 죄다. 무지하면서 무지함을 모르는 것은 더 큰 죄악이다."라고 하였습니다. 그런데 자신의 미망심과 의구심에서 벗어나지 못하고 모르고도 아는 체 자신도 분별을 못하는 허무맹랑한 주장으로 자신을 속이면서 혹세惑世·기천欺天함은 참으로 용서받을 수 없는 천하의 죄인이 되는 것입니다.

속담에 윗물이 맑으면 아랫물도 맑고, 윗물이 흐리면 아랫물도 흐리다는 말이 있는데 남의 스승이 되는 사람은 지언행사知言行事를 나와 같이 하라는 인생의 안내자요, 위정자는 모든 사람들을 경제적으로 균등하게 만드는 사람이니, 자기 자신이 인내천 사람이 되지 못하고 어떻게 지언행사가 일치한 인생의 안내자가 될 수 있으며, 경제를 취급하는 정치인으로 물욕에서 벗어나 참으로 남을 위하여 희생봉사를 할 수가 있겠습니까?

사람의 가장 아름답고 참된 것은 진리를 터득하여 고생을 희락으로 생각하며 남에게 희생 봉사를 하며 희열을 느끼는 것이니, 이는 자기 인격을 완성시킴으로써 가능한 것이며 인격의 완성은 인내천 사람이 되는 데 있습니다.

인내천 사람이 되지 못하면 사람을 지도하는 분이나 정치를 하는 사람들이 모두 주의·주장을 달리하여 각자위심으로 궤변을 토하여, 사람 사람이 서로 갈등하고 중상모략·시기·질투·음해로 생지옥을 만들어 놓게 됩니다.

한 학교 같은 선생님에게서 같이 공부를 한 사람들이 모두 자기의 주의·주장이 있고 이념이 있으며, 철학·심리학·경제학·법률학을 전공한 사람들이 모두 의견이 각각이니 마치 장님들이 코끼리를 만져 보고 감상하고 평하는 것과 흡사합니다. 근본 진리를 모르고 다만 습성화된 물정심과 경험상의 지식으로 주관적인 판단과 추리를 함으로써 각양각색인 주장을 하게 되고 열 사람이면 열 사람 모두가 각자위심으로 궤변을 토설하는 것입니다. 결과는 사람과 사람 사이가 멀어지고 민족이 분열되고 나라와 나라가 서로 싸우게 되어 자기일신이 망하고, 나라가 망하고, 세상이 망하게 됩니다.

지극한 수도로 인내천 사람이 되면 열 사람, 백 사람, 천 사람, 만 사람 모두가 생각이 유일하게 됩니다. 한울님의 근본은 동일한 성령이요 유일무이한 이치와 기운이므로 백천만 가지의 이치가 하나의 이치로 돌아오고 각자위심의 많은 사람도 동귀일체가 될 수 있는 것입니다.

그러므로 수운대신사께서는 "동동학미념념동同同學昧念念同"이요, "내두백사來頭百事는 동귀일리同歸一理"라고 하셨습니다. 인내천 사람이 많아지면 저절로 참되고 아름다운 사회가 이루어집니다. 요순시대에 백성이 모두 요순이 되었다고 하나 어찌 백성이 다 요순의 덕을 가졌겠습니까! 요순의 덕화에 여세동귀與世同歸가 된 것입니다. 그러므로 인내천 사람이 되고서야 능히 남의 스승이 되어 인생의 안내자가 될 수 있으며 참된 위정자도 될 수 있는 것입니다. 천도교의 종지는 인내천 사람이 되어서 정신개벽·민족개벽·사회개벽의 3대개벽으로 이 땅 위에 한울나라를 이루고 지상신선의 생활을 하려는 것이니 그 인내천 사람이 되는 방법을 스승님께서 가르쳐 주셨습니다.

그러므로 인내천 사람이 되려면 먼저 경전을 귀귀자자 살펴내어 스승님의 심법을 바르게 알아야 합니다. 나아가 바른 마음과 바른 행동으로 믿음과 공경과 정성을 다하여 한울님의 덕과 스승님의 은혜를 염념불망하여 힘써 지키며, 일용행사에 있어서 바르고 밝고 착하고 의로움으로 자기의 책임과 의무를 다 해야 합니다. 모든 일에 이치로서 수행하며 물물천物物天 사사천事事天을 생각하여 기쁨과 희열로서 힘쓰면 반드시 한울님께서 감응하십니다.

불교의 혜능 대사가 공양주 노릇 십년에 도통을 하였다고 하니 공양주로 경문인들 제대로 읽을 수 있으며 참선 공부를 제대로 할 시간이 있었겠습니까? 오직 지극한 믿음과 공경과 정성으로 자기의 책임과 의무를 다하였기 때문에 한울님의 감화로 도통이 된 것입니다. 이 혜능 대사와 같이 수고롭고 부지런하고 괴로움을 참고 힘써 자기의 책임과 의무를 다하고, 한울의 적실한 가르침을 받아 은혜를 생각하며 일용행사에서 지극한 믿음과 공경과 정성으로 수행하면 누구든지 한울님의 감응을 받게 됩니다.

수심정기로 한울님의 감화를 받게 되면 내유신령과 외유기화가 융합일치 하여 기화지신이 생깁니다. 처음에 강령, 즉 접령이 되어 온 몸이 떨리게 되며 차차로 강령을 모시고 영부를 받기도 하며, 강서降書도 받을 수 있고 강시降詩도 받게 되며, 점차로 한울님과 언어가 상통하여 의사가 여일如一하게 되므로 자천자각하고 인내천 사람이 되는 것입니다. 그러므로 기화지신이 생긴 것은 곧 한울님을 모신 증거요 인내천 사람이 되는 과정입니다. 자기의 몸에 기화지신이 없으면 참으로 시천주가 된 것은 아닙니다. 기화지신이 없으면 살고서도 죽은 송장과 같은 사람이요, 허수아비와도 같은 사람이니 다시 한 번 거듭 나서 반드시 몸에 기화지신을 모셔야 하겠습니다.

몸에 기화지신이 없고 인내천 사람이 되지 못하였으므로 서양 사람들이 우리 민족을 송장 허수아비와 같이 취급하고 괄시하고 농락하니 실로 통탄할 일입니다. 하루 속히 꿈에서 깨어 기화지신을 몸에 양하고 참다운 길을 걸어 인내천의 자주민이 되어야 보국안민의 방책이 나오고 우리의 목적이 이루어질 것입니다. 인내천 사람이 많아져서 그 덕화가 세상과 더불어 같이 돌아가게 되어야 정신개벽으로 인간 혁명이 되고, 민족개벽으로 민족정기가 바로 서고, 국민도의가 아름답게 빛나서 사회개벽으로 우리가 원하는 지상천국을 이룰 수 있는 것입니다.

사람의 덕성과 재주와 지혜는 무형에서 나오는 것이므로 모두 정심수도를 해서 인내천 사람이 되어야 하겠습니다. 의암성사님께서 "세상에는 나보다 재주도 능하고 글도 능한 사람이 많이 있지만 마음을 정한 인내천 사람은 나 한 사람뿐"이라고 하셨습니다.

우리 천도교인은 모두 스승님의 뒤를 따라 인내천 사람이 되어 사상문명으로 과학문명을 능가하는 후천개벽의 종자 사람이 되어야 사람으로서 사람 노릇을 하는 참사람이 될 수 있을 것입니다.

* 『설교연구』 228호, 포덕103(1962)년 9월.

신앙의 힘

천도교를 믿는 목적은 진리를 온전히 터득하여 안으로 인내천 사람이 되어 자기의 인격을 완성하고 밖으로 보국안민·포덕천하·광제창생·지상천국 건설의 목적을 달성하여 성신쌍전性身雙全의 완전한 생활과 교정일치教政一致의 이상적 제도로 지상신선으로 사는 것임은 자타가 공인하는 바입니다.

이와 같은 목적과 이상을 달성하려면 지극한 믿음과 공경과 정성으로 한울님의 감응을 받아 신앙의 힘을 얻어야 합니다. 인생의 모든 괴로움을 이기고, 슬픔을 이기고, 번복飜覆 물욕物慾 혹세惑世 기천欺天하는 마음을 없애고자 해도 신앙의 힘을 얻어야 하고, 한울사람이 되고자 해도 한울님의 감응으로 도움을 받고 지혜를 받아야 하니 이 모두가 신앙의 힘으로 되는 것입니다.

사람의 일용행사日用行事 간에 크고 작은 일을 막론하고 한울님의 감응이 없이는 성공할 수 없습니다. 옛말에 모사謀事는 재인在人이요 성사成事는 재천

在天이라고 했거니와 사람의 잘 되고 못 되는 것, 귀하고 천한 것, 고생하고 즐거운 것, 행복하고 불행한 것, 병들고 건강한 모든 것이 인과법칙으로 되는 것이니, 건강하고 즐겁고 행복하고 귀하고 잘 되려면 한울님의 감응을 받아 신앙의 힘을 얻어야 합니다.

사람의 육신관념으로 인생을 생각한다면 모든 것이 괴로움이자 슬픔이요 안타깝고 외롭고 고생뿐이라고 할 수 있기 때문에 인생을 초로草露와 같이 허무하다고 주장할 수 있습니다. 그러나 마음을 돌이켜 한번 다시 거듭나서 정신개벽으로 한울사람이 되어 한울님 감응으로 도움을 받고 지혜를 받아 신앙의 힘을 얻으면 이 세상은 극락이요 인생은 기쁘고도 즐거운 것입니다.

사람으로서 생각하면 슬프고 괴로운 것이요 한울님으로서 보면 즐겁고 행복한 것입니다. 사람은 물정에서 생긴 마음을 버리고 본연한 한울마음을 가져야 살아갈 수 있습니다. 고생을 희락으로 생각할 수 있는 마음의 힘을 얻어야 할 것이니 그 마음의 힘은 신앙의 힘을 얻는 데서 나옵니다.

만리만사가 불연不然이자 기연其然이라, 사람으로서 보면 불연이요 한울님으로서 보면 기연입니다. 신앙의 힘으로 견성각심見性覺心하면 자유자재自由自在의 마음을 가질 수 있으니 이것이 이른바 인내천의 '불연기연 변증법不然其然 辨證法'입니다. 한울님을 모르고 습관된 마음에 사로잡혀 불연의 마음을 가진 사람은 모든 것이 불연이라, 모든 것을 알 수 없으니 괴롭고 슬픈 마음이 됩니다. 슬픈 마음을 가진 사람은 산을 보아도 슬프고, 물을 보아도 슬프고, 사람을 보아도 슬프고, 억천만물이 다 슬프게 보이고 대소사 간에 이래도 슬프고 저래도 슬픈 것입니다.

반면에 한울님을 모신 사람은 즐겁고 기쁜 마음이 되니 산을 보아도 기쁘고, 물을 보아도 기쁘고, 억천만물이 다 즐겁고 이래도 기쁘고 저래도 기쁘고 즐겁게 됩니다. 이것이 소위 희희아喜喜我 희희물喜喜物의 극락세계입니다.

사람은 본래 한울사람으로 무형한 한울님이 유형화 된 것이므로 기쁘고 즐겁고 건강하고 행복한 것이 본성입니다. 그런데 괴롭다 슬프다 하는 것은 사람의 눈·귀·코·혀·몸·뜻으로 인해 생기는 물욕과 애착, 즉 물정심의 결과로서 이는 거짓이요 허위요 그림자입니다. 물정심에 사로잡혀 슬프다 괴롭다 하는 사람은 거짓 사람이요 그림자 같은 가짜 사람이므로 괴로워하고, 슬퍼하고, 안타까워하고, 시비하고, 시기하고, 질투하고, 모략중상하고, 미워하고, 성내고, 어리석어 마음을 화합치 못하게 되니 혈맥정신이 상통치 못하여 병이 들고 죄를 짓고 죽게 되는 것입니다.

사람은 본래 한울사람이므로 병들거나 병들어 죽지 않습니다. 병이란 것은 마음이 괴롭고 슬프기 때문에 생기는 부작용입니다. 마음의 본체는 불생불멸하며, 오는 것도 없고 가는 것도 없으며, 위도 없고 아래도 없는 청정무구한 성령이므로 병들고 죽는 것도 없으며, 슬픔도 괴로움도 없습니다. 슬프다, 괴롭다, 병들었다 하는 것은 가짜 사람의 일이요 참사람의 일은 아닙니다. 슬프다, 괴롭다 함은 나의 본래의 마음을 망각하고 물정심에 포로가 된 까닭입니다. 병 들어 건강치 못하다 함은 희로애락을 조절치 못하여 마음이 흐려졌기 때문에 피가 흐려지고, 피가 흐려지기 때문에 병이 생긴 것입니다.

아무리 심각한 죽을 병에 걸린 사람도 한 번 거듭나서 개과천선하고 한울님을 지극히 믿고 공경하고 정성하면 병이 없어지고 건강한 사람이 되는 것은 얼마든지 목격하는 사실입니다. 한울님을 믿어서 병이 나아진다면 미신같이 생각하는 사람도 있으나 그것은 과학적으로도 증명할 수 있는 것이니 한울님을 믿어 항상 즐겁고 기쁜 마음을 가지면 마음이 맑아지므로 피가 맑아지고 적혈구와 백혈구의 활동이 활발해져서 결국 건강해지는 것입니다.

또한 중태에 빠지거나 사경에 임한 환자가 한울님의 감응으로 즉각 완치될 수도 있으니 강령을 모시고 영부를 받은 사람이면 누구든지 체험할 수 있으며, 신앙의 힘을 얻은 사람은 무시로 체험하는 사실입니다. 이것이 바로 한울님의 감응으로 되는 신앙의 힘입니다.

한 사람이 마음을 바르고·밝고·착하고·의롭게 하여 피가 맑아진다는 것은 자기 한 몸이 건강해질 뿐 아니라 자기의 자손에 미치는 영향, 한 걸음 나아가서는 민족 인류에 미치는 영향이 중대한 것입니다.

독일 베를린 대학 심리학과에서 화류병과 술 중독에 걸린 여자의 자손 360명을 조사한 결과 살인범이 열 명이나 되고 강도 절도범이 이십 명이나 되었다고 하니 육신적 유전이 무서운 것임을 다시 한 번 생각해야 합니다.

자손이 잘되고 못되는 것, 건강하고 건강치 못한 것이 도무지 그 부모조상에게 달려 있습니다. 어린 아이가 병들고 죽는 것은 그 부모조상의 부주의와 혈통 및 마음에서 오는 인과 법칙으로 되는 것입니다. 부모조상 되는 사람이 진리를 깨닫고 개과천선하여 한울님의 감응으로 도움을 받게 되면 병이 들었던 사람도 모르는 사이에 완치되는 것은 물론이요, 어린 아이까지도 건강해져서 행복한 가정이 될 수 있는 것입니다.

수운대신사께서 "일 년 삼백육십 일을 일조같이 지내나니 천우신조 아닐런가." 하신 말씀이 바로 신앙의 힘을 말씀하신 것입니다.

한울님은 우리의 부모요 스승이요 임금이므로 사람이 원하고 구하는 대로 이루어 주십니다. 한울님은 불택선악不擇善惡하시므로 흰 것으로 구하면 흰 것으로 가르치고 검은 것으로 구하면 검은 것으로 가르치니 바르고 밝고 착하고 의로운 마음을 가져 바르고 밝고 착하고 의로운 가르침을 받아야 합니다.

한울님은 이치요 기운이요 빛이요 유일무이한 완전자요 절대자로 간섭치 아니함이 없고 명령하지 아니함이 없는 성령이므로, 지극한 수도로 한울님의 감응을 받아 도움을 받고 지혜를 받아 만리만사에 처음과 끝을 알고 먼저 할 것과 나중에 할 것을 잘 헤아려, 일상생활에 있어서 말과 행동을 일치시키고 천리에 순종하고 천심을 어기지 아니하고 신성사님의 심법에 배반됨이 없게 하면, 자연히 기쁘고 즐거운 마음이 생겨 스스로 만족하고 한 몸이 건강해지고 집안이 화목하여 괴로움과 슬픔을 모르는 행복한 살림을 할 수 있습니다.

한울님을 믿고 아니 믿는 사람의 차이가 여기에 있습니다. 그러므로 한울님의 감응을 받아 신앙의 힘을 얻어야 참으로 천도교를 믿는 맛을 알고 행복감을 느끼어 삶의 보람을 알게 됩니다.

여기에 어린 아이가 셋이 있다 가정해 봅시다. 한 아이는 부모와 같이 살고, 한 아이는 부모가 있음은 알지만 찾지 못해서 혼자 살고, 한 아이는 부모를 아예 모르고 혼자 산다면 어느 아이가 더 행복하겠습니까?

한울님은 무형의 부모이므로 현재 살아 계시는 우리 육신의 부모와 똑같이 섬기고 모시고 효도하고 충성을 다하여 한울님의 감응을 받아 신앙의 힘을 얻도록 해야 합니다. 신앙의 힘을 얻어야 신앙의 맛을 알 수 있는 것이니 지식이나 명예나 권력이나 돈을 가지고 얻을 수 있는 것은 결코 아닙니다.

신앙의 힘을 얻으면 신앙의 맛이란 일용행사 대소사 간에 나타납니다. 한 가지 실례를 들면 경상도에 거주하시는 독실한 교인 세 분이 버스를 타고 여행을 하다가 버스가 전복되어 산에서 떨어져 버스에 탄 손님이 모두 죽고 중상을 당하였는데 교인 세 분은 조금도 상처 입은 곳이 없이 무사하였다고 하니 이것이 신앙의 힘입니다.

이와 같은 사례는 얼마든지 있습니다. 한울님의 감응을 받아 신앙의 힘을 얻기만 하면 삼재팔란三災八亂을 면할 수 있으며, 만일에 현대전이 일어나 원자탄이 터진다 해도 겁낼 것이 없습니다. 가슴에 불사약을 간직하고 입으로 장생의 주문을 외우니 무엇이 두렵고 무엇이 근심이 되겠습니까? 한울님의 감응으로 신앙의 힘을 얻어 자기의 마음을 자기가 믿고 공경할 수 있는 사람이 되어야 하겠습니다.

우리는 무엇인가를 얻고자 오관(五款:呪文·淸水·侍日·誠米·祈禱) 실행으로 한울님을 믿고 공경하고 정성을 다하는 것입니다. 오관 실행을 하고 믿고 공경하고 정성을 하는 것은 지식이나 재능이나 또는 글을 잘한다고 되는 것도 아니요 말을 잘한다고 되는 것이 아닙니다.

해월신사께서는 정식으로 한학을 수학한 적이 없지만 오로지 믿음 공경 정성으로 도를 통하여 오만 년의 지황씨地皇氏가 되셨는데 비록 글자를 모르신다고 하더라도 어떻게 무식하다고 하겠습니까?

그러므로 천도교를 공부하는 데는 유식하고 무식함이 차이가 없으며 귀하고 천함의 차이가 있을 수 없습니다. 한울님은 진리이니 진리를 지식으로 아는 것과 믿는 것과는 근본적으로 다르며, 특히 믿어서 한울님의 감응을 받아 신앙의 힘을 얻는 것과는 천지 차이입니다. 그러므로 해월신사께서는 인내천의 정의를 말로 하거나 글로 그리지 말고 신인합일神人合一의 경지에 들어가 직각으로 체험하라고 하신 것입니다.

천도교인이 수도하는 목적은 접령接靈, 강화降話, 각심覺心, 견성見性의 네 계단을 거처 한울사람이 되는 데 있으나, 우선 일용행사에서 한울님의 감응을 받아 한 몸이 건강하고 한 집안이 편안하고 모든 일이 뜻대로 이루어진다면 그것이 바로 남다르게 얻는 것이 아니고 무엇이겠습니까? 한 몸이 건강해짐에 정신이 건전해지고 한 집안이 편안함에 가도화순이 자연히 되고 모든 일이 뜻대로 이루어지니 저절로 대도를 터득하게 되는 것입니다.

아무쪼록 바르고 밝고 착하고 의로운 마음을 가지고, 수고롭고 부지런하고 힘써 모든 것을 참고 이기며, 자기의 책임과 의무를 다하고 이신환성과 오관 실행을 믿음과 공경과 정성으로 하여, 한울님의 감응을 받아 신앙의 힘을 얻도록 해야 할 것입니다.

* 『신인간』 227호(속간25호), 포덕103(1962)년 12월.

사언행일치 思言行一致

사람은 남녀노소 누구를 막론하고 모두 생각하고 말하고 행동하고 있거니와 생각하고 말하고 행동함에 있어서는 바름과 바르지 못함, 밝음과 어두움, 선함과 악함, 정의와 불의가 있습니다.

천도교를 믿어 육신관념을 성령性靈으로 개벽하고 오관五款으로 정성껏 수도하자는 것은 일상생활의 대소사 간에 있어서 생각하고 말하고 행동할 때 바르고 밝고 착하고 의롭게 하기 위해서입니다.

사람이 생각하고 말하고 행동함에 있어 바르고 밝고 착하고 의롭게 하려면 먼저 진리를 바르게 터득하여 바르게 아는 데서 시작해야 합니다. 전해오는 세상 말에 '아는 것이 힘이다, 알아야 산다'는 말도 있거니와, 그렇다면 정말 무엇을 아는 것이 참으로 안다고 할 수 있을까요?

글자를 알고 역사를 알고 과학을 아는 것도 안다고 할 수 있고, 철학·정치·경제·법률을 전공해서 학사나 석사나 박사의 학위를 받은 것도 아는 것이라고 할 수 있습니다. 그러나 학사가 되고 석사가 되고 박사가 되었다고 해서 반드시 그 사람이 생각하고 말하고 행동함에 있어 바르고 밝고 착하고 의롭게만 한다고 할 수는 없습니다. 왜 그러냐 하면 그들은 모든 학문의 근본 원리인 한울님의 이치를 모르고 지엽적인 지식만을 공부하는 까닭입니다. 마치 뿌리 없는 나무와도 같다고 할 수 있습니다. 한울님의 이치를 모르고 한울님을 모시지 못하고서는 절대로 바르고 밝고 착하고 의롭게 생각하고 말하고 행동할 수 없습니다.

수운대신사께서 경전에 "무궁한 그 이치를 불연기연 살펴내어 부야흥야 비해 보면 글도 역시 무궁하고 말도 역시 무궁이라. 무궁히 살펴 내어 무궁히 알았으면 무궁한 이 울 속에 무궁한 내 아닌가." 하셨습니다. 한울님의 무궁한 그 이치를 알고 한울님을 믿어 한울님을 모시고 한울사람이 되어야 참으로 아는 사람이라고 할 수 있고, 생각하고 말하고 행동함에 있어 바르고 밝고 착하고 의롭게 할 수 있는 사람이 됩니다. 참으로 아는 것은 한울님을 모시고 한울님을 믿고 공경하고 정성함으로써 한울님을 아는 것입니다.

한울님은 천지만물의 원리원소原理原素요 기운으로 천지만물을 이루어 낳았으며 간섭치 않음이 없고 명령치 않음이 없는 천지 만물의 부모요, 스승이요, 임금입니다. 한울님은 완전원만完全圓滿한 절대자요 무시무종無始無終하므로 불생불멸하고, 무상하 무거래하므로 상무주처하며, 무궁지수이므로 무량수無量數의 물질을 무한無限으로 생성변화生成變化하며, 무루무증無漏無增하므로 무량혜無量慧가 있고 무진장無盡藏이므로 무량광無量光과 무량력無量力을 가진 무궁아無窮我요 본래아本來我입니다.

이와 같은 것을 한울님이라고 하며 우주 본체라고 하며 또는 지기至氣, 성심性心, 이기理氣, 성령性靈, 귀신鬼神, 음양陰陽 등 여러 가지 이름으로 부르나 유일무이한 한울님의 이치와 기운으로 일관一貫하여 있습니다. 이와 같은 근본 이치를 터득하면 한울과 사람이 둘이 아님을 깨달아 스스로 우주의 주인공임을 자각하고 한울은 곧 본래아임을 터득할 수 있습니다.

이 우주 본체인 한울님을 알고 모시고 한울님의 무궁한 그 이치를 터득하는 데는 유식하고 무식함이 차이가 없으며, 귀하고 천함이 상관없고, 부유하고 가난함이 차이가 없고 오로지 이신환성하여 지극한 오관 실행과 수도로써 한울님의 기운과 접하여 한울님을 모시고 한울님의 가르침을 받아 한울사람이 되어야 참으로 알고, 바르게 터득했다고 할 수 있습니다.

한울님을 모시고 한울님의 기운과 접하게 되면 진실로 한울님을 공경할 줄 알게 되고 자기 스스로 한울님 모심을 알았으니 남도 한울님 모심을 깨달아 참으로 사람을 한울님과 같이 공경할 수 있으며, 나아가서는 천지만물이 모두 한울님 모심을 알아 경물을 하는 데 이르게 됩니다. 또한 한울님을 모시고 믿어 경천敬天·경인敬人·경물敬物로 지극히 공경하고 주문呪文·청수淸水·시일侍日·성미誠米·기도祈禱로 정성을 다하여 오심즉여심의 인내천의 진경에 도달하여야 만사를 알게 되는 것입니다.

한울님의 기운과 접하여 강령이 되면 한울님 모심을 알고, 한울님 모심을 알면 한울님과 말씀을 주고받아 오심즉여심吾心卽汝心의 경지에 도달하여 자천자각이 되고 해탈이 됩니다. 그러나 여기서 한 걸음 더 나아가 대도견성이 되어야 자유자재의 마음이 되어 생각하고 말하고 행동하는 것을 일치하게 할 수 있습니다. 어떤 사람들은 아는 것보다 행동이 앞서야 한다고 하지만 참으로 진리를 알게 되면 행동은 따라 오게 되는 것입니다.

아는 것도 네 가지로 구분할 수 있는데, 보고 아는 것과 듣고 아는 것과 생각해서 아는 것과 닦아서 아는 것이 있으니, 닦아서 아는 것이 참으로 아는 것입니다. 비유하면 천도교를 믿는 사람이 지극히 수도하면 강령이 된다는 것은 보고도 알고 듣고도 알고 생각해도 아는 것이나, 닦아서 강령이 되어 보지 못한 사람은 참으로 아는 것이 아닙니다.

내유강화지교內有降話之敎로 한울님과 말씀을 주고받아 언어가 상통한다는 것도 마찬가지입니다. 닦아야만 참으로 아는 것입니다. 사탕을 먹어 본 사람이어야 사탕 맛을 참으로 아는 것입니다. 보고 듣고 생각한다고 사탕의 맛을 어떻게 알 수 있겠습니까? 자신의 실질적인 경험만이 참 지식이 되고 참 아는 것이 되는 것입니다. 반면에 자신이 경험을 못했다고 해서 진리가 아니라고 부인하는 사람은 가장 어리석은 사람입니다. 특히 신앙생활과 수도 계단에 있어서의 경험은 인간의 좁은 지식으로 평가할 수 없는 것입니다.

옛날 노자老子도 상사上士는 도를 들으면 믿고, 중사中士는 도를 듣고 의심하고, 하사下士는 도를 듣고 웃는다고 하였습니다.

참으로 알고, 생각과 말과 행동이 일치한 사람이 되려면 신성사님의 심법을 믿고 경전을 귀귀자자 살펴내어 정심수도를 해야 합니다. 한울님을 바르게 알고 한울사람으로서 생각하고 말하고 행동해야 합니다.

　무궁한 그 이치를 바르게 알지 못하고, 장님이 코끼리를 평하고 생각하는 것과 같은 판단을 하거나, 방 안에 앉아 창구멍으로 바라다 보이는 것을 보고 우주를 말한다면 얼마나 어리석은 사람이겠습니까? 우리 수도하는 사람들은 항상 자기를 반성하고 정진하여, 자기가 생각하고 말하고 행동하는 것이 한울님의 이치에 맞는가 어김이 없는가를 깊이 생각해 보면서 인내천 사람이 되어 한울님이 생각하고 한울님이 말씀하고 한울님이 행동한다고 할 수 있도록 해야 하겠습니다.

　의암성사께서 말씀하시기를 '도를 지켜서 한갓 사업만 할 것이 아니라 진리를 온전히 체득할 것'이라고 하셨습니다. 사람이 사는 데는 사업을 하게 마련인데 진리를 모르고 한다면 실패로 돌아갑니다. 사업을 하려면 생각하고 말하고 행동을 해야 하는데 진리를 온전히 체득하지 못하고서 어떻게 사업을 성취하겠습니까?

　사업이라 하면 정치·경제·문화 여러 가지 방면이 있습니다. 한울님의 근본 이치를 모르는 사람이 정치·경제·문화 사업에 조금 성공한 것을 전부로 알아 의기양양하지만, 그것은 마치 어린아이가 우물 방틀에 서서 재롱하는 것과도 같고, 면도칼을 쥐고 장난하는 아이와 같이 위험하고 두려운 일입니다. 진리를 모르고 사업을 한다는 것은 항로를 모르고 만경창파에 배를 띄운 것 같은 일입니다. 진리를 모르고 한울사람이 되지 못하고 사업을 한다는 것은 치아가 없는 아이가 갈비를 먹겠다고 덤비는 격이요, 날개도 나지 않은 어린 새가 날려는 것과도 같은 것입니다.

반면에 진리를 온전히 체득하면 모든 사업은 성공하게 마련입니다. 옛날 성현들도 먼저 자기 마음을 자각한 후에 중생제도를 하셨으니 예수와 석가도, 공자와 노자도 그러하였으며 우리 신성사님도 그러하신 것입니다. 우리도 스승님의 본을 받아 먼저 자기의 마음을 자각하여 진리를 터득하고 생각과 말과 행동이 일치되고 만법을 스스로 자유자재할 수 있는 인격이 완성된 후에 사업을 해야 할 것입니다.

천도교인은 우선 지극한 수도로 자기의 인격 완성을 해야 합니다. 인내천 사람이 되는 것이 천도교인의 근본적인 책임이요 의무입니다. 인내천 사람이 되면 생각과 말과 행동이 바르고 밝고 착하고 의롭게 되어 모든 사업은 원하고 바라는 대로 성취할 수 있는 것입니다.

천도교인 가운데 한울사람이 많아 무궁한 한울님의 이치를 바르게 알고 생각하고 말하고, 행동이 바르고 밝고 착하고 의롭게 나타나면 자연히 이 민족의 선구자가 될 것이요, 스승이 될 것이요, 천도교는 국교가 될 것입니다. 포덕천하도 광제창생도 천도교인 가운데서 한울사람이 많이 배출되어야 비로소 될 것입니다.

한울님의 가르침을 받아 한울님 사업을 하도록 힘써 수도합시다.

* 『신인간』 230호(속간 26호), 포덕104(1963)년 2월호.

무無와 유有

사람은 누구나 없는 것과 있는 것을 생각하게 됩니다. 일상생활에 있어서도 그러하거니와 철학을 공부하는 사람이 형이상학形而上學과 형이하학形而下學으로 나누어 연구하는 것이나, 신앙하는 사람이 무형과 유형으로 구분하여 우주만물이 생겨나기 전의 법상法相과 억천만물인 색상色相의 원리를 터득하려고 하는 것은 모두 없는 것과 있는 것을 생각하는 것입니다.

그러므로 관건은 없는 것과 있는 것의 관계와 없는 것이란 무엇이며 있는 것이란 무엇임을 아는 것입니다. 혹 유물론적 견지에서 '없는 것은 없는 것이요, 있는 것은 있는 것'이라고 단정하는 사람도 있으나, 없는 것이라고 하면 무엇을 없는 것이라고 하며 있는 것이라 함은 무엇을 있는 것이라고 하겠습니까? 우리는 그 없는 것과 있는 것의 근본을 밝게 살펴야 하겠습니다.

의암성사께서 법경에 이르시되 "없는 것으로 없는 것을 보면 없는 것도 있는 것이요, 없는 것으로 있는 것을 보면 있는 것이 없는 것이 된다."고 하셨습니다. 없는 것이 있는 것이요, 있는 것이 없는 것이라고 하니 무엇을 의미한 말씀일까요?

우선 없는 것과 있는 것을 과학적으로 알아보아 증명하도록 합시다. 요즈음 과학을 연구하는 사람들이 원소 중에 하나인 중간자中間子를 발견하였는데 중간자와 중간자가 서로 움직여 상충이 되면서 전자가 생겼다는 것이요, 전자는 중간자를 둘러싸고 있다는 것은 알게 되었으나 중간자가 생기는 원리는 아직도 모르고 있습니다.

그 원리는 과학으로는 영원히 알 수 없는 것이요 오직 신앙으로써 터득할 수 있습니다. 위에서 말씀드린 중간자는 하나의 물질이요 그 물질은 없어지므로 있는 것이 없는 것이 되고, 두 개의 중간자가 서로 상충하여 없어지면서 전자로 변화되었을 경우 전자는 무형의 기운으로 있는 것이니 없으면서 있는 것이요, 또한 중간자가 생기기 전 상태, 중간자가 생길 수 있는 원리 그것은 없으면서 있는 것이 됩니다.

모든 물질이 무형한 원리원소로부터 화해 나고 무형의 기운으로 성장 변화가 됩니다. 한 개의 물체를 현미경으로 보면 그 물체가 하나로 보이지 않고 많은 분자가 전자의 기운으로 집합되고 압축되어 하나의 물체가 된 것을 알 수 있습니다. 물체를 이룬 분자는 무형한 원리원소로 된 것이므로 억천만물은 무형한 원리와 기운의 파동波動으로 무위이화無爲而化로 된 것입니다.

사람의 감각과 의식을 통하여 알려지는 소리, 열, 불빛 같은 여러 가지 현상도 무형한 원리와 기운의 파동으로 되는 것입니다. 소리는 공기의 파동으로써 소리가 된다는 것은 누구나 다 아는 사실입니다. 그 소리가 공기의 약동수에 따라서, 즉 지기至氣의 파동에 따라서 열로 변하고, 불로 변하고, 빨간색·파란색·노란색으로 변화하는 것입니다.

라디오나 무전기를 통해서 말을 듣고 서로 통화도 할 수 있는데 이것도 무형한 이치와 기운으로 되는 것이며 텔레비전에서 사진을 볼 수 있는 것도 같은 이치로 되는 것입니다. 미국에서는 텔레비전을 천연색으로 볼 수 있다고 하는데 역시 없으면서 있는 이치와 기운의 파동으로 되는 것입니다.

텔레비전에 사진이 나타날 때에 보면 전기 약동수가 정확하게 도수가 맞아야 확실하게 보이는데 마치 수도하는 사람에게 영안靈眼을 통하여 스승님이 나타나시는 것과 흡사합니다.

사람은 라디오나 무전기·텔레비전보다 더 세밀하게 된 것이며 잘 조직된 것인데, 라디오나 무전기·텔레비전에 고장이 생기면 작동할 수 없는 것과 같이 사람이 물정심으로 영대가 흐려지면 자기의 본래 능력을 발휘하지 못합니다.

빨간 꽃, 노란 꽃, 파란 꽃 각양각색의 꽃이 있는데 그것도 그 꽃나무 자체의 지기至氣의 약동수에 따라서 차별상差別相으로 나타나는 것이요, 무형의 원리와 기운은 유일무이한 무차별입니다.

무위이화로 된 억천만물의 차별상은 본래 없는 것이므로 있는 것이 없는 것이요, 만물을 화해 놓은 무형의 원리와 기운은 없으면서 있는 것이므로 없는 것이 있는 것이라고 하는 것입니다. 물질은 본래 없는 것이므로 사람의 마음에 따라서 없다고도 할 수 있고 있다고도 할 수 있는 것입니다.

한 가지 예를 보겠습니다. 우리가 흔히 볼 수 있는 기합술사가 손목에 쇠줄을 꽁꽁 묶어놓고 '앗!' 하는 기합 한마디로 쇠줄을 풀어 버린다던가 또는 시퍼렇게 날이 선 작두를 가슴에다 대고 떡메로 쳐도 상처가 없는 것을 보는데 이것은 기합술 하는 사람의 마음 작용에 따라 되는 것입니다.

의암성사께서 일본에 계실 때의 일입니다. 이등박문(이또 히로부미)이 의암성사를 초청하시어 음식과 술을 대접하는데, 의기로서 술 마시는 내기를 하다가 이등박문이 대취하여 쓰러졌습니다. 그러나 의암성사께서는 하인을 청하여 그때까지 마신 술보다 더 많이 마시고 차려놓은 음식을 하나도 남김없이 다 드셨다고 하시니 역시 마음작용으로 물질을 없다고 생각하신 결과입니다.

마음은 곧 무형한 기운이요, 사람의 육신도 무형한 원리와 기운에서 화해 나온 것이므로 사람과 한울님은 근본에서 동일한 이치와 기운이요, 무형과 유형의 차이가 있을 따름입니다. 무형은 한울이요 유형은 사람이므로 인내천이라고 합니다. 사람이 곧 한울이므로 마음먹은 대로 됩니다.

사람의 마음과 한울님의 마음이 둘이 아님을 깨달아 마음의 힘을 얻으면 능히 타인의 질병을 고칠 수 있습니다. 질병은 본래 있는 것이 아니라 사람이 물질을 있는 것으로 보고 그 물질의 노예가 되어 삼재팔란三災八難이란 번뇌 망상으로 생겨 나는 것입니다.

한울님이 물질을 만들어 놓고 물질의 노예가 된다는 것은 말이 되지 않습니다. 모든 물질을 마음대로 지배할 수 있다는 것을 터득한다면 그 마음에는 번뇌 망상이 있을 수 없고 따라서 질병이 있을 수 없게 됩니다.

물질은 본래 없는 것이요 오직 없으면서 있는 무형한 원리와 기운이 곧 자기 마음인 것을 깨달아 마음의 힘을 얻으면 능히 육신의 질병이나 정신의 질병에서 해탈되어 성령 사람, 즉 인내천 사람이 됩니다. 인내천 사람이 됨으로써 없는 것이 있는 것이요 있는 것이 없는 것임을 확실히 터득할 수 있게 됩니다. 사람이 생각하는 데 따라서 없는 것이 있는 것이 되고 있는 것이 없는 것이 되는데, 없는 것과 있는 것 어느 한 가지에 집착이 되면 대도를 터득하기 어려운 것입니다.

수도하는 과정에서 접령이 되어 허광심이 발하면 밝지 않음이 없고, 모를 것이 없게 되므로 분별심이 강해져서 차별심을 가지게 되는데 이 경지에서 한층 더 오르지 않고 그 마음에 집착되면 좋은 결과를 얻기 어렵습니다. 허광심에 집착이 되어 벗어나지 못함을 분별심 또는 차별심에 떨어졌다고 합니다. 분별심과 차별심에 떨어지는 이유는 있는 것만 알고 없으면서 있는 것을 모르기 때문에 그렇게 되는 것입니다. 이와 같이 된 사람은 분별심이 강하여 일용행사에 있어서 차별적 관념으로 판단하는 데 치우쳐 너무 극단적인 마음의 소유자가 되므로 완전원만한 도인이라고는 할 수 없습니다.

반면에 여여심如如心에 오르면 고요하고 고요하며, 물을 곳도 없고 들을 곳도 없으며, 한울 마음과 같고 참과 같이 되어 일만 형상이 본래 내 한 몸이요, 유일무이한 성심본체를 깨닫게 되므로 비고 그친 자리에 마음이 이르게 됩니다. 그러나 여기에서 한층 더 오르지 않으면 무아경無我境에서 마음이 배회하게 되어 그곳에 집착이 되는데 이것을 가리켜 공적空寂에 떨어졌다고 합니다. 다시 말해 여여심에 오르면 차별상에서 벗어나 무차별의 경애에서 마음이 작용할 수 있으나 무아경만을 최상의 극락자리로 알고 그곳에 집착이 되면 참된 공도공행公道公行을 모르고 자유극락을 모르는데 이것은 있는 것이 없는 것이란 것만 알고, 없으면서 있는 원리, 즉 공즉시색空卽是色인 이치를 모르기 때문에 대도를 어기어 애석하게 된 것입니다.

수도하는 사람은 법경을 바르고 밝게 살펴 공적과 분별 어느 한쪽에 집착됨이 없이 일체의 장애를 헌 옷과 같이 벗어 버리고, 허광심과 여여심을 얻은 후에 다시 거듭 올라서 자유자재의 마음이 되어 최상 최고의 자유극락심自由極樂心을 얻도록 해야 합니다.

없는 것으로 없는 것을 보면 없는 것이 있다는 것은 우주 만물을 화해 놓은 원리로서, 처음도 없고 나중도 없고(無始無終), 새는 것도 없고 더함도 없으며(無漏無增), 생함도 없고 멸함도 없는(不生不滅) 무체성無體性을 말합니다. 이것을 무無·공空·무상無相·법상法相·진성眞性·무형천無形天·본래아本來我·지기至氣·이기理氣·성심性心·한울님 등의 명사로 표현하는 것입니다.

없는 것으로 있는 것을 보면 있는 것이 없는 것이라 함은 처음이 있고 나중이 있는 우주만물을 말합니다. 이것을 색상色相·만상萬相·물질物質·유형천有形天 등의 명사로 표현합니다.

물질이 있는 것인데 없는 것이라 함은 모든 물질은 처음이 있으니만큼 나중이 있는 것으로 무형에서 유형이 되었다가 다시 무형이 되므로 하는 말입니다. 수도하는 사람이 양기養氣 공부를 거쳐 견성見性 공부에 들어가면 자기의 육신이 있으면서도 없는 경애에 도달할 수 있는데, 이때 육신에 이상 징후가 나타납니다. 혈맥 도수가 70에서 60이 되고 50이 되고 40이 되고 30이 되고 20이 되고 10이 되고 0이 되어 맥박이 멎고 심장작용이 멎어 완전히 무아경無我境이 됩니다. 무아경이 되는 것은 개구리, 도롱뇽, 뱀 등도 되는데 이것들은 몸이 꽁꽁 얼어야 무아경이 되고 얼음이 녹으면 다시 소생합니다.

수도하는 사람은 묵송默誦·묵념默念·무념無念으로 견성공부도 해야 하고 현송顯誦으로 양기공부도 하여야 하는데 양기공부는 견성공부 때와 다르게 몸에 이상 징후가 옵니다. 접령接靈이 되면 몸이 확확 달고 맥박 수가 높아지고 몸이 떨리고 숨이 차기도 하다가, 점점 높아 가면 몸이 시원해지기도 하면서 혈맥순환이 잘 되어 건강한 몸이 됩니다.

수도하는 사람은 밝게 살펴 견성공부와 양기공부를 구분할 줄 알아야 하며 움직이는 것과 고요한 것, 없는 것과 있는 것을 깊이깊이 생각하여 어김이 없도록 해야 합니다.

없는 것으로 없는 것을 보면 없는 것도 있고, 없는 것으로 있는 것을 보면 있는 것이 없는 이치를 듣고도 알고, 보고도 알고, 생각해서도 알 수 있으나 닦아서 아는 것이 참으로 아는 것입니다. 수도를 지극히 해서 마음과 몸으로 직접 체험해야 확실한 앎이 됩니다. 수도를 해야만 참다운 이치를 깨닫게 되며 대도견성大道見性을 하게 되는 것입니다.

천도교인의 수도하는 목적은 지도知道하려는 데 있고 지도하려는 목적은 행도行道를 하려는 데 있습니다. 수도·지도·행도의 법은 스승님께서 남겨 주신 경전에 명확하게 기록되어 있으니 귀귀자자 살펴내어 불연기연의 묘법으로 천지무궁지수와 도지무극지리를 터득하여 무궁한 이 울 속에 무궁한 내가 되도록 해야 할 것입니다.

* 『신인간』 231호(속간 27호), 포덕104(1963)년 5월.

해탈

　해탈이라 함은 번뇌 망상이 없어진 마음의 상태를 가리키는 말입니다. 다시 말씀드리면 눈·코·입·귀·몸·뜻에서 일어나는 모든 욕심과 욕망에서 오는 괴로움 서러움 근심걱정과, 어리석음에서 오는 의혹 우울 감정으로 생겨지는 화나고 분하고 초조해 하는 마음이 없어지고 일체의 애착·집착이 없어진 것을 해탈이라고 합니다.

　사람이 신앙생활을 하는 것은 첫째 편안한 마음으로 살려는 데 있고, 그러기 위해서 해탈하여 대도를 체득코자 하는 데 있고, 체득한 후에 중생을 제도하는 한편 사회제도를 개혁하는 데 있습니다. 아무리 먹을 것이 많고 입을 것이 많고 돈이 많다고 해도 그것만으로 그 사람의 마음이 편안할 수는 없는 것이니 죽음에 대한 공포, 살아가는 데 가지가지의 의혹, 시기 질투심에서 오는 괴로움을 벗어날 수 없습니다. 오로지 굳은 믿음으로 마음이 해탈의 경애에 도달되어야 편안한 마음으로 살 수 있습니다.

　기성종교에서는 사람이 죽으면 천당이나 극락으로 간다고 교화를 하지만 괴롭고 슬프고 안타까운 마음은 어떻게 할 도리가 없는 것이 사실이요 숨길 수 없는 현실입니다. 다만 어느 정도 위안은 되겠지만 참으로 편안한 마음의 소유자가 될 수는 없는 것입니다.

천당이나 극락이 본래 있는 것이 아니요 옛 성현들이 방편으로 교화한 것입니다. 오늘날 몽매한 사람들에게는 진리처럼 되어 자신을 위안하며 지낼 수는 있으나 총명한 사람들에게는 아무런 효과도 없습니다. 마음이 근본적으로 편안해지는 해탈이 되어야 그것이 천당이요 극락인 것입니다.

자기 마음으로 마음에서 모든 번뇌 망상을 없애고 모든 집착심과 애착의 마음에서 벗어난 해탈의 경지를 찾아야 하겠습니다. 그곳이 최상의 행복한 곳이요 최고로 기쁨을 누릴 수 있는 곳입니다. 마치 장님이 갑자기 눈을 뜨게 되어 세상을 보는 것과도 같고, 귀머거리가 귀가 열려 소리를 듣는 것과도 같으며, 산천초목이 오랫동안 가문 후에 비를 흡족히 맞는 것과도 같고, 부모를 잃고 4, 50년 동안 고아로 살다가 부모와 상봉하는 것과도 같은 기쁨이니, 보이는 것이 새롭게 보이고 들리는 것이 새롭게 들리며, 세상은 새 세상이 되고 스스로는 새 사람이 됨을 알게 되고, 우주강산은 극락세계요, 자신은 지상신선임을 자각하게 되는 이것이 바로 해탈의 경애입니다.

천도교를 신앙하면서 진심갈력으로 수도하는 목적은 대도견성을 하기 위한 것이요 대도견성을 하는 데는 먼저 해탈이 되어야 합니다. 의암성사께서는 "견성은 해탈에 있고 해탈은 자천자각을 하는 데 있다."고 하셨습니다. 그러므로 해탈을 하는 데는 반드시 계단이 있는 것입니다.

첫 번째로 한울님의 기운과 다시 접하는 접령, 즉 강령이 되고, 두 번째로 한울님의 가르침을 받고 한울님과 언어가 상통하여 강화가 되고, 세 번째로 주와 객이 일체가 된 오심즉여심이 되어 천인합일로 자천자각이 되고, 네 번째로 해탈의 경애에 들어가 마지막으로 견성을 하게 되는 것입니다.

좀 더 쉬운 말로 하면 지극히 수도를 하면 처음에는 꿈으로 한울님의 가르침을 받고 한 층을 오르면 영안靈眼이 열려 남이 모르는 것을 알게 되는데 이것을 천안통天眼通이라고도 합니다. 다시 한 층 오르면 한울님의 말씀을 듣게 되는데 이것을 천이통天耳通이라고도 합니다. 또 다시 한 층 오르면 본 적도 들은 적도 없으며 배우지도 않은 것을 알게 되는 생각이 나오게 됩니다. 사람의 생각이 아니라 한울님의 생각이 되므로 일체 모든 법의 원인과 결과를 터득하게 되어 해탈의 경애에 도달할 수 있는 것입니다.

일체의 법을 체득하는 데도 순서가 있으니 먼저 혈각성血覺性인 화복禍福의 인과 법칙因果法則을 깨달아야 하고, 다시 한층 올라 비각성比覺性인 만상萬相의 인과 법칙을 깨달아야 하고, 또 다시 한층 오르면 원각성圓覺性이니 만법萬法의 인과법칙을 체득해야 되는 것입니다.

수도하는 방법이 마치 고루거각의 건물이 1층 2층 3층 4층이 있는 것과 같은 것으로 여러 계단이 있는 것입니다.

3·7자 주문에도 그 순서가 밝혀 있으니 '지기금지 원위대강'은 강령의 계

단이요, '시천주'는 강화의 계단이요, '조화정'은 자천자각의 계단이요, '영생불망 만사지'는 해탈로 견성이 되는 계단입니다. 이와 같이 수도하는 사람은 반드시 그 순서대로 시천주侍天主에서 양천주養天主를 거쳐 각천주覺天主에 이르러야 할 것입니다.

수도하는 사람이 바른 마음으로 순서대로 해탈이 되면 여러 가지의 무아경을 거쳐 생함도 없으며 멸함도 없고, 처음도 없고 나중도 없으며, 위도 아래도 없고, 가고 오는 것도 없으며, 선함도 없고 악함도 없고, 있음도 없고 없음도 없는 한울님 성품 자리인 진성처眞性處를 체득하게 됩니다.

여러 가지의 무아경은 수도하는 사람의 마음 상태를 말하는데 처음으로 무아경이 되면 우주만물이 빛으로 변하여 있음도 없고 없음도 없는 빈 자리를 체득할 수 있고, 그 다음은 자기의 의식작용이 완전히 없어져서 세상이 있는지 자기가 있는지 모르는 무아경이 되고, 그곳에서 다시 들어가면 천인합일로 주와 객이 일체가 되어 나라는 관념이 없어지고 따라서 소유심이 없는 마음이 되고, 다시 한 층 오르면 생각하면서 생각하는 줄을 모르고 밥을 먹어도 먹는 줄을 모르고 사람이 사람 같지 않고 생각이 생각 같지 않고 자기도 모르면서 공도공행하게 되는 것이니 본래가 맑고 티끌이 없는 것이므로 그렇게 되는 것입니다.

의암성사께서 가회동 계실 때에 어느 날 조반을 잡수시고 조금 후에 식구들이 식사하시는데 들어오시어 밥을 가르키시며 "그거 무슨 밥이 그래?" 하시므로 사모님께서 "팥밥 아니에요." 하고 대답을 하시니까 "나는 무슨 밥을 먹었소?" 하시므로 사모님께서 "팥밥을 잡수시지 않으셨어요." 하시니 성사님께서 "그래?" 하셨다는 일화가 남아 있습니다. 이것이 곧 무아경으로 먹었으나 먹은 줄을 모르고, 행하고도 행한 줄을 모르는 경애입니다. 의식작용을 초월한 절대자인 성심본체 속에서 작용하는 상태입니다. 이것은 여여심如如心에서 얻어지는 마음자리입니다.

한편 허광심虛光心에서 얻어지는 모를 것이 없는 마음자리도 있습니다. 그러나 허광심과 여여심에 집착함이 없이 일체 모든 장애를 해탈하여 자유심自由心을 얻어 극락자리를 얻도록 해야 합니다. 수도하는 사람은 얻어지는 데 만족하지 말고 해탈하여 대도견성이 될 때까지 모든 애착을 이기고 모든 집착에서 벗어나 진심갈력으로 전진에 전진을 거듭해야 합니다.

모든 일에 방법이 있으므로 해탈을 하고자 하면 그 방법을 알아야 합니다. 등산하려는 사람이 산길을 잘 알아야 고생하지 않고 등산할 수 있는 것과도 같고, 장님이 먼 길을 가는데 안내자가 필요함과 같이 우리 수도하는 사람은 사막길을 가는 것과 같아서 반드시 먼저 대각하신 스승님들의 지시를 밝게 살펴 스승님들께서 하신 방법 그대로 한다면 누구든지 목적을 성취할 수 있게 되는 것입니다.

해탈하고자 하면 첫째, 지극한 믿음이 있어야 하고, 둘째 삼강三綱, 사과四科, 오관五款을 실천해야 합니다. 삼강이라 하면 성신환신性身換信·규모일치規模一致·지인공애至仁公愛요, 사과라 하면 정성·공경·믿음·법도요, 오관이라 함은 주문·청수·시일·성미·기도를 말합니다. 셋째 바르고 밝고 착하고 의로운 행동을 해야 하고, 넷째 「수덕문」에 있는 여덟 가지 계명과 「도덕가」에 있는 사계명을 잘 지켜야 하고, 다섯째 「전팔절」 「후팔절」을 잊지 말고 생각하며 수심정기로 힘써 수도하면 되는 것입니다.

이와 같이 하려면 자기 스스로가 먼저 거듭나야 능히 닦고 행할 수 있습니다. 거듭난다 함은 육신관념을 벗어나서 성령으로 개벽한다는 말입니다. 자기라는 관념, 즉 나라고 하는 의식 작용을 없게 해야 자아의식과 오성 그리고 이성을 초월한 참된 본래의 나가 다시 솟아나오게 됩니다.

나라고 하는 의식작용은 본래부터 있는 것이 아니요 육신이 생겨나서부터 있는 것입니다. 있는 것은 반드시 없어지므로 장차 없어지는 의식작용에의 집착을 버리고 억억만년 전부터 본래 있는 참나를 찾아야 합니다.

본래의 나라고 하는 참나가 이 육신을 떠나서 있는 것이 아닙니다. 사람이 행동하고 살고 앉고 눕고 자고 먹고 마시고 움직이고 고요한 모든 것이 모두 한울님의 이치와 기운으로 되는 것입니다. 그러므로 육신이 된 이치를 알고 마음이 작용하는 근본을 깨달으면 자기 육신이 곧 무형한 이치와 기운으로 된 영체임을 체득하게 되고 자기 마음이 곧 한울님이요 참나라는 것을 깨닫게 됩니다.

그러므로 일동일정一動一靜 일성일패一成一敗를 한울님이 하심을 믿고 한울님을 공경하고 한울님의 뜻을 따르고 한울님의 이치에 순종하면 자연히 해탈이 됩니다.

만 가지 이치와 만 가지 일이 모두 성품과 마음의 본체에서 스스로 작용

되는 것이며 결코 사람이 하는 것이 아니므로 사람으로서 번뇌망상$_{煩惱妄想}$ 한다는 것은 역천역리함이니 일체의 괴로움·슬픔·쓰라림·안타까움·의혹·우울·초조를 헌신짝 같이 버리고 하루 속히 해탈의 마음을 얻어 자유극락에서 사는 지상신선이 되어야 하겠습니다.

　잠시도 쉬지 않고 수심정기의 묘법으로 어둡고 어리석은 마음을 닦고 다듬어 지혜로움이 생기면 총명한 사람이 되므로 무위이화로 자연히 해탈의 경지에 도달하게 됩니다. 사람마다 도성덕립이 되게 하는 것은 천도교의 특유한 가르침입니다. 따라서 천도교의 수도를 하는 사람은 누구나 도성덕립의 법인 해탈을 해야 합니다. 그것을 하지 못하는 근본 이유는 사람의 눈·귀·코·입·몸·뜻에서 이루어진 제2천심, 곧 물정심 때문입니다.

　그러므로 해탈하고자 하는 사람은 모름지기 육신적인 일체의 욕망에서 초월해야 되는 것이니 물욕·정욕·탐욕·애착·아집을 버리고, 세상도 버리고, 명예·권력도 버리고 생사를 초월하여 살고자 함도 버려야 해탈이 되는 것입니다. 이와 같은 번뇌 망상에서 벗어나는 순서를 다시 말씀드리면 먼저 눈·귀·코·입·몸·뜻에서 일어나는 감정적 욕구를 버리고, 이 감정적 욕구를 달성코자 하는 데서 생기는 물욕을 버리고, 최후로 나, 즉 자기를 버리면 됩니다. 그러나 이것은 매우 어려운 과정이요 어려운 가운데 가장 어려운 것이나 처음에는 작심으로 지키고 이겨내고 진심갈력으로 전진하면, 차차 믿음의 힘이 강하게 되고 지혜가 생겨 능히 버리고 뛰어넘게 되어 마침내 해탈의 경애에 도달하게 됩니다.

결코 육신을 괴롭히는 고행이나 억지로 되고자 하는 마음으로 되는 것은 아닙니다. 우주자연의 법칙인 무위이화로 윗물이 아래로 흘러가듯이 자연히 되는 것이니 정심수도를 하면 자연히 이르게 됩니다.

그러나 육신적인 관념에서 본다면 고생이라고도 할 수 있으나 어찌 큰 목적을 달성하는 데 장애가 없겠습니까. 큰 바다를 건너 저쪽 목적지에 가려면 바람도 불고 파도가 칠 것을 각오해야 하고, 또 바람이나 파도를 이겨 목적지에 도달하면 더욱 의의가 있고 보람이 있을 것입니다. 사막을 가는 사람이 고생 끝에 샘물을 만나면 얼마나 기쁘겠습니까. 그래서 스승님께서 고진감래라고 하셨으며, 또 고생은 희락喜樂이라고 하셨습니다.

수도하는 사람은 남모르게 마음으로 기쁨을 얻는 것이 있으므로 어떤 고생도 이겨 나갈 수 있으며 그 고생을 달갑게 받을 수 있습니다. 사람이 기국器局이 크고 넓으면 고생도 많이 하는 법입니다. 맹자께서도 한울님이 장차 큰 책임을 맡기려면 먼저 그 사람이 마음과 육신의 고생을 시켜 크게 깨닫게 한다고 하셨습니다. 태풍이 불어올 때 보면 큰 나무는 바람을 더 많이 맞고 작은 나무는 적게 맞는 것과 같이 사람도 큰 사람일수록 마음과 육신의 고생이 많은 것입니다. 그러므로 수도하는 사람은 지극한 믿음으로 마음의 힘을 얻어 모든 욕심·애착·집착·번뇌망상에서 벗어나야 합니다.

사람이 산다는 것은 먹고 입는 육신의 만족을 하기 위해서가 아니요 뜻을 이루기 위하여 사는 것입니다. 잘 입고 잘 먹고 사는 사람이나, 못 먹고 못 입고 사는 사람이나 살아가는 것은 매일반이요 칠십이나 팔십이 되어 늙어 죽는 것은 빈부귀천을 막론하고 면할 수 없는 것이니 다시 한 번 깊이 생각해야 할 것은 사람은 왜 사느냐 하는 문제입니다.

사람은 뜻을 이루기 위하여 삽니다. 뜻은 한울님의 뜻을 말합니다. 그러므로 한울님의 뜻을 잘 알아야 합니다. 한울님의 뜻을 잘 체득하려면 지극한 믿음으로 정심수도하여 한울님을 모시고 한울님의 가르침을 받고 주객이 일체가 되어 천인합일로 오심즉여심이 되고 해탈하고 좋은 때 좋은 연분을 지어 견성을 하도록 정성과 공경을 다 해서 노력해야 합니다.

사람을 두 방면으로 분별한다면 마음과 육신으로 구분할 수 있는데 마음의 권능이 육신을 이기면 육신이 마음의 명령 아래 있게 되고 육신의 권능이 마음을 이기면 마음이 육신의 명령 아래 있게 되는 바, 범부와 성현의 차이가 여기서 생깁니다. 육신을 마음대로 할 수 있는 사람은 성현이요 마음이 육신의 욕구대로 움직이면 범부가 되는 것이니 깊이 생각할 것은 육신과 마음의 두 방면 중에 마음이 주가 되고 육신이 객이 되어야 한다는 것입니다.

수도하는 사람은 마음에서 마음을 찾고 마음으로 마음을 닦고 참다운 근본의 마음을 체득함으로써 해탈하여 견성이 되면 그 마음은 육신의 참다운 주인 노릇을 할 것이요 그 육신은 행복할 것입니다. 이와 같은 마음이 한 가정에 영향이 미치게 되면 그 가정은 행복할 것이요, 그 해탈한 경애에 도달한 사람이 많아지면 오심즉여심이 되어 동귀일체가 될 것이니 그 본래의 한울님 마음이 민족혼이 되어 휴전선으로 갈린 국토도 통일시킬 것이요, 각자위심으로 가난한 우리 민족도 잘 살 수 있게 되므로 보국안민이 되는 것입니다. 그 본래의 한울님 마음으로 돌아가면 우리가 바라는 포덕천하가 되어 만화귀일로 신앙통일이 되고 광제창생으로 세계평화가 될 것입니다.

모름지기 천도교인은 지극한 수도로 한울님이 되는 것이 천도교를 위하는 것이요, 이 민족을 위하는 것이요, 이 인류를 위하는 것입니다. 모두 한울사람이 되도록 힘써 해탈 견성의 마음을 찾아야 할 것입니다.

* 『신인간』 232호(속간 28호), 포덕104(1963)년 8월.

종교생활

    사람은 누구나 우주 안에서 살고 먹고 입고 일하고 배우고 쉬고 자기를 되풀이하면서 살아갑니다. 사람 중에는 우주가 무엇이며 사람이 무엇이며 왜 사는지를 모르고 사는 사람과 알고 사는 사람 두 종류가 있을 것입니다.

    그런데 종교생활은 글자 그대로 우주 만물의 근본 원리를 알고 살자는 것입니다. 우리가 무엇을 하거나 먼 길을 갈 때 그 원리를 알면 쉽고 모르면 어려운 것이니, 모르는 것은 암흑이요 아는 것은 광명입니다. 암흑은 어둡고 답답하고 괴롭고 안타까우며 고생스러운 것이요, 광명은 밝고 즐겁고 행복하고 기쁜 것입니다. 종교생활은 암흑의 길이 아니요, 한울님의 감응이 있고 감화가 있는 광명의 길입니다.

    종교생활은 사람으로 하여금 천인합일天人合一에 이르러 인내천人乃天의 최고 인격을 갖춘 지상신선이 되게 하고, 사회제도를 고쳐 이 땅 위에 천국을 이루려고 하는 것입니다. 결코 죽은 뒤에 천당이나 극락으로 가려고 종교생활을 하는 것도 아니요, 어리석은 생각에서 자기의 운명을 감수하여 위안을 얻으려고 종교생활을 하는 것도 아니요, 우상을 세워 미신적인 행동을 하기 위하여 종교생활을 하는 것도 아닙니다. 모든 사람들에게 한울님의 근본원리를 가르쳐 바르게 알고 바르게 생각하고 바르게 행하게 하고, 참다운 사람이 되게 하여, 바른 사회를 이루어 광명한 사회에서 행복한 생활을 하게 하려는 것이 종교생활입니다.

일부 몰지각한 사람들이 종교를 오해하여 종교생활을 하는 사람은 현실을 부인하고, 처자를 버리고, 가산을 돌아보지 않는 것으로 잘못 알고 행하며, 그런 것을 보고 종교인을 증오하는 사람도 있는데 그것은 시대의 변천을 모르는 종교생활이요 생각입니다.

옛날 석가와 예수께서 미개한 사람들에게 육신 생활과 성령생활이 다르다는 것을 가르치기 위하여 부득이한 방편적인 교화에서 처자를 버리게 하고 가산을 돌보지 않게 하였으나 오늘날 사람에게는 맞지 않습니다. 종교생활이 현실을 떠나서는 있을 수 없는 것입니다. 지극한 신앙의 힘을 생활화하여 보다 좋은 사람, 보다 좋은 가정, 보다 좋은 사회를 이루려고 하는 것이 종교생활입니다. 천도교의 특징은 처자를 거느리고, 가산을 돌보면서 신앙생활을 하는 것입니다. 죽은 후에 천당이나 극락에서 살려고 하는 것이 아니라, 살아서 지상천국을 이루어 놓고 지상신선이 되려고 정신개벽, 민족개벽, 사회개벽을 하려는 것입니다. 신천지新天地, 신세계新世界, 신인간新人間을 창조하는 것이 천도교의 신앙생활입니다.

그러므로 근본 원리를 체득하여 복잡한 것을 간단하게 하고, 부패한 것을 청신하게 하고, 불완전한 것을 완전하게 하고, 공평하지 못한 사회를 공평하게 하고, 평화롭지 못한 사회를 평화롭게 하고, 일체의 악을 선으로 고치고, 모든 사람들의 마음을 개벽시켜서 건강하지 못한 사람을 건강하게 하고, 부부를 화순하게 하여 가정이 화목하게 하고, 한울님의 감응과 감화로 크고 작은 일 모두가 뜻하고 원하는 대로 이루어져 무한한 행복을 누리도록 하는 것입니다.

그래서 의암성사義菴聖師께서는 일찍이 "천도교인은 원하는 대로 무엇이든지 된다."고 말씀하셨습니다.

한울님은 우주만물을 이루어 놓고 우주만물의 부모와 스승과 임금의 격을 갖고 계시므로 원하는 대로 생각하는 대로 되게 해 주십니다. 살아 계신 부모에게 밥을 달라면 밥을 주고 물을 달라면 물을 주는 것과 같습니다.

그런데 어린아이가 부모에게 먹을 것을 구할 때 여러 가지 바람을 한꺼번에 한다면 대단히 곤란한 일입니다. 가령 밥을 주시오, 물을 주시오, 과자를 주시오, 사과를 주시오, 배를 주시오, 사탕을 주시오 하면서 한꺼번에 여러 가지를 원하게 되면 그 부모는 무엇을 먼저 주어야 할지 어리둥절할 것입니다. 우리가 한울님께 원하고 구할 때도 작은 데서부터 큰 것을 원해야 하고 낮은 데서부터 높은 것을 차례로 구하고 원해야 합니다.

한울님은 우리가 바라는 것을 이루어 주시므로 마음이 안타깝고 괴로운 사람은 종교생활을 할 것이요, 병으로 고생하는 사람은 종교생활을 할 것이요, 가정이 화목하기를 원하거든 종교생활을 해야 할 것이요, 진리를 깨닫고 싶은 사람은 종교생활을 할 것이요, 자손이 잘되기를 바라거든 종교생활을 할 것이요, 인내천 사람이 되고 싶거든 종교생활을 할 것이요, 보국안민·포덕천하·광제창생을 하고 싶거든 종교생활을 할 것이요, 이 땅 위에 한울나라를 이루고 지상신선이 되어 지상천국에서 살고 싶거든 종교생활을 해야 할 것입니다.

사람의 운명을 개척하고 국가 사회의 운명을 새롭게 할 수 있는 것이 종교생활입니다. 운명이라는 것은 한울님께서 결정하거나 예정이 되어 있는 것이 아닙니다. 사람의 마음작용은 천시天時·지리地理·혈통관계血統關係·가정환경·사회환경의 다섯 가지 인과법칙因果法則으로 된 것이므로 자기의 마음과 노력으로 얼마든지 개척할 수 있습니다. 자기 운명을 개척하는 데는 대인待人·접물接物·임사臨事에 있어서 정성·공경·믿음으로 한울님을 모시고, 바르고 밝고 착하고 의롭게 하면 모든 것이 뜻대로 이루어집니다. 가난한 사람이 부자도 될 수 있고, 무식한 사람이 유식한 사람도 될 수 있고, 천한 사람이 귀한 사람도 될 수 있고, 병든 사람이 건강을 회복할 수도 있습니다.

만일에 사람의 노력으로 운명을 고칠 수 없다면 배우자, 부지런하자, 착하자, 한울님을 믿자 하는 가르침은 필요없을 것입니다. 사람이 곧 한울님이요, 한울님이 곧 사람이므로 우리들은 절대적인 자유를 가지고 있습니다. 그러므로 자기의 운명을 자기가 자유로 개척할 수 있는 것입니다.

한 실례實例를 말씀드리겠습니다. 결혼한 지 십오 년이 지나도록 자식이 없어 매일 싸움을 하다시피 서로 원망하고 미워하며, 애정이 없이 살아가던 두 내외간에 바야흐로 이혼을 하려고 하던 때에, 남편이 깨달음이 있어 독실한 신앙인이 되어 자기 부인을 한울님과 같이 모시고 섬기게 되었습니다. 부인도 그 정성에 감화가 되어 신앙생활을 하기 시작해서 어릴 때부터 있던 여러 가지 병이 물약자효勿藥自效가 되어 몸이 윤택해지고 건강이 회복되어 바라던 아이까지 갖게 되었습니다. 그렇게 해서 부부가 서로 화하여 서로 믿고 공경하며, 서로 정성을 다하는 가운데 신선생활을 하고 있습니다.

이와 같이 독실한 종교생활로 난치병이라고 하는 폐병·심장병·위병·간질병·문둥병으로 고생하던 사람이 병이 완치되고 모든 것이 자기의 뜻대로 이루어지는 사람이 수없이 많습니다. 병이란 인과로 되는 것이므로 본래부터 있는 것이 아니라 모두가 마음의 그림자입니다. 육신적인 마음을 성령의 마음으로 고치기만 하면 병은 약을 안 써도 저절로 회복되는 것이 천리입니다. 한울님의 청정무구淸淨無垢한 본래의 마음에는 병이 있을 수 없고 안타까움이나 괴로움이 있을 까닭이 없습니다.

수운대신사께서 "성경이자誠敬二字 지켜내면 자아시 있던 신병 물약자효 아닐런가." 하시고 또 "일일시시 먹는 음식 성경이자 지켜내어 한울님을 공경하면 일 년 삼백육십 일을 일조같이 지내리라."고 하셨습니다. 어찌 털끝만치라도 의심이 있겠습니까. 깊이 생각하고 또 생각해야 할 것입니다.

인내천의 원리와 사인여천事人如天의 실천으로 참다운 종교생활을 하는 천도교인 중에는 위에서 말씀드린 바와 같이 자기 몸이 건강해지고, 부부가 화순하고, 가정이 화목하고, 모든 것이 소원대로 이루어지는 신선생활을 하고 있는 사람이 많습니다. 신선생활이란 천지만물과 화합하여 사는 것입니다.

만물은 유일무이한 성령으로 일맥상통하여 있습니다. 한울님과 사람과 우주만물이 모두 나입니다. 내가 나 된 것이요 다른 것이 아닙니다. 그러므로 인류 사회를 위하고, 국가 민족을 위하고, 교회를 위하고, 남을 위하여 희생 봉사하는 것이 모두 자기를 위하는 것입니다. 작은 나가 큰 나를 위하는 것입니다. 한울님이 한울님을 위하는 것입니다.

신선생활은 천인합일로 완전한 개전일체個全一體의 나를 깨달아 법열法悅을 얻어 희희아喜喜我·희희물喜喜物이 되어 극락세계에서 사는 것입니다. 모든 것이 즐겁고 기쁨으로 화한 생활입니다. 고생을 참고 이기는 것이 아니라 고생을 희락喜樂으로 생각할 수 있는 마음의 힘을 갖는 것이 신선생활입니다.

신선의 마음은 곧 한울님의 마음이니 감화를 받을 곳도 한울님이요, 통할 곳도 한울님이라, 한울님의 감응을 받기 위하여 종교생활을 하는 것입니다. 한울님의 감응과 감화를 받아 천인합일이 되어야 사람이 곧 한울님이라는 것을 자각하게 되는 것입니다.

천도교인이 참다운 종교생활을 하려면 먼저 성경신誠敬信으로 시정지侍定知

知가 되어야 하는데, 이렇게 되려면 항상 정명선의正明善義를 가려 수고롭고 괴로움을 무릅쓰고 부지런하며 힘써야 합니다. 정명선의를 어떻게 구분하며 어디서 찾느냐 하면 신성사님의 경전에서 찾아야 할 것입니다. 경전은 곧 신성사님의 심법을 기록한 것입니다.

　수도하는 사람은 주문과 경전과 자기 마음과 자기 육신과 한울님이 한 덩어리가 되도록 깊이 생각하며 범연간과하지 말고 숙독상미하여 밝게 찾아 시천侍天·행천行天·체천體天을 해야 합니다. 주문 공부와 이치 공부를 겸전兼全해야 할 것이니, 주문으로 천인합일이 되어 통령通靈이 되게 하고 대인待人·접물接物·임사臨事에서 이치를 깨달아 통리通理가 되도록 해야 합니다. 시천주에서 양천주로 나아가 각천주가 되도록 하는데, 지기금지원위대강으로 기화氣化가 되게 하고, 시천주 조화정의 생활로 영세불망 만사지가 되도록 닦고 다듬어 불굴의 정신으로 정진精進해야 합니다.

　수도하는 사람은 생각을 높은 데 두고 낮은 데서부터 배우고 닦아 올라가야 합니다. 사람은 육신이 있어 습관된 마음이 작용하고 있으므로 망상忘想에서 벗어나 감상感想을 거쳐 각상覺想에 이르도록 해야 하고, 마음은 도관道觀에 이르러 대각大覺의 경애境涯에서 배회하나 인신관人神觀과 정령관精靈觀의 심경心境도 헤아려야 합니다.

　천도교인이 신성사님의 심법을 믿고 종교생활을 하는 목적은 지화지기至化至氣하여 지어지성至於至聖이 되는 것이라, 「팔절八節」의 명덕명도明德命道로 한울님과 사람과 물건이 된 근본을 알고, 성경외심誠敬畏心으로 적자지심赤子之心

을 회복하는 절차節次 노정路程을 삼아 신성神聖이 되도록 힘써 수도해야 합니다.

천도교인이 자랑할 것은 사람마다 도성덕립이 될 수 있는 것과, 오만 년이 다하도록 내려갈 인내천의 원리와 사인여천의 실행이니, 수심정기守心正氣로 솔성수교率性受敎가 되어 천도에 추호도 어김이 없도록 해야 합니다.

모두 깊이깊이 생각하고 또 생각하여 자기 자신이 먼저 성지우성誠之又誠하여 대도견성大道見性으로 인내천 사람이 되어 보국안민·포덕천하·광제창생의 대사업에 임해야 할 것입니다. 이것이 천도교의 참다운 종교생활입니다.

* 『신인간』 233호(속간29호), 포덕104(1963)년 12월호

정신개벽

정신개벽이란 타락하고 부패하고 복잡한 사람의 정신을 청신하고 간결하고 바르고 밝고 착하고 의로운 정신으로 전환시키는 정신 혁신의 뜻입니다.

의암성사께서 "천지만물의 개벽은 공기로써 하고 인생만사의 개벽은 정신으로써 하나니 너의 정신이 곧 천지의 공기니라. 이제 그대들은 하지 못할 일을 생각하지 말고 먼저 각자 자기에게 본래 있는 정신을 개벽하면 만사의 개벽은 그 다음 차례의 일이니라."고 하셨습니다. 정신개벽이 없이는 개인부터 각자위심各自爲心이 되므로 민족개벽도 사회개벽도 제대로 할 수 없습니다.

정신개벽은 명예 있고 권력 있는 사람이 생각하고 말한다고 될 수도 없으며, 지식 있고 재주 있다고 되는 것도 아니요, 경제적으로 윤택한 생활을 한다고 되는 것도 아닙니다. 이신환성以身換性으로 천심이 회복되지 않으면 정신개벽이 될 수 없습니다.

정신개벽의 목적, 방법, 계단, 효과를 차례로 말씀드리겠습니다.

정신개벽의 목적은 사람을 한울사람, 즉 인내천의 높은 인격자로 만들어 보국안민·포덕천하·광제창생을 하여서 지상에 천국을 이루고 지상신선의 생활을 하려는 데 있습니다.

사람의 마음 본 자리는 맑고 깨끗하고 티끌 없고, 착함도 악함도 없으며, 위아래도 없으며, 가고 오는 것도 없고, 생함도 멸함도 없는 것이요, 본래 물질이 아니요 영靈이므로 더할 것도 없고 줄고 스미는 것도 없이 인과를 초월하여 진진여여眞眞如如합니다. 그 마음이 유정물有情物이 되어 물질이 움직이고 작용하는 데 따라 천차만별로 변화무쌍한 것입니다.

사람들의 귀하고 천하고, 위가 있고 아래가 있고, 괴로워하고 즐거워하고, 바르고 삿되고, 착하고 악하고, 의심하고 두려워하며 근심 걱정하는 마음작용이 다르고, 얼굴이 잘 생기고 못 생기고, 건강하고 건강하지 못하고, 잘 살고 못 사는 것이 모두 인과법칙으로 되는 것입니다.

시간, 장소, 혈통·유전, 가정환경, 사회환경의 다섯 가지 인과로 지구 위에서 사는 모든 사람의 생긴 모양이 다르고 마음 작용이 다른 것입니다. 다시 말해서 풍토 관계, 유전성, 물정심物情心에서 오는 차이로 각각 삶과 생각이 다른 것입니다. 사람들이 이 같은 인과로 욕심과 감정과 자기의 집착에 사로잡혀 자존심自尊心·의구심疑懼心·미망심迷妄心이 발동되어 시기·질투·음해·중상·모략을 하며 화를 내고 슬퍼하고 안타까워하는 것입니다.

이렇게 해서 세상사람들은 본래의 자기를 잊어버리고 송장 허수아비같이 되어 자주 정신이 없고 자립 정신이 없게 되고 맡은 바 책임과 의무를 다하지 못하게 되는 것입니다.

기화지신氣化之神을 모시고 이신환성以身換性으로 천심을 회복해서 정신개벽이 되면 옛 조상 때부터 유전된 나쁜 습성과, 자기의 습관성과 물정심에서 오는 욕심과 감정과 아집·애착에서 초탈할 수 있습니다. 짐승 같은 사람에서 한울사람이 되는 것도 정신개벽이 되어야 하고, 보국안민·포덕천하·광제창생으로 천국을 이루려 해도 정신개벽이 되어야 하고, 동귀일체·사인여천하는 것도 천심이 회복되어 정신개벽을 하지 못하면 안 되는 것입니다.

사람들이 안타깝고 괴롭고 슬픈 마음에서 기쁜 마음으로 변화되어 감사의 생활을 하며 웃으며 살고 명랑한 사람이 되는 것도 정신개벽이 되어야만 누릴 수 있습니다. 선천이 지나가고 후천이 되어 모든 것을 새롭게 개벽해야 하는데 먼저 정신개벽을 하지 않고서는 후천개벽의 운수를 받아 새 세상을 건설할 수 없습니다.

정신개벽의 방법은 삼강三綱, 사과四科, 오관五款으로 경전과 주문과 내 몸과 내 마음과 한울님이 한 덩어리가 되도록 해야 합니다.

삼강은 성신환신性身換信·규모일치規模一致·지인공애至仁公愛요, 사과는 성경신법誠敬信法이요, 오관은 주문呪文·청수淸水·시일侍日·성미誠米·기도祈禱입니다.

사람의 마음과 피는 불가분의 관계를 갖고 있으니 마음이 바르고 밝고 착하고 의로워지면 피가 맑아지고, 마음이 육신관념에 사로잡혀 사악하고 추잡해지면 피가 흐려지고 심하면 여러 가지 병이 됩니다. 모든 병은 마음으로부터 생기는 것입니다. 그러므로 정신개벽으로 천심을 회복하게 되면 어떠한 중병이나 오래된 병이라도 신기하게 고칠 수 있습니다.

수운대신사께서 「안심가安心歌」에 "이내 몸 발천 되면 한울님이 주실런가. 주시기만 줄작시면 편작이 다시 와도 이내 선약 당할소냐." 하셨고, 「도덕가道德歌」에는 "허다한 세상악질 물약자효 되었으니 기이코 두려우며…" 하셨고, 「권학가勸學歌」에는 "일일시시 먹는 음식 성경이자 지켜내어 한울님을 공경하면 자아시 있던 신병 물약자효 아닐런가. 가중차제 우환 없어 일 년 삼백육십 일을 일조같이 지내가니 천우신조 아닐런가."라고 하셨습니다.

천도교인들 가운데는 정신개벽으로 물약자효勿藥自效가 되어서 병을 고친 사람이 수없이 많습니다. 특히 난치병이라고 하는 문둥병·폐병·간질병·심장병·위장병·당뇨병·신경통·고혈압 등 가지가지 병을 고친 사람이 허다합니다. 육신이 건강해야 건전한 정신을 가질 수 있으니 정신개벽을 하게 되면 물약자효로 자연히 건강한 사람이 되는 것입니다.

자기 한 몸도 건강하지 못하고 어떻게 한 가정을 화목하게 할 수 있으며, 이웃을 도우고 나라에 이바지하며 인류를 위하는 일을 할 수 있겠습니까? 먼저 건강해야 건전한 정신을 갖게 되고 품위를 높여 완전한 인격인이 될 수도 있습니다. 한울사람이 되어 이 땅 위에 한울나라를 이루려는 사람들은 육신관념을 성령으로 개벽하여 자기 정신개벽부터 먼저 해야 합니다.

눈·코·입·귀·몸·뜻으로부터 생기는 물정심物情心에서 정신개벽을 한다는 것을 비유해서 말해 보겠습니다. 자동차 운전수가 부산 자동차 제작 공장에서 새 자동차를 타고 서울로 가는데, 좋고 큰 길로 해서 조심하며 지킬 것을 잘 지키면서 부지런히 목적지를 향해서 간다면 아무 사고가 없을 것입니다. 그러나 그 운전수가 유전성과 습관성으로 기질이 좋지 못하여 차를 몰고 가면서 술을 먹고 장난을 하고 지킬 것을 안 지키고 함부로 막 달리다가 자동차가 전복이 되어서 고장이 생겼다면, 설령 운전수가 죽지 않았다 하더라도 그 고장난 자동차로는 서울에 가지 못할 것입니다. 다시 공장으로 운반하여 완전하게 수리하고, 운전수는 정신을 차리고 조심조심 정성껏 차를 운전해야 서울에 무사히 도착할 수 있을 것입니다.

육신관념에 사로잡혀 몸에 병이 생긴 것이 마치 좋지 못한 운전수와 같고 고장난 자동차와도 같은 것이니, 정신개벽으로 건전한 정신과 몸을 되찾아야 하겠습니다.

사람에게서는 마치 파도치는 물결과 같이 잡념이 일어나는데 이것을 일시에 없애려고 애쓰지 말고 나의 일동일정一動一靜을 한울님께서 하심을 깨달으면 육신관념에서 성령으로 개벽이 되어 알 지知 자로 미망심迷妄心을 개벽하게 되고, 정할 정定 자로 의구심疑懼心을 개벽하게 되고, 모실 시侍 자로 자존심自尊心을 개벽하게 되어 완전한 정신개벽이 됩니다.

정신개벽의 계단은 접령接靈, 강화降話, 자천자각自天自覺으로 해탈解脫이 되어 대도견성大道見性이 되는 것입니다.

접령은 곧 강령이니 주문을 많이 외우면 한울님과 사람이 합일되어 접령이 됩니다. 그 증상은 몸이 화끈 화끈 달면서 온몸이 떨리기도 하고, 오슬오슬 하면서 떨리기도 하고, 혹은 온몸이 전기가 통하는 것과도 같고, 어떤 때는 전신이 시원해지기도 하는 등 여러 가지 현상이 일어납니다. 접령이 되면 혈맥정신血脈精神이 활발해지고 피가 맑아지므로 모든 병이 물약자효가 되니 이것은 정신통일에서 오는 결과로, 한울님께서 무위이화無爲而化의 운동으로 낫게 하는 효과입니다. 크게 접령이 되면 영부靈符를 받게 됩니다.

강화는 한울님과 사람이 서로 말씀을 주고 받을 수 있는 것입니다. 다시 말하면 습관된 마음과 본래 마음의 대화로, 마음에서 마음으로 주고받는 것입니다. 수운대신사께서 접령 강화가 되실 때의 경험을 경전 여러 곳에 말씀하셨습니다.

「포덕문」에는 "마음이 차갑고 몸이 떨리어 병이라 하여도 증상을 잡을 수 없고 말로써 형상키 어려울 즈음에 어떤 신선의 말이 문득 귀에 들리므로 놀라 일어나 더듬어 물은즉 가라사대 '두려워하지 말고 두려워하지 말라. 세상사람이 나를 상제라 이르는데 너는 상제를 알지 못하느냐.' (중략) 그 영부를 받아 써서 물에 타서 마셔 본즉 몸이 윤택해지고 병이 나으므로 바야흐로 선약인 줄 알았더라." 하셨습니다.

「안심가」에는 "사월이라 초오일에 꿈일런가 잠일런가 천지가 아득해서 정신수습 못할러라. 공중에서 외는 소리 천지가 진동할 때… (중략) 백지 펴라 분부하네 창황실색 할 길 없어 백지 펴고 붓을 드니 생전 못 본 물형부가 종이 위에 완연 터라." 하셨습니다.

「교훈가」에는 "없는 정신 가다듬어 한울님께 아뢰오니 한울님 하신 말씀 너도 역시 사람이라 무엇을 알았으며 억조창생 많은 사람 동귀일체 하는 줄을 사십 평생 알았던가." 하셨습니다.

이와 같이 접령이 되고 강화가 되면서 영부도 받게 됩니다. 우리들도 스승님과 같은 과정을 거쳐야 합니다.

그런데 한울님께서는 정시정문正示正聞으로 접령·강화가 되므로, 사람이 이치를 분별치 못하여 한울님이 공중에 계시다고 생각하면 공중에서 말씀이 들리고 흰 것을 구하면 흰 것으로 보이고 검은 것을 구하면 검은 것으로 보입니다. 근본 이치를 몰라서 자기 생각대로 구하면 구하는 그대로 가르치니 강화를 받는 사람은 밝게 살펴 스승님의 심법에 어김이 없도록 해야 합니다. 잘못하면 점쟁이도 되고 풍수도 되고 병 고치는 사람도 될 수 있으니 깊이 생각해야 합니다. 강화의 계단에서 잘못하여 남의 웃음거리가 될 수도 있고 정도正道에서 낙방이 되는 사람도 많습니다. 강화를 받는 사람은 마음을 바르게·밝게·착하게·의롭게 가져야 할 것이니, 정명선의正明善義에 어긋나고 스승님 심법에 어긋나는 강화는 절대로 받지 않아야 합니다. 어질게 분별하여 한걸음 더 올라 자천자각이 되도록 힘써야 합니다.

자천자각은 접령·강화의 계단을 거쳐 모르는 것이 없고 밝지 않은 것이 없는 허광심虛光心이 발동되어 한울님과 사람이 합일해서 주와 객이 일체가 되고, 내 마음이 곧 한울님이요 내 육신이 곧 한울님임을 체득하게 되는 오심즉여심吾心卽汝心의 경애를 말합니다.

자천자각이 되면 곧 해탈이라 한울님 마음이 되므로 희노애락을 초월하고 번뇌 망상이 없고, 마음이 작용해도 아무런 근심 걱정이 없고 의심과 두려움이 없어져서 거리낌이 없는 마음의 소유자가 되고, 무엇이든지 뜻대로 됩니다. 물욕과 감정과 나라는 관념에서 초월하게 되므로 자기 마음을 자기가 믿을 수 있게 되고, 자기 마음을 자기가 공경하게 됩니다. 자기 마음을 자기가 믿고 공경할 수 있으면 그 사람은 성인입니다.

대도견성은 해탈이 되어 일이관지一以貫之가 되므로 무념無念의 힘을 얻어 무아경無我境에서 진진여여眞眞如如한 성심본체性心本體의 불생불멸不生不滅 무루무증無漏無增 무상하無上下 무거래無去來한 것을 체득하게 되는 것을 말합니다.

마음이 공적계空寂界에 들어가 비고 빈자리를 체험하게 되고, 자기의 의식이 없는 경애도 체험하게 되고, 자기의 소유를 모르는 마음 자리도 체험하게 되고, 생각하면서 생각하는 줄을 모르고 밥을 먹으면서 밥 먹는 줄을 모르고, 행동하면서 행동하는 줄을 모르나 그것이 무심행無心行이라 공도공행公道公行에서 일호도 어김이 없게 되는 것입니다.

정신개벽의 계단은 마치 4층 백화점에 올라가는 것과도 같고 대학의 4학년을 마치고 학사학위를 받고 졸업하는 것과도 같습니다. 누구든지 자기의 품위를 높여 인격인人格人이 되려 하거나, 예수·석가·공자 같은 성인이 되려 하거나, 스승님과 같이 되고 싶거든 반드시 이 네 계단을 거쳐야 합니다.

정신개벽으로 네 계단을 거쳐 견성각심見性覺心이 되면 일묵一默에 공적극락空寂極樂이요, 일희一喜에 태화건곤泰和乾坤이요, 일동一動에 풍운조화風雲造化라 하였습니다. 이 변화무쌍한 마음은 성심신性心身 삼단三端에서 나오는 것이라, 삼단에서 하나를 얻으면 성인聖人이요, 삼단을 일체로 다 얻으면 신인神人이 됩니다. 정신개벽의 계단을 거치는 데 따라 시천주侍天主가 되고 양천주養天主가 되고 각천주覺天主가 되므로, 군자君子 사람에서 현인賢人이 되고 현인에서 성인聖人이 되고 성인에서 신인神人이 되는 것입니다.

정신개벽의 효과는 마음이 맑아지므로 피가 맑아지니 조상 때부터 유전하여 내려오는 나쁜 습성과 자기의 육신관념에서 생긴 욕심·감정·아집·애착에서 초탈하여 자유극락심自由極樂心을 얻어 항상 기쁜 마음이 되므로, 이 세상을 천국으로 보고 지상신선의 참맛을 알게 됩니다.

물오동포物吾同胞·사해동포四海同胞의 이치를 체득하여 천체 만상과 화합하니 세상은 광명하고 명랑한 신계요, 마음은 생사를 초월하고 고금이 없는 진진여여·불생불멸·무루무증의 본연한 상태라. 그 사람의 마음은 심화기화가 되어 한 몸이 건강하고 부부가 화순하고 집안이 화목하여 일 년 삼백육십 일을 하루아침같이 무사히 지나고, 그 사람이 원하고 바라는 대로 무엇이든지 이루어서 도성덕립道成德立이 됩니다. 정신개벽이 되면 그 신앙이 생활화되어 지상신선으로 사는 것입니다.

정신개벽이 되면 나와 남이 둘이 아님을 깨달아 남을 위하여 능히 희생봉사할 수 있는 마음을 가지게 됩니다. 나도 한울이요 남도 한울이고, 한울은 근본에서 둘이 아니니 한울이 한울을 위하는 것이므로 남을 위하는 것은 곧 자기를 위하는 것임을 체득하여, 국가 민족을 위하여 능히 생명을 바칠 수 있는 지혜롭고 어질고 용기 있는 사람이 되는 것입니다. 이처럼 지인용智仁勇 삼단도 정신개벽에서 생기는 것입니다.

천도교인은 모두 정신개벽을 하기 위하여 그 방법으로 계단을 차례로 밟아 올라가서 높은 인내천의 경애에 머무는 인격인이 되어 뭇 사람에게 천도의 원리를 밝혀 주고, 후천개벽의 새로운 법강과 예의를 몸소 솔선수범하여 남의 사표가 되고 선구자가 되어야 할 책임과 의무가 있습니다.

천도교인과 세상사람이 다른 점이 바로 정신개벽입니다. 세상사람은 욕심과 감정과 아집 애착에서 시기·질투·음해·중상·모략을 하며 안타까워하고 슬퍼하면서 살고 있으나, 천도교인은 정신개벽으로 기쁨과 웃음과 감사의 마음으로 일체의 번뇌 망상에서 벗어나서 지혜 있고 어질고 용기 있는 신선사람으로 사는 것입니다.

정신개벽이 없이는 종교통일도 사상통일도 민족통일도 국토통일도 할 수 없습니다.

교회가 잘 되는 방법도 경제적으로 부유하고 학식이 높은 사람들이 많다고 되는 것도 아닙니다. 정신개벽으로 거듭난 인격이 높은 현인군자가 많이 나오고 스승님과 같은 신성神聖이 많이 나오셔야 잘 될 수 있습니다. 관건은 돈이나 학식이 아니라 도道가 높은 사람입니다. 해월신사님을 생각해 보세요. 또 불교의 육조 혜능 대사나 기독교의 예수 같은 분들이 비록 무식하셨으나 성인이 되신 것을 보십시오. 참사람들이 많이 배출되면 돈과 학식 있는 사람들은 따라오게 마련입니다.

국가와 민족이 잘 되고 온 인류가 평화스럽게 잘 살 수 있는 방법도 각자 자기의 정신을 개벽하는 데 있습니다.

'후천개벽이 되는 오늘에 모든 유형有形의 개벽을 당하여 정신상으로 무형無形의 개벽을 하지 아니하면 가을날의 서리 맞은 낙엽과 같이 된다.'고 스승님께서 말씀하셨습니다. 생각하고 또 생각하여 심법을 밝게 살펴서 각자 자기의 정신을 개벽하면 후천 세상에 종자 사람이 될 것이요, 좋은 날에 신선의 연분도 지어질 것입니다.

정신개벽을 하는 것만이 한울님과 스승님을 위하는 길이요, 국가민족을 위하는 길이요, 인류가 모두 평화롭게 살 수 있는 길입니다.

* 『신인간』 236호(속간 30호), 포덕105(1964)년 12월.

해월신사님의 수도

天在何方

　해월신사께서는 무극대도에 입도하신 지 3년 만에 수운대신사로부터 종통宗統을 받아 오만년 대도의 제2세 교조가 되셨습니다. 수운대신사께서 "무극한 이내 도는 삼년불성三年不成 되게 되면 그 아니 헛말인가." 하신 그대로 3년 만에 도성덕립이 되시어 많은 문하생 가운데서 한울님과 스승님의 뜻을 받들어 높고 높은 자리에 오르신 것입니다.

　해월신사께서는 무극대도에 입도하신 후 한 달이면 4~5차례 꼭꼭 어김없이 수운대신사께 나아가 진리의 말씀을 듣고 예의와 법설을 본받는데 남다른 정성을 다하셨습니다. 해월신사께서 그 지극하신 정성과 공경과 믿음으로 독공하실 때, 두문불출하시고 밤낮으로 공부하셨는데 낮이면 밝은 빛을 피하기 위하여 방문에 멍석을 치고 수도를 하셨고, 추운 겨울에 얼음을 깨고 찬물에 목욕하시면서 수도를 하셨습니다. 게다가 남보다 몇 배나 더 일을 하시면서 수도하셨습니다. 해월신사의 그 지극한 수도로 많은 영적과 기적이 있었는데 그 중 몇 가지만 다시 한 번 생각하여 봅시다.

한 종지의 기름으로 3·7일 기도를 하신 후에 비로소 영적이 있음을 아셨고, 큰비가 내릴 때라도 모자와 옷이 젖지 아니 하였으며, 90리 밖의 사람을 능히 보셨고, 사람의 병을 고치시기도 하였습니다.

수운대신사께서 정부 당국의 지목을 피하여 전라도 은적암에 갔다가 돌아오시어 남모르게 박대여의 집에 계실 때 해월신사께서 영감靈感으로 수운대신사님을 찾으신 일도 있었고, 관군에 쫓기는 몸이 되어 피신하던 중 호랑이 굴에서 호랑이의 보호로 관군을 피하신 이야기도 유명합니다.

해월신사의 지극하신 수도 결과로 크고 작은 모든 일에 한울님의 감응이 있어 천지와 더불어 덕을 합하고 일월과 더불어 그 밝음을 합하고 귀신과 더불어 길흉을 합하게 되셨습니다. 그 지극하신 믿음으로 신통력을 얻으셨고, 그 지극하신 공경으로 한울님의 무궁한 지혜를 받으셨으며, 그 지극하신 정성으로 한울님의 뜻을 받들어 모든 일을 할 수 있었던 것입니다.

오만년의 종통을 이어 받으신 몸으로 수운대신사의 분부대로 당국의 지목을 피하여 숨어 사실 때 남의 집 머슴살이를 하시고 때로는 품팔이도 하시면서, 그도 아니 될 때에는 산간벽지 두메산골 빈 오막살이에서 주린 배를 잡고 추위와 더위를 이기면서 더욱 수도에 힘쓰셨습니다. 용담수류사해원龍潭水流四海源 검악인재일편심劍岳人在一片心의 법문을 받고 종통을 이어 대성자가 되셨으나, 36년간 그야말로 도산검수刀山劍水 천신만고千辛萬苦 그대로였습니다.

높고 높으신 몸으로 밭을 가시면서, 씨앗을 뿌리시면서, 나무 짐을 지시면서, 밤이면 짚신을 삼으시면서, 때로는 지목을 피하여 산속에서 주무시고 뜰에서도 지내시면서 진심갈력으로 수도를 하셨으니, 그 수고롭고 괴롭고 부지런하고 힘쓰는 힘으로 천도를 지키신 것입니다.

동학혁명이 실패한 후 해월신사님에 대한 지목이 극심하여 오늘은 이곳 내일은 저곳으로 빈집을 찾아 피하시면서도 잠깐도 쉬지 않고 멍석을 내시기도 하고 짚신을 삼으셨고 나무를 심으셨으니, 제자들이 해월신사께 "내일이면 또 다른 곳으로 떠나야 하실 터인데 그것은 무엇에 쓰려고 하십니까."하고 물으면 "우리가 떠난 후에 다른 사람이 이곳에 와서 살면서 내가 만든 물건을 쓴다고 무슨 안 될 일이라도 있겠소." 하고 대답하셨습니다.

해월신사께서는 나와 남을 둘로 보지 않고 말씀 그대로 물오동포物吾同胞, 인오동포人吾同胞의 원리를 몸소 실천하셨던 것입니다. 해월신사께서는 생각과 말씀과 행동이 일치하셨으니 그것은 오로지 지극한 수도에서 얻어진 건강하신 몸과 강하신 의지와 확실한 방향과 바르고 밝고 착하고 의로운 마음이 바탕이 된 까닭입니다.

해월신사께서는 높고 높은 수심정기守心正氣 공부로 한울님의 본성을 거느리게 되시고, 한울님의 가르침을 받으시고 수도의 많은 계단을 거쳐 눈·귀·코·입·몸·뜻으로 인해서 생기는 일체의 물욕과 감정과 나라는 관념을 초탈하셨습니다. 어둠에서 밝은 마음이 되어 무엇이든지 알 수 있고 무엇이든지 할 수 있다고 생각되며 억천만물이 마음에 비치어 아는 것이 생기는 허령한 마음을 거쳐, 만법귀일萬法歸一·동귀일리同歸一理의 그 본자리인 불생불멸不生不滅의 성심본체에서 만리만사가 됨을 아는 여여심如如心을 얻으셨습니다. 나아가 모든 장애와 일체의 괴로움과 슬픔과 안타까움과 기쁘고 즐거운 것을 벗어나 그 마음이 거리낌과 어두움과 의심과 두려움과 어리석음이 없고 한울님의 뜻 그대로 공도공행公道公行하는 자유심自由心이 되신 것입니다.

만법의 인과를 깨치고 만상의 인과를 깨치고 인간의 화禍와 복福의 인과를 깨치셨으니 그야말로 무극에서 무극으로 통하는 무극대도를 터득하신 것입니다. 한울님과 수운대신사와 해월신사가 삼위일체三位一體가 되시어 세상에서 가장 높은 한울님 자리에 오르신 것입니다.

이와 같이 대도를 정각하신 후 해월신사께서는 "성인이 따로 있는 줄 알았더니 오직 마음을 정하고 아니 정하는데 따라 성인도 되고 범인凡人도 된다."고 하셨습니다. 억만 가지 어려운 일 가운데 제일 어려운 것이 수심정기守心正氣이니 수심정기만 되면 성인은 절로 된다고도 하셨습니다.

그러므로 해월신사께서 항상 제자들에게 수도 요령으로 말씀하시기를 경전에 있는 팔절의 '명덕명도明德命道'로 천지만물의 근본을 알고 '성경외심誠敬畏心'으로 적자赤子의 마음을 지키는 절차 과정으로 삼아 성인이 되기에 힘쓰며, 주문과 경전과 내 마음과 내 몸과 한울님이 하나가 되도록 수도하라고 하셨습니다. 대도를 통하려거든 이 말씀을 명심하여 그대로만 하게 되면 한울님과 스승님의 율법에 어김이 없을 것입니다.

천도교의 수도 과정에 시천주侍天主·양천주養天主·각천주覺天主의 3계단이

해월신사님의 수도　105

있는데, 해월신사께서는 특히 양천주를 강조하셨고 우리들에게 그 방법을 밝게 가르치셨으니 바로 「내칙內則」과 「내수도문內修道文」입니다.

한울님은 천지만물의 부모요 스승이요 임금의 격을 갖춘 유일무이한 존재며 전지전능하며 무선무악無善無惡하십니다. 그 한울님을 부모님같이 정성껏 모시고 스승님같이 지극히 공경하고 임금님에게 충성을 하듯이 진심으로 하는 것이 양천養天하는 길이니, 이것을 지키려면 오로지 수고롭고 괴롭고 부지런하고 힘쓰는 네 가지 법칙이 있을 뿐입니다.

대도를 깨치려고 하는 사람들은 해월신사의 수도修道·각도覺道·행도行道 하신 경위를 분명히 알고, 해월신사의 많은 법설을 마음에 새기고 뼈에 새기며 생각하고 또 생각하여, 자기 자신의 현재의 생활을 반성하고 모든 것을 다시 한 번 정리하여 정진하여 봅시다.

강령의 법으로 한울님을 지극히 모시고 스승님의 심법을 일호도 어김이 없이 잘 지켜 나가며, 한 가정에 있어서 부모로서 부모의 책임과 도리를 다하며, 한나라의 국민으로서 책임과 의무를 다하고 있는지 깊이 반성하고 참회하여 거듭난 마음으로 수도해야 하겠습니다.

수도에서 얻어지는 생각과 참고 기다리는 마음의 힘을 가지고 한울님 스승님의 감응을 받아 하루속히 대도견성하시기를 바랍니다.

* 『신인간』 255호, 포덕109(1968)년 6월.

기화지신氣化之神

「논학문」에 "서양 사람은 말에 차례가 없고 글에 조백皂白이 없으며 도무지 한울님을 위하는 단서가 없고 다만 제 몸만을 위하여 빌 따름이라. 몸에는 기화지신이 없고 학學에는 한울님의 가르침이 없으니 형상은 있으나 자취가 없고 생각하는 것 같지만 주문이 없는지라. 도는 허무에 가깝고 학은 한울님을 위하는 것이 아니니 어찌 다름이 없다고 하겠는가."라고 하신 말씀 가운데 '기화지신'이란 말이 나옵니다.

수운대신사께서는 기독교인들은 몸에 기화지신이 없다고 하셨습니다. 몸에 기화지신이 없다는 뜻은 무엇이겠습니까? 강령지법降靈之法으로 외유기화外有氣化와 내유신령內有神靈을 깨달아 한울님을 자신의 몸에 모시는 증험을 하지 못했다는 것입니다.

그렇습니다. 기독교인들은 한울님을 저 멀리 계신다고 믿고 공경할 뿐이요, 자기의 몸에 한울님을 모시지 못한 것입니다. 비단 기독교인들만 그런 것이 아니라 불교·유교·선교·회교인 등 모든 기성종교인들이 자기 마음에 한울님을 모시지 못하였습니다. 그러므로 몸에 기화지신이 없습니다. 그렇다고 천도교인들이 모두 몸에 기화지신이 있는 것은 아닙니다.

천도교인도 입도한 그날부터 지극한 정성으로 삼강三綱인 성신환신性身換信·규모일치規模一致·지인공애至仁公愛와 사과四科인 성誠·경敬·신信·법法과 오관五款인 주문·청수·시일·성미·기도로 수도의 방법을 삼고, 강령지법인 주문으로 한울님을 지극히 위하여 크게 강령이 되어 외유접령지기外有接靈之氣와 내유강화지교內有降話之敎로 한울님 모심을 참으로 느끼고 깨달아 스스로 경외지심敬畏之心이 발동되어야 비로소 자기의 몸에 기화지신이 있게 됩니다.

해월신사께서는 시천주侍天主의 시侍 자를 다음과 같이 해석하셨습니다.

"경經에 시자侍者는 내유신령하고 외유기화하여 일세지인一世之人이 각지불이자各知不移者라고 하셨으니, 내유신령이라 함은 낙지초적자지심落地初赤子之心이요 외유기화라 함은 포태시이기응질이성체胞胎時理氣應質而成體라. 그러므로 외유접령지기, 내유강화지교와 지기금지 원위대강이 이것이라."

억천만물이 모두 내유신령과 외유기화로 한울님을 모시고 있으며 한울님의 영기靈氣로 살고 있지마는 지기금지 원위대강으로 외유접령지기가 되고 내유강화지교가 되어야 참으로 시천주가 되는 것입니다. 접령·강화로 한울님을 모시게 되는 것을 기화지신이라고 하는 것입니다.

의암성사께서도 「권도문」에서 "대선생님께서 경신 사월 초오일에 강령지법을 지어 사람으로 하여금 한울님 모심을 알게 함이요, 한울님 모심을 알면 가히 써 한울님 말씀함을 알지라 어찌 의심할 바 있으리오. 사람이 이것을 다 지키면 수심정기 할 것이요 만일 지키지 못하면 배천역리 함이라."고 말씀하셨습니다.

과연 그렇습니다. 천도교인들의 높은 수심정기 공부로 접령接靈이 되고 강화降話가 되어서 몸에 기화지신을 얻은 후에야 되는 것입니다. 한울님을 모셔야 한울님 마음을 지키고 한울님 기운을 바르게 할 수 있습니다. 한울님을 모시지 못한 사람은 수심정기를 할 수 없습니다. 아무리 수심정기를 하려고 하여도 되지를 않습니다. 대신사님께서 「논학문」에 외유접령지기하고 내유강화지교하되 시지불견視之不見이요 청지불문聽之不聞이라고 하셨습니다.

이와 같은 현묘한 체험을 하지 못한 사람은 몸에 기화지신이 없을 뿐만 아니라 천도교를 믿는다고 하지마는 그야말로 탁명교인에 지나지 않습니다. 비유한다면 맛있는 수박을 쪼개서 먹지 못하고 겉만 핥는 격입니다. 향기롭고 달고 야릇한 꿀을 먹어 보지 못하고 먹어 본 사람의 말만 듣는 것과도 같습니다. 금강산을 직접 답사한 사람의 말만 듣고 그 웅장하고 형언할 수 없는 많은 절경을 보았다고 할 수 있으며 안다고 할 수 있겠습니까? 접령과 강화가 없이 한울님 모심을 알 수 없는 것입니다.

한울님은 억천만물의 부모요 스승이요 임금이므로 몸에 기화지신이 없는 사람은 부모가 계시는 줄은 알되 찾지 못하는 고아와도 같습니다. 스승을 만나야 공부를 할 터인데 스승을 만나지 못하는 공부생工夫生과도 같습니다. 임금에게 충성을 해야 할 신하가 임금님을 못 만나는 것과 같습니다. 그러므로 천도교를 믿는 사람들은 자기의 몸에 기화지신을 얻어 한울님을 부모와 같이 스승과 같이 임금님과 같이 모시고 공경하고 정성을 다해야 하겠습니다.

한울님을 생각할 때 목마른 사람이 물 생각하듯이, 젖 먹는 어린 아이가 어머니 생각하듯이 해야 합니다. 주린 사람이 밥을 생각하듯이 생각하면서 한울님을 지극히 위하는 주문을 많이 외워서 한울님의 감응을 받아 몸에 기화지신을 얻어야 하겠습니다. 생각마다 주문과 스승님의 가르침을 생각하면 기화지신이 항상 몸에 머물고 잠시라도 한울님 생각이 떠나면 없어집니다.

의암성사께서 「명리전」에서 '우리 동양 사람은 과거·현재·미래를 따져 팔자 타령이나 하고 아득한 꿈속에서 깨어날 줄 모르고, 참다운 공부를 하지 못하니 몸에 기화지신이 없어 영을 가진 동물이라 말할 수 없고, 사람이라 하는 형상만 갖추었으니 살아 있는 송장이라. 그래서 세계 각국 사람이 송장 허수아비로 대하지 않느냐.'고 크게 경고하셨습니다.

돌이켜보건대 조선 오백년사가 그러하고 왜정 36년이 그러했고 해방 후 20년이 지난 오늘까지도 외국 사람들에게 송장 허수아비 취급을 받아 왔으니 모두가 자기의 몸에 기화지신이 없는 까닭입니다. 슬프고 괴롭고 안타까운 일이 아닐 수 없습니다.

  이 쓰라린 경험에서 근자에 와서 차츰 우리 민족은 각성을 해야겠다고 '민족주체성'이란 말이 높아지고 있습니다. 그러나 말로 글로 '민족주체성, 민족의 각성!' 하고 아무리 야단을 쳐도 하루아침에 이 민족이 각성을 할 수 없으며 이 민족의 주체성이 서지는 못할 것입니다. 오랫동안 습성이 유전되어온 사대주의적인 의타주의, 노예주의적 사상에 물들어 마치 몽유병 환자와 같고 한치 앞도 못 보는 장님과도 같습니다. 외부 세상을 모르는 우물 안의 개구리와도 같은 생각을 하고 있는 것이 사실입니다. 육신관념에 사로잡혀 모두가 자기의 정신을 잃어버린 미친 사람들이 되어 있습니다. 권력에 미친 사람, 명예에 미친 사람, 돈에 미친 사람, 먹는 데 미친 사람, 이성에 미친 사람 등 갖가지로 미쳐서 자기의 정신이 없어 오늘은 오늘의 마음으로 내일은 또 내일의 마음으로 허송세월을 하고 있지 않습니까!

  정신병원에서 보통사람들에게서 피를 뽑아 조사한 결과 100명에 99명이 미친 사람으로 나타나고 한 사람이 10분의 7 정도로 미친 사람으로 판단이 된다고 합니다. 다만 정도의 차가 있을 따름이요 정신이상자로 진단이 된다는 것은 의학계에서 널리 알려진 사실입니다. 그럴 수밖에 없었습니다. 마음과 피는 불가분의 관계로 마음의 변화에 따라 피가 변화하는데, 자기의 몸에 기화지신이 없어서 정신이 바르지 못하게 된 까닭입니다. 몸에 기화지신이 없이 각성이니 주체성이니 하는 이야기는 그야말로 우이독경이요, 소·도야지를 보고 사람이 되라고 하며 기적을 바라는 것과도 같습니다.

　천도교의 강령지법으로 자기의 몸에 기화지신을 모셔야 정신병도 고칠 수 있고, 짐승과 같은 마음을 고칠 수 있으며, 사람마다 각성을 할 수 있고, 민족주체성이 저 깊은 산골짜기의 샘물 솟듯이 솟아오를 것입니다.

　수운대신사께서 「안심가」에서 "한울님께 받은 재주 만병회춘 되지마는 이내 몸 발천되면 한울님이 주실런가. 주시기만 줄작시면 편작이 다시 와도 이내 선약 당할소냐 만세명인 나뿐이다."라고 말씀하셨습니다. 만병회춘 되는 선약仙藥이 바로 자기의 몸에 기화지신을 얻는 것입니다. 해월신사께서도 "세상사람들은 다만 약으로 병을 고치는 줄은 알되 마음으로 병을 고치는 줄을 모르니 애석하다."고 말씀하셨습니다.

　의암성사께서는 수도를 하는 사람은 항상 몸에 기화지신이 있는 까닭에 첫째 건강하고, 둘째 의지가 강해지고, 셋째 목적이 확실하고, 넷째 바르고 밝고 착하고 의로운 마음이 된다고 하셨습니다. 이와 같이 네 가지가 완성되면 자연히 각성도 될 것이요 주체성도 확립될 것입니다.

　그러므로 수운대신사께서는 "금을 준들 바꿀소냐 은을 준들 바꿀소냐 좋을시고 좋을시고 이내 신명 좋을시고."하시며 법열에 넘쳐 춤을 추셨습니다.

　이와 같은 귀중한 보배는 권력이나 돈이나 지식으로 얻어지는 것이 아닙니다. 오직 강령지법으로 외유접령지기가 되고 내유강화지교로 기화지신을 얻어 자기의 몸에 한울님을 모심으로써 되는 것입니다.

천도교인들이 모두 사인여천事人如天의 윤리를 실천하려고 하지마는 몸에 기화지신이 없으면 경외지심敬畏之心이 없어 사인여천을 할 수 없습니다. 속담에 작심으로는 사흘이 못 간다고 하였습니다. 마음을 지어먹고는 사인여천을 할 수 없는 것입니다. 몸에 기화지신을 얻어 한울님을 모시게 되면 경외지심이 발동되어 스스로 사인여천도 할 수 있고 참으로 남을 위하여 희생봉사를 할 수 있게 됩니다. 본래 나와 남은 둘이 아니요 하나라는 것을 터득하게 되므로 의암성사님 말씀대로 위위심爲爲心에서 자리심自利心이 생生하고, 자리심에서 이타심利他心이 생하고, 이타심에서 공화심共和心이 생하고, 공화심에서 자유심自由心이 생하여 마침내 높은 인내천의 격을 갖추게 되는 것입니다.

한울님은 유일무이한 존재이므로 우리가 모두 한울님을 모시게 되면 동귀일체할 수 있습니다. 하나요 둘이 아니므로 만화귀일萬化歸一이 되고 동귀일리同歸一理가 되는 것입니다. 세상사람은 이 깊은 이치를 모릅니다. 오랜 습관과 물정심物情心에 사로 잡혀 자존심自尊心과 의구심疑懼心과 미망심迷忘心에 가득 차 본래의 자기 자신을 잊어버린 사람이 된 까닭입니다.

오로지 강령지법으로 접령接靈 강화降話가 되어 자기의 몸에 기화지신을 얻어 육신관념을 성령으로 개벽하여야 자존심도 의구심도 미망심도 다 없어지게 됩니다. 그리하여 참으로 한울님을 모신 한울사람이 되어 동귀일체도 사인여천도 할 수 있게 됩니다. 한울님을 모심으로써 지인용智仁勇 삼단을 겸비한 인내천 사람이 되어 보국안민 포덕천하 광제창생도 할 수 있고 지상천국의 대목적도 달성할 수가 있는 것입니다.

　아무쪼록 우리들은 모두 지극한 믿음과 공경과 정성으로 자기의 몸에 기화지신을 얻어 한울님을 모신 사람이 되어야 하겠습니다.

* 『신인간』 256호, 포덕109(1968)년 7월.

믿음

수운대신사水雲大神師께서는 「수덕문修德文」에서 믿음에 대해서 자세히 해석하여 말씀해 주셨습니다.

"대저 이 도는 마음으로 믿는 것이 정성이 되나니 믿을 신信 자를 쪼개면 사람의 말이라. 말하는 그 가운데 옳고 그른 것이 있으니 옳은 것은 취하고 그른 것은 물리치어 생각하고 또 생각하여 마음을 정하라. 한번 정한 뒤에는 다른 말을 믿지 않는 것을 가로되 믿음이라 이와 같이 닦아야 마침내 그 정성을 이루느니라. 정성과 믿음이여 그 법이 멀지 아니 하도다. 사람의 말로 이루는 것이니 먼저 믿고 뒤에 정성하라. 내 이제 밝게 효유하노니 어찌 미더운 말이 아니겠는가. 공경하고 정성하여 가르치는 말씀을 어기지 말지어다."

천도교를 믿는 것은 신성사님의 말씀을 믿는 것입니다. 그렇다면 신성사님께서 계시지 않는 오늘날 우리들은 경전에 기록된 신성사님 말씀을 믿을 수밖에 없습니다. 먼저 믿음에 있어서 가장 중요한 문제인 한울님을 어떻게 믿어야 할 것인가를 경전을 통해 살펴보겠습니다.

수운대신사께서는 「교훈가」에서 "나는 도시 믿지 말고 한울님을 믿었어라. 네 몸에 모셨으니 사근취원捨近取遠 하단말가."라고 말씀하셨습니다. 각각 자기가 모신 한울님을 믿으라는 것입니다.

해월신사海月神師께서는 "천지부모를 길이 모셔 잊지 않는 것을 깊은 물가에 임한 듯이 하며 엷은 얼음을 밟는 듯이 하여 지극한 정성과 지극한 효도로서 지극히 공경을 다하는 것이 사람의 자식된 도리이니라."라고 하셨습니다. 한울님을 모시되 살아 계시는 부모와 같이 모시고, 공경하고, 섬기라는 것입니다.

의암성사義菴聖師께서는 『무체법경無體法經』「성심신삼단性心信三端」에서 한울님을 믿는 방법을 더욱 분명히 밝혔습니다.

「한울님을 마음 밖에 두고 다만 지극한 정성을 다하여 감화를 받아 도를 얻는다」하고 또는 「한울이 내게 있으니 어느 곳을 우러러 보며 어느 곳을 믿으랴. 다만 내가 나를 우러러 보고 내가 나를 믿고 내가 나를 깨닫는다」하여 닦는 이로 하여금 마음 머리 두 곳에 의심스러움이 겹치게 하여 성품을 보고 마음을 깨달으려 하는 사람의 앞길을 아득케 하느니라.

한울님을 믿을 때, 마음과 머리 두 방향으로 치우치는 두 가지 방법이 모두 틀렸다는 것입니다. 한울님이 저 멀리 천당이나 어떤 특별한 곳에 계시다고 믿을 수 없으며, 우리 천도교의 종지가 인내천이라고 해서 물욕과 감정과 아집에 사로잡힌 습관된 마음을 한울님으로 믿을 수도 없습니다. 이 습관된 마음, 다시 말해서 제2천심을 한울님으로 믿고 모시고 생각한다면 그 사람은 점점 사악하고 망령되고 어리석은 방향으로 나아갈 뿐입니다.

그래서 의암성사님께서 말씀하셨습니다.

"무릇 천지만물이 주체와 객체의 형세가 없지 않으니 한울님을 주체로 보면 내가 객체가 되고 나를 주체로 보면 한울님이 객체가 되나니 이것을 분별치 못하면 이치도 아니요 도道도 아니니라. 그러므로 주객의 위치를 두 방향으로 지정하노라."

한울님은 천지만물의 이치요 기운입니다. 다시 말하면 단순한 철학적 원리만이 아니라, 천지만물을 성출成出하시고 만물 속에 계시면서 만법만상萬法萬相을 통일하고 간섭하고 명령하시는 절대적인 격을 갖고 계시는 천지만물의 부모요 스승이요 임금이 한울님입니다. 이 한울님과 나를 주主와 객客으로 분별하고 한울님을 부모와 같이 모시고, 스승과 같이 공경하고, 임금에게 하듯이 충성을 다해야 하는 것입니다.

그러므로 수운대신사께서 가르쳐 주신 강령지법降靈之法으로 접령接靈이 되고 강화降話가 되고 자천자각自天自覺이 되어서 해탈解脫이 되고 견성見性이

믿음 117

될 때까지 시천주·양천주·각천주의 순서로 도를 닦고 도를 알고 도를 깨달아 도를 행하고 한울님과 나와 하나가 될 때 인내천의 진경에 도달하는 것입니다. 다시 말씀드려서 주체와 객체가 하나가 되는 '주객관적主客觀的'이 될 때 인내천이 되는 것입니다. 인내천의 뜻을 잘못 생각하고 믿는 사람들은 하루 속히 반성하고 참회하여 바르게 믿어야 하겠습니다.

천도교에 입도하여 바르게 믿지 못하면 어떻게 되겠습니까?

해월신사께서 말씀하셨습니다.

"도인이 도에 든 뒤에 한울님 섬기기를 부모 섬기듯이 아니하고 오히려 음사한 마음으로 경전에 없는 것을 혹 만들고 혹 걷어 치우고 절반은 믿고 절반은 의심하고 절반은 한울님을 믿고 절반은 음사를 믿는 마음이니 이것은 천지부모를 배척하는 것이니라."

천도교를 믿는다는 사람이 스승님의 말씀인 경전의 글을 보고 자기 좁은 소견으로 어느 구절은 과학적이어서 믿을 수 있고 어느 구절은 비과학적이어서 믿을 수 없다고 하거나, 어느 구절은 미신적이어서 고쳐야 하고 어느 구절은 잘못 표현되었다고 하거나, 어느 구절은 이 시대에 맞지 않는다고 말을 하는 사람이 있다면 큰일이 아닐 수 없습니다. 스승님께서 경전에 표현하신 말씀은 절대적인 것이므로 무조건 믿어야 합니다.

인간의 어리석은 지식, 나쁜 습관에서 오는 마음, 스스로 잘난 체 하는 아집을 버리지 못하는 사람은 한울님을 믿는다고 하지마는 참으로 한울님을 믿지는 아니하는 사람입니다. 자신의 자존심自尊心·의구심疑懼心·미망심迷妄心을 시侍·정定·지知로 개벽하여 이신환성以身換性이 되지 못하면 그야말로 탁명교인托名敎人이 될 것이요 한 평생 천도교를 믿었다 할지라도 세상은 세상, 범부는 범부, 그 사람은 그 사람대로 변함이 없을 것입니다.

수운대신사께서는 "우리 도는 넓되 요약하면 많은 말을 할 것이 아니라 별로 다른 도리가 없고 성·경·신 석 자이니라."고 하셨습니다.

정성 공경도 믿음이 있은 뒤에 있어야 합니다. 믿음이 없이 공경하고 정성한다면 허사가 되는 것입니다. 그래서 해월신사께서 말씀하셨습니다.

> "억천만사가 도시 믿을 신자 한 자에 있을 따름이니라."
> "사람이 믿음이 없으면 수레의 바퀴 없음과 같으니라."
> "믿을 신 한 자는 비록 부모 형제라도 변통하기 어려우니라."
> "경에 이르되 '대장부 의기범절 신 없으면 어디 나며…' 한 것이 이것이니라."
> "사람이 믿는 마음이 없으면 등신이요 밥주머니이니라."

믿음이 없이 공경하고 정성드리는 것은 마치 나무의 뿌리를 뽑아 놓고 물을 주며 살리려고 하는 어리석은 일과도 같습니다. 한울님을 바르게 믿어 나에게서 나 아닌 나 즉 본래의 나를 찾아, '내가 나를 믿는 나'가 되어야 합니다. 내가 나를 믿고 공경하려면 내 마음에 일체 거리낌이 없어야 합니다. 내 마음에 의심과 두려움과 사악하고 망령된 마음이 없으며, 공公과 사私를 확실히 분별하여 누구 앞에서도 부끄러움이 없어야 자기 마음을 자신이 믿을 수 있습니다. 자기 마음이 어리석고 정사正邪를 분별치 못하고 시기·질투·음해·중상이나 하는 마음이라면 어떻게 믿을 수 있겠습니까?

한울님을 모시고 거듭난 마음이 되어 인내천의 진경을 터득하고, 오로지 한결같아야 내가 내 마음을 믿고 공경할 수 있습니다. 이렇게 함으로써 그야말로 자주정신이 생겨 주체성이 확립됩니다. 한울님을 믿는 마음이 없으면 생혼生魂이 없으므로 주체성이 없는 등신이요 밥주머니요 허수아비요 송장과 같으므로 살고 있으나 헛 사는 것입니다.

한울님을 믿는 마음이 없으면 신성사님께서 말씀하신 4대 계명과 많은 규칙을 지킬 수 없으며 따라서 인내천의 진경을 터득할 수 없고, 우리의 목적인 보국안민·포덕천하·광제창생·지상천국 건설도 할 수 없습니다.

믿음이야말로 모든 일을 성취시키는 원동력입니다. 믿음이 없으면 이루어지는 것이 없으며, 믿음이 있으면 만사여의萬事如意가 됩니다. 우리 종교인에게는 가장 고귀한 것이 믿음입니다. 명예보다도 권력보다도 돈보다도 자기의 생명보다도 더 귀중한 것이 한울님을 믿는 것입니다.

의암성사께서는 "도란 것은 한갓 지켜서 사업만 할 것이 아니라 진리를 온전히 체득하여 어김이 없게 하라."고 하셨습니다. 바른 믿음이 없으면 무궁한 진리를 체득할 수 없고 사업도 성공할 수 없습니다.

믿음이 없는 사람, 믿음이 없는 가정, 믿음이 없는 교회, 믿음이 없는 사회를 생각해 봅시다. 그것이 바로 생지옥이 아니겠습니까? 사람과 사람 사이에 서로 믿지 못하고, 부부 간에 서로 믿지 못하고, 부자 간에 서로 믿지 못하고, 선생과 제자 간에 서로 믿지 못하고 서로가 시비하는 것으로 일을 삼고 있는 것이 오늘의 실정입니다. 인간의 처참한 비극입니다.

우리 천도교인들은 대오반성하여 모든 사람에게 바른 믿음을 가르쳐야 하겠습니다. 그러기 위하여서는 먼저 천도교인들의 믿음을 스승님 시대와 같이 부활해야 하겠습니다. 한울님과 나를 주主-객客으로 분별하여 한울님을 부모같이, 스승같이, 임금같이 모시고 공경하고 섬겨야 바른 믿음이 됩니다. 믿음이 있는 교인, 믿음이 있는 교회가 되어야 하겠습니다.

해월신사께서 「도결道訣」에 말씀하시기를 한울님을 부모와 같이 믿고 섬기는 것과 식고食告와 심고心告를 잘하면 도를 통할 수 있다고 하셨습니다.

우리 천도교인들은 바른 믿음으로 모든 괴변怪辯을 물리치고 곡학曲學을 배척하고 미신에서 탈피하여 파사현정破邪顯正하여야 하겠습니다.

그리하여 바른 믿음으로 주문과 경전과 내 몸과 내 마음과 한울님이 한 덩어리가 되게끔 수도를 하시면 자아완성自我完成도 되고 도가완성道家完成도 될 수 있고 교회중흥敎會中興도 할 수 있는 것입니다.

* 『신인간』 257호, 포덕109(1968)년 8월.

견성각심 見性覺心

천도교를 믿는 목적이 두 가지가 있으니 하나는 견성각심으로 인내천의 진경을 터득하여 무상정각無上正覺에 이르러 최고 인격의 인내천 사람이 되는 것이고 또 하나는 보국안민 포덕천하 광제창생 지상천국을 이루는 것입니다.

그럼 성품을 보고 마음을 깨닫는다 함은 무엇을 뜻함일까요. 우주의 본체는 성심性心입니다. 견성각심이라 함은 우주 근본 진리를 터득한다는 뜻입니다. 다시 말씀드려서 천지만물이 생겨날 때 함께 생겨난 만법萬法의 인과와 천지만물의 생성·변화하는 만상萬相의 인과와 인간의 화복禍福의 인과를 깨닫는다는 뜻입니다. 만 철학 만 과학이 근본 원리로 동귀일리同歸一理가 되는 그 하나의 원리를 터득한다는 뜻입니다.

우주의 본체에 대한 명칭이 성심性心, 이기理氣, 음양陰陽, 귀신鬼神, 무극無極, 태극太極, 상제上帝, 천주天主, 지기至氣, 하나님, 하느님, 부처님, 신神, 영靈, 한울님 등으로 다양한데 모두 동일한 본체를 일컫는 말입니다.

우주 본체는 유일무이한 것이지만 깨닫는 과정이 다르므로 성性, 심心을 분별시키는 것입니다. 의암성사께서 『무체법경』「성심변性心辨」에서 '성품이 닫히면 만리만사의 원소가 되고 성품이 열리면 만리만사의 좋은 거울이 된다'고 하시고, '심心은 만리만사가 거울 속에 들어 능히 운용하는 것을 이르고, 심은 즉 신神이요 신은 즉 기운의 소치所致'라고 하셨습니다.

「성심신삼단」에서는 "성性은 이치니 성리性理는 공공적적空空寂寂하며 무변무량無邊無量하며 무동무정無動無靜한 원소일 따름이요, 심心은 기氣라 심기는 원원충충圓圓充充하며 호호발발浩浩潑潑하여 동정변화가 무시부중無時不中하니 이러므로 둘에 하나가 없으면 성도 아니요 심도 아니니라. 밝히어 말할 것 같으면 성리가 없으면 마음 없는 나무 사람 같고 심기가 없으면 물 없는 곳에 고기 같으니 도 닦는 사람은 밝게 살피어 밝게 깨달으라."라고 하셨습니다.

「신통고神通考」에서는 "성심性心은 현현묘묘玄玄妙妙하여 물건에 응함에 자취가 없으나 여유여생如有如生이니라. 성본무무性本無無라. 무유無有·무현無現·무의無依·무립無立·무선無善·무악無惡·무시종無始終이요, 심본허心本虛라 일만 생각과 헤아림이 억만년 전이나 지금이나 형상도 없고 자취도 없으나 천만사가 생각하고 헤아리는 가운데서 얻어지느니라."고 하셨습니다.

이와 같이 성심본체가 둘로 분별할 수 있지마는 근본에서 하나입니다. 다시 말씀드려서 성은 천지만물의 부모가 되고 심은 천지만물의 군사君師가 됩니다. 군사부는 일체이므로 성심, 즉 한울님을 부모와 같이, 스승과 같이, 임금과 같이 모시고 섬기고 공경하고 정성을 다 해야 하는 것입니다. 항상 한울님을 생각하며 신성사님 말씀을 생각하며 잊지 않아야 합니다.

견성각심을 하는 데는 계단이 있으니 외유접령지기外有接靈之氣가 되고 내유강화지교內有降話之敎가 있어 자천자각自天自覺이 되고 해탈解脫이 되어야 견성見性이 됩니다. 마치 사다리를 하나하나 올라가는 것과도 같습니다.

잘못 하다가는 떨어지기도 하니 조심조심 올라가야 합니다. 대학을 졸업 하려면 4년을 잘 지내야 하는 것과 같이 공부를 잘 하지 못하면 낙제도 될 수 있습니다. 또 다른 비유를 한다면 시골 사람이 서울에 와서 5층이나 되는 큰 백화점에 들어가서 구경하는 것과도 같습니다. 좋은 물건이 많다고 1층에서 도취되어 개미 쳇바퀴 돌 듯이 돌기만 하면 2층 구경은 못 합니다. 1층 구경을 했으면 2층 생각을 해야 2층으로 갈 수 있고 또 3층, 4층, 5층을 생각해야 모두 다 구경할 수 있는 것과도 같이, 수도의 계단을 하나하나 알고 거쳐야만 견성각심의 진경에 도달할 수 있습니다. 시골 사람이 백화점에서 물건에 마음을 뺏기어 도취되면 안 되는 것과 마찬가지로 수도의 어떤 계단에서도 도취되거나 미련의 마음을 두면 적은 것에 만족하여 대도견성의 높은 경애에 도달할 수는 없습니다. 깨닫고 얻어지면 다시 버려야 보다 높은 계단으로 올라갈 수 있습니다.

수도하는 사람에게 어려운 것이 세 가지가 있으니 물욕物欲과 감정感情과 아집我執입니다. 이 세 가지를 헌 옷을 벗어 버리듯이 버릴 수 있으면 견성각심은 손바닥 뒤집기보다도 쉬운 일입니다. 사람 사람이 애착과 어리석음 때문에 거룩한 사람이 되지 못하는 것입니다. 우리 수도하는 사람은 모든 것을 초월해야 하겠습니다. 수고롭고 괴롭고 부지런하고 힘쓰는 천도의 사단四端을 지켜서 괴롭던 사람의 마음에서 천심이 회복되어야 기쁜 마음으로 변하고 따라서 경외지심敬畏之心이 발동되어 비로소 대인접물待人接物에 바르고·밝고·착하고·의로운 생활을 할 수 있습니다. 그렇게 되면 항상 한울님의 감응 속에서 살며 한울님의 지혜와 권능을 받아 희노애락을 자유로 할 수 있어 참으로 희노애락을 벗어난 해탈경·무아경無我境에서 자기의식이 없는 상태를 체험하며 온갖 형상이 비고 비어 하나의 빛으로 화하는 경애를 체험하게 됩니다. 나아가 일체만물이 나의 것이며, 아니 나의 것은 하나도 없다는 경애를 체험하며 나아가서는 먹으면서 먹는 줄을 모르고, 행하면서 행하는 줄을 모르고, 살면서도 사는 줄을 모르고 공도공행公道公行을 할 수 있는 인내천의 진경에 도달하게 됩니다.

이와 같이 계단을 거쳐 많은 체험을 통하여 아래서부터 배워서 위로 도달하게 됩니다. 그리하여 만법의 인과와 만상의 인과와 화복의 인과를 깨달아 견성각심의 높은 경지에 이르러 신성사님들과 같이 황황상제皇皇上帝의 격을 갖춘 사람이 될 수 있습니다.

의암성사의 『천도태원경天道太元經』을 보면 수도하는 사람에게 삼계사상三階思想과 삼계형식三階形式이 있습니다.

삼계사상이라 함은 공상空想·감상感想·각상覺想인데, 공상은 보고·듣고·배운 것이나 풍속·습성으로부터 생겨나는 관념이 원인이 되어 바로 생각을 하지 못하고 미신에서 탈피치 못하여 많은 생각을 하는 것입니다. 감상은 한울님과 사람을 주객主客으로 분별하여 믿음으로서 생리적인 체험과 변화를 스스로 느끼며 마음으로도 변함을 스스로 알고 깨닫는 것입니다. 각상은 한울님과 사람이 하나가 되는 경애로 일체의 원리를 각득하는 것입니다.

삼계 형식이라 함은 정령관精靈觀·인신관人神觀·도관道觀인데 정령관은 공상空想의 많은 생각으로 인하여 개체個體의 모든 것이 따로 따로 영靈이 있다고 보는 것입니다. 인신관은 감상感想으로 실지로 체험하여 느끼며 변하며 깨달으므로 한울님과 사람을 구분하여 보는 것입니다. 도관은 각상覺想으로 인하여 얻어진 원리로 일이관지一以貫之가 되어 모든 것을 달통하여 보는 것입니다.

이와 같은 형식을 밟아서 도관에 이르고 사상이 발달하여 각상에 이르도록 해야 합니다. 그리하여 물정심物情心에서 천심을 회복하여 한울이 한울을 위하는 마음, 즉 자기가 자기를 위하는 마음으로 변하고 나아가서 남을 위하는 마음, 다 같이 서로 돕고 화합하는 마음, 모든 것을 초탈한 자유스러운 마음, 한없이 즐겁고 기쁜 극락의 마음이 되어야 합니다. 이와 같이 견성각심을 하는 데는 묘한 방법이 있습니다.

성사님께서 「후경」에 말씀하셨습니다.

"해와 달은 비록 밝으나 검은 구름이 가리어 병 속의 등불 빛과 같으니라. 성품의 맑고 깨끗함을 많은 장애물이 둘러서 진흙 속에 묻힌 구슬과 같으니, 다른 묘법이 없고 다만 마음을 스승 삼아 굳세게 하여 빼앗기지 아니하며, 정하여 움직이지 아니하며, 부드러우나 약하지 아니하며, 깨달아 매혹하지 아니하며, 잠잠하나 잠기지 아니하며, 한가하나 쉬지 아니하며, 움직이나 어지럽지 아니하며, 흔들어도 빼어지지 아니하며, 멈추었으나 고요하지 아니하며, 보이나 돌아보지 아니하며, 능력이 있으나 쓰지 않을 것이니라."

이 열한 가지 방법을 잘 지켜 나가면 대도견성 하는 그날이 온다고 하셨습니다. 그 사람의 정성과 공경과 믿음의 정도에 따라 어떤 사람은 3년, 어떤 사람은 5년, 어떤 사람은 10년의 시일이 걸려서 도를 통하게 됩니다. 쉬지 않고 생각마다 잊지 않으면 누구라도 될 수 있습니다.

산의 상봉上峯에 오르려고 하는 사람이 바라만 보고 오르지 않고 걱정만 한다면 평생토록 못 오를 것입니다. 힘이 들고 괴로워도 참고 이기어 일보一步 일보 전진하면 오른 만큼 기쁨이 생깁니다. 산의 중턱에서 위와 아래를 살펴보는 마음은 형언할 수 없을 정도로 좋은 것입니다. 그곳에서 다시 새 힘을 내어 상상봉에 오르면 동서남북 사방의 모든 것이 환하게 보이지 않습니까! 그와 마찬가지로 모든 괴로움과 곤란을 무릅쓰고 한울님과 스승님 은덕을 잊지 않고 생각을 계속하면 견성각심이 반드시 될 수 있습니다.

견성각심을 하려고 하는 사람은 바른 마음으로 정진精進에 정진을 다해야 합니다. 그리하여 상무주처常無住處하면서 불생불멸, 무루무증, 무선악, 무상하, 무거래, 무시무종한 우주의 성심본체를 각득해야 할 것입니다.

* 『신인간』 258호, 포덕109(1968)년 10월.

역지사지 易地思之

'역지사지'는 나와 남의 입장을 서로 바꿔서 생각해 보자는 뜻입니다. 수운대신사께서 「교훈가」에 말씀하셨습니다.

> "수도하는 사람마다 성지우성 하지마는 모우미성毛羽未成 너희들을 어찌하고 가잔 말고. 잊을 도리 전혀 없어 만단효유 하지마는 차마 못할 이내 회포 역지사지 하여서라."

이 말씀은 수운대신사께서 경신년(庚申年, 1860) 사월 오일에 무극대도를 각도하신 후 통개중문通開重門하여 찾아오는 사람 가르칠 때, 세상사람들은 승기자勝己者를 싫어하는 마음에서 시기·질투·음해·중상모략을 하고 관가에서는 지목을 극심하게 하므로 부득이 천리 타향 먼 곳으로 떠나시면서 제자들에게 하신 말씀입니다.

사람은 자타自他의 입장을 서로 바꿔서 생각하면 모든 사람의 마음을 이

해 할 수 있습니다. 천도교를 믿는 사람은 모든 사람의 마음을 역지사지로 잘 이해하고 정성과 공경과 믿음과 자비로서 바르고 밝고 착하고 의로운 네 가지 방법으로 무위이화無爲而化의 이법에 따라 용시용활用時用活하여 가르쳐야 할 것입니다.

  모든 사람을 대할 때 저 깊은 바다와 같아야 하겠습니다. 바닷물은 흐리고 더러운 물을 모두 받아들여서 자기의 본래부터 맑고 깨끗한 물로 화해 버립니다. 이와 같이 우리 사람도 자기 마음이 맑고 깨끗하고 깊고 넓으면 모든 사람들을 다 받아들여서 감화시킬 수 있습니다.

  타인을 감화시키기 위해서는 역지사지로 남을 이해하고 남의 뜻을 받아들이므로, 남이 하는 말을 잘 들을 줄 아는 사람이 되어야 합니다. 남의 말을 잘 들을 줄 아는 사람이야말로 어질고 현명한 사람이요, 이해하여 주는 사람으로 높이 평가됩니다. 남이 말을 하는데 도중에서 말을 막고 자기 주장을 하는 사람, 남의 뜻을 무시하고 자기 고집만 부리는 사람은 타인의 호감을 얻지 못합니다. 그러므로 역지사지로 남을 이해하는 사람이 되어야 할 것입니다.

  남의 스승이 된 사람과 보다 좋은 사회를 건설하려고 하는 사람들은 남보다 거듭난 점, 남과 다른 점이 있어야 합니다. 아무리 도덕이 무너지고 타락한 사회나 불화한 직장이나 가정도 역지사지로 바르고 밝고 착하고 의로운 생각을 끓임 없이 계속한다면 반드시 깨끗하고 아름다운 사회가 될 것이요, 질서가 있고 성실한 직장이 될 것이요, 화목하고 행복한 가정이 될 것입니다.

비유하면 큰 웅덩이 물이 흐렸어도 그곳에 맑은 샘물이 조금씩이라도 흘러들어 가면 어느 시간엔가 웅덩이의 물이 깨끗이 맑아질 것입니다. 사람들의 마음을 고치는 데는 시간이 걸리는 법이니 참고 기다리고 이해하는 마음 자세를 가져야 합니다.

해월신사께서 말씀하시기를 '병을 고치는 의사가 사람을 가리지 않으며, 목수가 굽은 나무를 버리지 않는 것과 같이 도석道席에서는 그 사람이 모질고 어리석다고 버릴 수 없다'고 하셨습니다.

도를 펴려는 사람은 모든 사람을 역지사지로 잘 이해하여 사람마다 타고난 재질을 잘 살피고 잘 키워서 적재적소에 쓸 수 있어야 합니다. 자기보다 훌륭한 사람을 잘 부리며, 자기보다 어리석은 사람을 잘 지도하는 사람이 위대한 사람이라고 할 수 있습니다.

석가여래는 도둑 500명을 500나한羅漢으로 만들었고, 예수의 12사도도 모두 믿음이 없는 농부 어부들을 변화시켰던 것입니다. 수운대신사께서 도둑인 이필제를 설득하여 도인을 만든 사실은 너무나 유명한 일입니다.

아무리 나쁜 습성, 나쁜 버릇을 가진 모질고 사나운 악한이라도 한번 마음을 정하면 거듭날 수 있습니다. 한울님을 모시어 이신환성以身換性으로 자기 정신만 개벽하면 범부가 성인이 될 수도 있습니다. 그러므로 역지사지로 모든 사람을 이해할 수 있는 사람이 되어야 하겠습니다.

한 가정에 있어서 남편은 부인을 이해하고 부인은 남편을 이해하며, 부모는 자식을 이해하고 자식은 부모를 이해하여, 서로 위로하며 서로 돕고, 서로 사양하고 서로 권하며, 서로 아끼고 서로 극진히 믿고 공경하고 정성하며 산다면 그야말로 행복한 가정이 아닐 수 없을 것입니다. 수운대신사님 말씀대로 아버지가 아버지 노릇을 못하고, 자식이 자식 노릇을 못하고, 남편이 남편 노릇을 못하고, 부인이 부인 노릇을 못하면 그 가정은 크게 불행한 가정일 것입니다. 그 길을 바로 역지사지로 생각하는 것입니다.

역지사지는 가정은 물론 직장, 사회, 국가에서도 중대한 원리가 됩니다. 한 동리 이웃 사람과는 서로 화목하고 친절하고 겸손하고 크고 작은 일에 서로 돕고 사인여천事人如天의 정신으로 절 잘하는 사람이 되어야 합니다. 옛날부터 절을 잘하면 절로 된다고 하였습니다. 그러므로 덕으로서 사람들을 화해야 합니다. 덕은 바람과 같고 세상사람은 초목과 같으니 바람이 부는 대로 초목이 흔들리기 마련입니다. 요순 시절에는 백성이 모두 요순이 되었다고 하니 세상은 수운대신사님 말씀대로 여세동귀與世同歸가 되는 것입니다.

한 직장에서는 윗사람과 아랫사람이 서로 믿고 서로 공경하고 명랑하게 질서를 지키며 자기 맡은 바 책임과 의무를 다하며 항상 지혜를 발휘하여 능동적으로 움직이는 사람이 되어야 할 것입니다.

이처럼 천도교를 믿는 사람들은 어디서든지 필요한 존재가 되어야 합니다. 가정에서·동리에서·직장에서·교회에서·사회에서 모두 그분이 없으면 안 되겠다고 할 수 있는 가치 있는 사람, 보배로운 사람이 되어야 합니다.

남에게 항상 웃음과 기쁨과 행복하게 할 수 있는 보람 있는 사람이 되어야 합니다. 저 사람은 믿을 수 있다고 모든 사람에게서 인정되어 공경 받을 수 있는 사람이 되어야 합니다.

각 개인의 절대자유를 인정하는 민주주의도 좋고 만인평등의 인내천 종지도 좋습니다. 그러나 사람과 사람 사이에 서로 믿음이 없고 공경이 없고 정성이 없고 질서가 없어 예의범절이 없다면 짐승과 같은 것입니다.

지금 전 세계 인류에게는 윤리도덕이 없어진 지 오랩니다. 인간들은 극도로 타락하였습니다. 캄캄한 암흑 속에서 몸부림치는 것입니다. 마치 만경창파에서 폭풍우를 만나 목적지를 잃은 배와도 같습니다. 공포, 불안, 초조 때문에 자기 마음을 자기 뜻대로 하지 못하고 우왕좌왕하니 생지옥이라 아니 할 수 없습니다. 사람과 사람 간에 역지사지로 입장을 바꾸어 생각할 줄 모르고 자기만을 위하려는 극단적인 개인주의의 결과입니다.

역지사지 못하는 까닭은 한울님을 믿지 않기 때문입니다. 바른 믿음과 공경과 정성이 없으니 몸에 기화지신氣化之神이 없고 따라서 경외지심敬畏之心이 없어 수심정기守心正氣를 못하니 나와 남이 근본에서 하나인 것을 모르므로 역지사지로 남을 이해할 수 없는 것입니다.

한울님은 억천만물을 성출하시고 억천만물의 속에 계시며 만유를 통일하고 간섭하시며 명령하십니다. 그러므로 해월신사께서 말씀하신 대로 물물천物物天 사사천事事天이요, 물오동포物吾同胞 인오동포人吾同胞이니 만유가 마치 백오염주를 한 끈에 꿴 것과도 같습니다. 오직 하나요 둘이 아닙니다.

무형無形·유형有形이 하나요, 법상法相·색상色相이 하나요, 한울님과 사람이 하나요, 자타自他가 하나이니 역지사지로 서로 이해를 할 수 있어야 합니다.

도를 지키는 사람들은 남의 허물을 용서하고 관대한 마음으로 가르쳐 대인접물待人接物의 이치에 맞도록 해야 할 것입니다.

해월신사께서 말씀하셨습니다.

"저 사람이 포악으로써 나를 대하면 나는 어질고 용서하는 마음으로써 대하고 저 사람이 교활하고 교사하게 말을 꾸미거든 나는 정직하게 순히 받아 드리면 자연히 돌아와 화하리라. 이 말은 비록 쉬우나 행하기는 지극히 어려우니 이런 때에 이르러 가히 도력을 볼 수 있느니라."

이 말씀대로 참고 너그럽게 용서하여 스스로의 부족함을 자책하고 자기 도력이 항상 차지 못함을 생각해야 합니다. 자기가 자기를 돌보아 반성 참회하며 공부에 정진을 한다면 대인접물에 있어서 오직 바르고 밝고 착하고 의롭게 하지 않을 수 없습니다.

남을 탓하는 것보다도 자기 자신을 고쳐야 합니다. 남을 이해 못하는 것은 자존심과 감정과 탐욕과 아집 때문입니다. 자기가 스스로 잘난 체, 높은 체, 모르고도 아는 체 하는 것 때문에 난도자亂道者가 되고, 패도자悖道者가 되고, 역리자逆理者가 되어 사문난적師門亂賊이 됩니다.

해월신사께서 "나도 또한 오장이 있거니 어찌 탐욕하는 마음이 없으리 오마는 내 이를 하지 않는 것은 한울님을 봉양하는 까닭이니라."고 말씀하셨습니다. 해월신사도 사람이므로 꼭 같은 것입니다. 그런데 한울님을 믿고 모시고 섬기고 공경하고 정성을 다함으로써 모든 것을 조절하며 참을 수 있고 이겨 낼 수 있으며, 공부가 높아짐에 따라 일체 나쁜 생각을 하지 않게 된 것입니다. 항상 한울님을 생각하며 스승님의 말씀을 잊지 않으면 나와 다른 모든 것을 이해할 수 있고 역지사지할 수 있는 것입니다.

해월신사께서는 "일용행사가 모두 도 아님이 없다." 고 하시면서 "한 사람이 착해짐에 천하가 착해지고 한 사람이 화해짐에 한 나라가 화해지고 한 나라가 화해짐에 천하가 같이 화하리니 비 내리듯 하는 것을 누가 능히 막으리오."라고 하셨습니다.

오로지 수도하는 사람은 우愚·묵默·눌訥로서 실천하면서 공부하면 공은 닦는 데 돌아가고 일은 반드시 바른 데로 돌아갑니다. 해월신사께서는 "사람을 대할 때에 어린이 같이하여 항상 꽃이 피는 듯이 하면 가히 사람을 화하고 덕을 이루는 데 들어갈 수 있다."고 말씀하셨습니다.

착한 말이면 모두 받아들이고 누구라도 스승으로 모시고 배울 수 있어야 하며 자기의 말과 행동을 일치하게 해야 합니다. 언행일치가 안 되는 것은 진리를 참으로 체득하지 못했기 때문입니다. 참으로 한울님을 부모와 같이 모시고, 스승님과 같이 공경하고, 임금님과 같이 섬긴다면 언행일치가 안 될 수 없습니다. 한울님을 믿지 않고 자행자지自行自止하기 때문에 삼

역지사지

가고 두려워하는 마음이 없어 언행이 일치하지 못하고 배천역리背天逆理하게 되는 것입니다.

한울님을 믿는 사람은 언행일치가 되고 믿음이 없는 사람은 어느 누구도 언행일치를 할 수가 없습니다. 그러므로 한울님에 대한 믿음이 없어 언행일치가 안 되는 사람을 이해하고 용서하며, 자비스럽고 관대한 아량으로 가르쳐야 합니다. 한울님도 용서하고 받아들이는데 하물며 사람이야 무엇을 마다하겠습니까! 입장을 바꾸어 생각하면 만사는 쉽게 해결되는 것입니다.

우리 천도교인도 믿을 신信 자와 법 법法 자와 뜻 정情 자로써 동귀일체가 되는 것입니다. 한울님을 꼭 같이 믿는 점, 신성사님의 심법을 꼭 같이 믿고 실천하는 점, 사람으로서 정이 통하는 점입니다. 이상 세 가지를 잘 하는 사람 잘 못 하는 사람, 지키는 사람 못 지키는 사람, 믿는 사람 안 믿는 사람, 바른 사람 바르지 못한 사람, 착한 사람 나쁜 사람, 미운 사람 고운 사람 등 다양한 사람들의 마음이 작용하는 것이니 이 이치를 깊이 깨닫고 넓게 생각하여 모든 것을 역지사지로 서로 입장을 바꾸어 생각하고 이해하는 사람이 되어야 합니다. 그렇게 함으로써 자기 인격이 완성되어 한울 사람이 되고, 한울 가정을 이루고 한울 교회를 만들어 이 땅 위에 한울 나라를 건설하는 큰 목적을 달성할 수 있을 것입니다.

* 『신인간』 261호, 포덕110(1969)년 1월.

이신환성以身換性·1

이신환성이라 함은 육신관념을 성령으로 바꾸라는 뜻입니다. 다시 말씀드리면 정신개벽을 말씀하신 것입니다. 의암성사께서 창언創言하신 말씀이요 의암성사께서 제일 많이 쓰신 말씀입니다. 교인들을 접견하실 때마다 이신환성을 강조하셨고 교인들은 누구나 이신환성이 되어야 한다고 간곡히 말씀하셨다고 합니다.

의암성사께서는 "만사의 개벽은 자아의 정신을 개벽하는 데 있다."고 말씀하셨습니다. 개벽이라 함은 의암성사님 말씀대로 '복잡한 것을 간단하게 부패한 것을 청신하게 함이요, 습관된 마음을 믿지 말고 본래의 한울님 마음을 믿어 자기의 관념을 바꾸어 자아의 정신을 개벽하는 것'입니다.

우리들이 흔히 하는 거듭난다, 초월한다, 새사람이 된다 또는 참 인간이 된다는 말들이 모두 정신개벽을 뜻합니다. 다시 말씀드려서 사람의 습관·감정·물욕·아집에서 오는 자존심·의구심·미망심과 시기·질투·음해·중상모략을 일삼는 더러운 마음을 버리고, 바르고 밝고 착하고 의로운 마음이 되어 지혜롭고 어질고 용맹스러운 세 가지가 합일한 한울님 마음이 되는 것을 정신개벽 또는 이신환성이라고 하는 것입니다.

이신환성 방법을 수운대신사께서는 '먼저 그 사람을 한울님 사람으로 고치고, 한울님 몸으로 닦고, 한울님이 주신 재주를 기르고, 한울님 마음으로 바르게 하고, 다음에 한울님 마음을 지키고, 한울님 기운을 바르게 하고, 한울님 이치에 따라 한울님의 가르침을 받으면 된다.'고 하셨습니다.

그러므로 이신환성이 된다고 하는 것은 한울님을 모신다는 뜻입니다. 천지만물이 모두 한울님을 모셨지만 특히 사람은 한울님을 모셨다는 것을 강령지법降靈之法으로 느끼고 체험함으로써 시천주侍天主가 됩니다.

이 뜻을 더욱 천명하시기 위하여 해월신사께서 시천주에 대한 해석을 "경에 말씀하시되 모실 시 자의 뜻은 내유신령內有神靈·외유기화外有氣化·각지불이各知不移라고 하셨으니 내유신령이라 함은 낙지초적자지심落地初赤子之心이요, 외유기화라 함은 포태시胞胎時 이기응질이성체理氣應質而成體요, 각지불이라 함은 지기금지 원위대강으로 강령이 됨을 말씀하신 것이라."고 하셨습니다. 그러므로 강령이 됨으로써 모실 시侍 자의 뜻이 완전히 이루어지며 참으로 시천주가 됩니다. 강령을 모신 사람은 이신환성의 첫 계단을 통과한 것입니다.

속담에 저 사람은 영문도 모르고 덤빈다는 말이 있습니다. 이 '영문靈門'이라는 뜻이 영을 통하는 문이란 말이니 참으로 영문을 모르고서야 어떻게 도를 닦을 수 있으며 통할 수 있겠습니까! 그 영문이 바로 강령지법으로 강령을 모시는 것이요, 이신환성이 되는 것을 말합니다.

수운대신사께서 말씀하시기를 '하나의 주문을 지으니 하나는 강령지법降靈之法이 되고 하나는 잊지 않는 글(不忘之詞)이 된다'고 하셨으며, 해월신사께서는 '강령지법은 개벽 후 오만년에 처음 창명하신 것'이라고 하셨습니다.

이신환성의 방법을 해월신사께서는 팔절의 '명덕명도明德命道'로 천지만물이 된 근본을 알고, '성경외심誠敬畏心'으로 적자赤子의 마음을 회복하고 성인이 되는 절차 과정을 삼으며, 진심전력으로 수련에 정진하여 주문과 경전과 내 몸과 내 마음과 한울님이 한 덩어리가 되도록 하라고 하셨습니다.

의암성사께서는 「인여물개벽설人與物開闢說」에서 이신환성을 하는 데는 먼저 자존심을 모실 시侍 자로 개벽하고, 의구심을 정할 정定 자로 개벽하고, 미망심을 알 지知 자로 개벽하여 육신관념을 성령으로 개벽하고, 현재 습관되어 작용하는 내가 아닌 본래의 나를 찾아야 한다고 하셨습니다. 무궁한 이 울 속에 무궁한 나를 찾아야 하는 것입니다.

현재 자기 습관된 마음으로부터 일만 가지 생각이 물결 일어나듯이 일어나는 것을 일시에 없애려고 헛된 애를 쓰지 말고, 참 마음으로 한울님을 믿고 공경하고 정성을 다하면 사람에 따라 시간 차이는 있을망정 반드시 누구나 천지만물이 배판胚判되기 전 본래의 나를 자각할 수 있게 됩니다.

이신환성이 되는 데 반드시 계단이 있으니 첫째 강령으로 한울님을 모시게 되고, 둘째 강화의 계단으로 한울님 말씀을 알고 한울님과 말씀을 주고받게 되고, 셋째 자천자각으로 한울님과 내가 둘이 아님을 알게 되고 따라서 해탈이 되어 희노애락을 조절할 수 있으며 나아가서는 희노애락을 초월할 수 있게 되고, 넷째 대도견성으로 모든 원리를 깨닫게 되는데, 분류하여 말씀드리면 만법의 인과, 만상의 인과, 화복의 인과를 터득하게 됩니다.

이상 네 계단을 거치는 동안에 자기의 힘이 아닌 한울님의 힘을 얻게 되고 자기가 현재 보고 듣고 배우고 꿈꾸고 생각하고 기억하는 마음 밖에 있는 본래의 한울님 마음을 얻게 됩니다.

한울님을 모시게 되면 생리적으로 변화가 오는데 온몸이 몹시 떨리며, 맥박이 빠르게 되고, 열이 오르며, 혹은 온몸이 몹시 가렵기도 하고, 은단이나 박하를 먹은 이상으로 시원해지는 등 갖가지 현상이 일어납니다. 또 심리적으로도 변화가 오는데 그동안의 안타깝고·슬프고·괴롭고·공포스럽고·불안하고·초조하던 습관된 마음이 없어지고, 기쁘고·행복하고·감사하고·원만한 마음이 우러나오며 참으로 법열에 넘치게 됩니다. 그러므로 대신사님께서 금을 준들 바꿀소냐 은을 준들 바꿀소냐 하신 것입니다.

이와 같이 생리적으로 변화가 오게 되고 마음에도 변화가 옴으로써 여러 가지 기이한 현상이 일어납니다. 수운대신사께서는 「수덕문」에서 "붓을 들어 글을 쓰면 왕희지와 같이 쓸 수 있고, 시를 읊으면 비록 나무꾼이라 할지라도 그 앞에 절을 하게 되고 허물을 뉘우치면 석숭(石氏)의 재물도 탐내지 않고, 정성이 지극한 사람은 사광의 총명도 부러워하지 않으며, 용모가 환태함은 선풍(仙風)이 부는 듯하고, 오랜 병이 저절로 낫는 것은 편작의 어진 이름도 잊어버릴 만하더라."고 말씀하셨습니다. 또한 이와 같이 됨으로써 의암성사께서 말씀하신 대로 첫째 건강해지고, 둘째 의지가 강해지고, 셋째 목적이 확실해지고, 넷째 바르고·밝고·착하고·의로운 사람이 됩니다.

이와 같이 몸과 마음이 변화함에 따라 불완전한 데서 완전한 인격인으로 향상 발전해 갑니다. 이신환성이 됨으로써 내가 나 된 것을 알 수 있고 억천 만물이 일이관지로 유일무이함을 알 수 있게 됩니다. 법상과 색상이 하나요, 공과 색이 하나요, 억천 만물이 무형한 한울님이 유형화 된 것임을 체득하게 됩니다. 따라서 한울님과 사람이 하나임을 각득하게 됩니다.

이같이 시천주에서 양천주의 과정을 거쳐 각천주가 됨으로써 모든 일에 있어서 선악정사善惡正邪를 알고, 공과 사를 구분할 줄 알고, 선후시종先後始終을 알아서 항상 남보다 명철하고 현명한 지혜의 소유자가 됩니다. 따라서 그 사람은 거듭난 사람이요, 성현군자이며 도덕군자로 그 사상은 자주성과 참된 자유를 가진 사람이요, 만요불발萬擾不拔의 주체성을 가진 새 인간, 참사람이 됩니다. 그러므로 이신환성을 하는 것이 참으로 자유를 찾는 길이요, 진리를 찾는 길이요, 주체성을 찾는 길이요, 만화귀일로 동귀일체가 되는 길이요, 보국안민이 되는 길이요, 한울사람이 되는 길이요, 한울 나라를 이루는 길입니다. 의암성사께서는 이신환성으로 규모일치를 할 수 있고, 신앙통일을 할 수 있고, 인내천 사람이 될 수 있다고 하셨습니다.

우리 교회의 교화 방안이 다른 것이 아니라 전체 교인으로 하여금 이신환성을 하도록 하는 데 있습니다. 비록 천도교를 몇십 년 아니 평생을 믿었다 할지라도 이신환성이 되지 않은 사람은 그야말로 탁명교인에 불과한 사람이요 세상사람과 하나도 다를 바가 없습니다.

이신환성이 안 된 사람은 천도교를 믿는다고 하나 그야말로 헛 믿는 사람입니다. 그런 사람은 천도교의 이 참맛을 모르며, 한울님의 감응을 모르며, 인내천 사람으로서의 현묘한 이치를 알 수가 없습니다. 따라서 사인여천할 수도 없으며 언행일치가 될 수 없습니다. 그러므로 교인이 된 사람은 누구를 막론하고 이신환성을 하시도록 해야겠습니다.

우리들이 천도교를 믿는 목적이 두 가지가 있지 않습니까! 하나는 자아의 인격을 완성하여 도성덕립을 하는 것이고, 또 하나는 보국안민 포덕천하 광제창생 지상천국을 이루는 것입니다. 이 두 가지 목적을 달성하려면 반드시 이신환성이 되어야 합니다.

성사님께서 「권도문」에 '도란 한갓 지켜서 사업만 할 것이 아니라 진리를 온전히 체득하여 어김이 없게 하는 것'이라고 하셨습니다. 이신환성이 되어야만 진리를 온전히 체득할 수도 있고 사업도 이치에 맞도록 할 수 있습니다.

이신환성이 되어야만 만사여의가 될 수 있다는 것을 다시 한 번 명심하시기를 당부드립니다.

* 『신인간』 262호, 포덕110(1969)년, 2·3월 합병호.

심학心學

 심학이라 함은 마음 심心 자 배울 학學 자로 글자 그대로 마음을 배운다는 뜻입니다. 신앙생활을 하는 우리들은 마음을 배우는 것입니다. 한울님 마음을 회복하여 지인용智仁勇 세 가지가 합일되고 바른 마음 밝은 마음 착한 마음의로운 마음으로 작용하신 스승님의 마음을 배우려는 것입니다.
 수운대신사께서는 「교훈가」에 "열세 자 지극하면 만권시서 무엇하며 심학이라 하였으니 불망기의 하였어라."고 말씀하셨습니다. 한울님 마음을 회복하고 스승님의 마음을 배우는 데는 만권시서萬卷詩書보다도 열세 자 주문을 지극히 하면 된다고 하신 것입니다. 한울님 마음을 회복하는 데는 만권시서로는 할 수 없고 오로지 3·7자 주문으로만 될 수 있다는 것은 천도교 창도 이후 신성사님으로부터 많은 선배 동덕들에 이르기까지 체험하신 바요, 가르치신 바요, 현재 우리 각자의 체험을 통하여 증명되고 있는 바입니다.
 의암성사께서 권도문에 "대선생님께서 강령지법으로 한울님 모심을 알게 함이요 한울님 모심을 알면 가히 써 한울님 말씀함을 알지라. 어찌 의심할 바 있으리오. 사람이 이것을 다 지키면 수심정기 할 것이요 만일 지키지 못하면 배천역리함이라."고 하셨습니다.

천도교 신앙의 특징은 강령지법降靈之法으로 한울님을 쉽고 빠르게 모실 수 있다는 점입니다. 그러므로 수운대신사께서 "십년을 공부해서 도성덕립 되게 되면 속성이라 하지마는 무극한 이내 도는 삼년불성 되게 되면 그 아니 헛말인가."라고 하셨습니다. 3년 동안만 마음공부를 잘 하면 누구든지 본래의 한울님 마음을 회복할 수 있습니다.

본래의 한울님 마음은 천지만물이 조판되기 전부터 시작도 없고 아무런 연고도 없이 본래부터 있는 것입니다. 마음의 본체는 선후시종先後始終도 없고, 위아래도 없고, 오고 가는 것도 없고, 살고 죽는 것도 없이 스스로 억천만물을 성출成出하고 억천만물의 속에서 살며 억천만물을 간섭하고 명령하며 만유를 통일하고 있는 우주의 본체요, 온 세계에 자재自在하는 조화의 주인으로 천지만물 고금세계를 통한 거울이요, 모든 것을 기록한 본체입니다. 그러므로 천지만물의 부모요 스승이요 임금이 되는 것입니다.

수운대신사께서 「탄도유심급嘆道儒心急」에 "마음은 본래 비었으니 물건에 응하여도 자취가 없는 것이니라. 마음을 닦아야 덕을 알고 덕을 오직 밝히는 것이 도니라."고 하셨습니다.

마음은 본래 유일무이唯一無二한 것으로 붙는 불과 같고 솟는 샘물과도 같습니다. 불과 물이 쓰는 데 따라서 선악이 생겨나는 것처럼 사람의 마음도 쓰는 데 따라서 선과 악이 생겨납니다. 한울님 마음은 오직 하나지만 사람을 통해 작용함에 따라 습관천習慣天 본래천本來天 두 가지 마음으로 구분이 됩니다.

습관천이란 소위 물욕·감정·아집에서 생기는 어리석고 비굴한 마음, 파렴치한 마음, 희로애락에 좌우되어 갈팡질팡 하는 마음입니다. 자존심自尊心과 의구심疑懼心과 미망심迷妄心에 싸여 그때그때에 따라 바람 아래 풀과 같이 동풍이 불면 서쪽으로 서풍이 불면 동쪽으로 흔들리는 것과 같이 변화무쌍한 마음을 말합니다. 그러므로 이 습관천, 즉 물정심物情心을 억제하고 조절하고 없애기 위해서는 수운대신사께서 가르쳐 주신 강령지법降靈之法으로 한울님 마음을 회복해야만 합니다.

천도교인들은 한울님 마음을 회복하고 수심정기로 심화기화心和氣和가 되어, 먼저 자기 마음이 바르고 밝고 착하고 의롭게 되어 자기 마음을 자기가 믿고 공경할 수 있게 되어야 합니다.

해월신사께서 말씀하셨습니다.

"사람이 능히 그 마음 근원을 맑게 하고 그 기운 바탕을 깨끗이 하면 일만 티끌이 더럽히지 아니하고 욕념이 나지 아니하면 천지정신이 전부 한 몸 안에 돌아오는 것이니, 마음이 밝지 아니하면 그 사람이 어리석고 어두우며, 마음에 티끌이 없으면 그 사람이 현철하느니라."

"심령은 한울이니 높되 위가 없으며, 크되 극極이 없으며 신령하고 호

탕하여 일에 임하여 밝고 물건을 대하여 공손하니라."

"그러므로 생각을 하면 한울의 이치를 얻을 것이고 생각을 아니하면 모든 이치를 얻지 못하나니 심령이 생각하는 것이요 육관이 생각하는 것은 아니니라."

"심령으로 그 심령을 밝히면 현묘한 이치와 무궁한 조화를 가히 얻어 쓰리니 쓰면 우주의 사이에 차고 폐하면 한 쌀알 가운데 감추어지나니라."

한울님 마음을 회복하면 자기 마음이 곧 한울님 마음인 것을 깨달을 수 있습니다. 자기 마음을 공경치 아니하면 그것이 바로 한울님을 공경치 아니하는 것이요, 자기 마음이 편안치 아니하면 그것이 바로 한울님을 편안치 못하게 하는 것입니다. 그러므로 항상 자기 마음을 기쁘게 하고 즐겁게 해야 한울님이 감응하십니다. 항상 바른 마음, 밝은 마음, 착한 마음, 의로운 마음, 참다운 마음을 가지면 한울님께서 좋아하시고 즐거워하십니다.

먼저 정신개벽으로 자기 마음을 바르게 하면 온 집안이 바르게 되고, 한 집안이 바르게 되면 이웃이 바르게 되고, 이웃이 바르게 되면 국가가 바르게 되고, 국가가 바르게 되면 세계가 바르게 되고, 세계가 바르게 되면 지상에 천국이 건설되는 것입니다.

자기의 습관된 마음을 버려야 한울님 본래의 마음이 얻어집니다. 마치 자기 주머니에 있는 흙과 돌을 버려야 금과 옥이 들어 갈 수 있고, 그릇에

담긴 흐린 물을 버리면 맑은 물을 담을 수 있는 것과도 같습니다.

의암성사께서 "거울 속에서 티끌이 나는 것이 아니요 일만 티끌이 일어 거울에 앉은 것이라. 만약 본래의 거울을 없이 하면 일만 티끌이 어느 곳에 앉으리오."라고 말씀하셨습니다. 이처럼 본래의 한울님 마음은 청정무구한 것입니다. 일만 물질이 마음에 반사되어 일만 가지 마음이 작용하는 것입니다.

그래서 의암성사께서 "각자 자기의 습관천을 믿지 말고 오직 자아 본래천을 믿는 것으로 신앙을 통일하라. 신앙통일은 정신통일에서 시작되는 것이니 경전의 문구만을 따져서 연구하지 말고 오로지 대도의 진리를 직각直覺하는 데 노력하여 조용히 한울 땅이 생기기 이전의 소식을 들으라."고 하셨습니다. 교회의 신앙통일도 교화 방안도 규모일치도 습관천을 믿지 말고 천지만물이 있기 전부터 본래 있는 자아 본래천을 믿는 데서 시작됩니다.

그 본래부터 있는 유일무이한 한울님 마음을 찾아야 억천만물이 그 한마음으로 일이관지가 되었음을 깨닫고 억만 사람의 마음이 하나요 억만 가지 동식물, 억만 가지 티끌까지도 하나요 둘이 아님을 알게 됩니다. 따라서 만화귀일萬化歸一·동귀일리同歸一理·동귀일체同歸一體의 이치를 굳게 믿고 그곳에 돌아가며, 그렇게 실천하게 됩니다.

한울이 한울 된 것이므로 자기 마음도 한울이요 자기 몸도 한울이므로 자기 마음과 몸을 지극히 위하는 자리심自利心이 생기고, 자리심이 생기면 남과 나는 근본에서 하나요 둘이 아니므로 남을 위하여 희생봉사를 할 수 있는 이타심利他心이 생기고, 이타심이 생기면 온 인류가 다 같이 잘 살게 하는 공화심共和心이 생기고, 공화심이 생기면 참으로 모든 것을 초탈하여 자유를 얻는 자유심自由心이 생기고, 자유심이 생기면 지상신선의 극락심極樂心이 생긴다고 의암성사께서 말씀하셨습니다.

이와 같이 마음을 배워서 마음을 고치면 성인의 경애境涯에 도달하여 지상신선으로 살 수 있고, 마음을 배우지 않고 고치지 아니하면 항상 괴로워하는 범부로 배천역리를 하며 생지옥에서 살게 됩니다. 천당 지옥이 다른 곳에 있는 것이 아니라 자기 마음을 쓰는 데 따라 마음에서 생멸하는 것입니다.

오직 믿음과 공경과 정성으로 스승님의 마음을 배우면 우리들도 모두 스승님과 같은 성인의 격을 갖추게 됩니다. 의암성사께서도 입도하시기 전의 그 방탕한 마음을 고치고 한울님 마음을 회복하여 후천 오만년의 제3세 교조가 되셨습니다.

먼 옛날 석가모니 재세 시에 오백 명의 도둑이 마음을 고쳐 오백나한이 된 얘기는 너무나도 유명한 설화입니다. 마음을 공부하는 데는 유식하고 무식한 것이 상관이 없고, 돈이 있고 없는 것이 상관이 없으며, 귀하고 천한 것이 상관이 없습니다. 저 불교의 육조 혜능 대사는 일자무식이요 천한 사람으로서 도통을 하여 불교의 조사祖師가 되셨습니다.

자기의 습관된 마음을 믿지 말고 강령지법으로 한울님을 모시어 그 한울님 마음을 스승으로 모시고 섬기고 믿고 공경하여 정성을 다 해야 합니다. 그 마음을 배워 견성각심하는 방법을 의암성사께서 열한 가지로 말씀하셨습니다.

"굳세어 빼앗기지 아니하며, 정하여 움직이지 아니하며, 부드러우나 약하지 아니하며, 깨달아 매혹하지 아니하며, 잠잠하나 잠기지 아니하며, 한가하나 쉬지 아니하며, 움직이나 어지럽지 아니하며, 흔들어도 빼어지지 아니하며, 멈추었으나 고요하지 아니하며, 보이나 돌아보지 아니하며, 능력이 있으나 쓰지 않을 것이니라."

이 열한 가지 방법을 잘 지켜 마음을 배우고 닦고 다듬어 나아가면 거듭난 인간이 되는 것입니다. 마음을 공부하는 데는 몇 가지 계단이 있습니다.

첫째 강령降靈을 모시어 한울님 모심을 느끼고 체험하여 깨닫는 것이요, 둘째 강화降話로 한울님의 가르침을 받게 되고 점차 한울님과 언어가 상통되는 것이요, 셋째 자천자각自天自覺으로 자기의 마음이 한울님인 것을 자각하고 따라서 해탈이 되어 모든 희로애락을 조절할 수 있으며 한편 희로애락이 발동하지 않는 부동의 본마음을 가지는 것이요, 넷째 대도견성大道見性으로 우주 본체의 진성眞性을 터득하여 모든 이치를 통달하여 일이관지가 되고 무상하無上下·무거래無去來·무선악無善惡·무루무증無漏無增·불생불멸不生不滅의 본래 자아를 체득하는 것입니다.

심학 149

이상의 네 계단을 거치는 것이 마치 사다리를 놓고 하나하나 짚고 올라가는 것과도 같고, 층계를 올라가는 것과도 같고, 대학에서 공부하는 학생이 일학년·이학년·삼학년·사학년의 과정을 차례로 마치고 졸업하는 것과도 같습니다. 잘못하면 사다리에서 떨어지는 것과 같이 떨어질 수도 있고, 계단에서 굴러떨어지듯이 추락할 수도 있고, 학교에서 공부를 잘못하면 낙제하는 것과도 같이 낙방이 되는 경우도 허다합니다.

마음을 공부하는 사람들은 참으로 군자의 바탕을 지키어 더욱 삼가고 두려워해야 일호도 어김이 없게 되며, 굳건히 정진할 수 있습니다. 한울님 마음을 회복하여 그 마음을 공부하고 지키면 기운이 바르게 되고 한울님 성품을 거느리게 되어 한울님의 가르침을 받게 되는 것입니다.

수운대신사께서 말씀하신 대로 지난 모든 잘못을 다시 뉘우치고 우리 모두가 대오각성하고 깊이 참회하여 한울님 마음을 회복함으로써 새로운 마음을 가지고 전심전력으로 마음공부를 하여 거듭남으로써 새 사람으로서 새 나라·새 세상을 건설하는 데 참여해야 할 것입니다.

* 『신인간』 263호, 포덕110(1969)년 4월호.

천사天師님의 감응

천도교를 믿는 우리들은 매일 수십 번 심고心告를 할 때마다 "한울님과 스승님 감응하옵소서"라고 기원합니다. 우리들이 참으로 심고를 드리는 효력으로 한울님과 스승님의 감응을 받고 있으며, 그 감응 속에서 일용행사日用行事를 한울님의 이치와 뜻대로 하며 스승님의 심법에 어김 없이 천도를 지켜 나가는지 다시 한 번 생각해 보겠습니다.

천도교를 믿는 우리는 한울님과 스승님의 감응이 없이는 도성덕립道成德立도 할 수 없으며 이 땅 위에 한울 나라를 건설할 수도 없습니다. 지난 번 설교 때 만사여의萬事如意에 대해, 그 전에는 이신환성以身換性에 대해 말씀드렸습니다만 한울님과 스승님의 감응이 없이는 만사여의가 될 수 없으며 이신환성도 되지 않습니다. 이신환성이 못 되면 도성덕립·만사여의를 못하게 되고 결국 우리들이 하고자 하는 바를 하나도 이룰 수 없습니다.

따라서 천도교인들이 먼저 한울님과 스승님의 감응을 받아 건강한 몸이 되고 건전한 정신의 소유자가 되어야 할 것이요, 한 집안이 평안하고 행복해야 할 것이요, 온 사회의 모든 제도가 바르게 되게 하여 온 민족이 잘 살 수 있도록 앞장서야 할 것입니다. 이와 같이 함으로써 우리의 정신개벽을 할 수 있고 민족개벽을 할 수 있고 사회개벽을 할 수 있는 것입니다. 무엇보다도 먼저 우리 천도교인들은 한울님과 스승님의 감응을 받는 교인이 되어야 크고 작은 모든 일이 뜻대로 이루어질 수 있습니다.

수운대신사께서는 「권학가」에서 "일일시시 먹는 음식 성경이자 지켜내어 한울님을 공경하면 자아시 있던 신병 물약자효 아닐런가. 가중차제 우환 없어 일년 삼백육십 일을 일조같이 지내가니 천우신조 아닐런가."라고 말씀하셨습니다. 참으로 한울님은 살아 계시는 부모와 같이, 나를 가르쳐주는 스승과 같이, 내가 섬기는 임금과 같이 믿고 공경하고 정성을 다하면 반드시 스승님 말씀대로 감응하시는 것입니다.

교인은 누구나 일일시시日日時時 먹는 음식에 식고食告를 하는데 '감사 식고'를 하고 그냥 음식을 먹는 분들이 있습니다. 이것은 크게 잘못된 것입니다. 식고를 하실 때는 먼저 '한울님과 스승님 감응하옵소서!' 하고 감응하시기를 원하여 잠시 시간을 두고, 감응하신 다음에 자기 소원을 기원하고 그 다음에 '감사히 먹겠습니다' 하고 먹기를 시작하며, 다 먹은 후에는 '감사히 먹었습니다' 하고 고하는 순서로 해야 합니다.

해월신사께서는 "먹던 밥 새 밥에 섞지 말고 먹던 국 새 국에 섞지 말고 먹던 침채 새 침채에 섞지 말고 먹던 반찬 새 반찬에 섞지 말고 먹던 밥과 먹던 국과 침채와 장과 반찬 등절은 따로 두었다가 시장하거든 먹되 고하지 말고 그저 '먹습니다'하고 먹을 것이요, 부인들이 아침이나 저녁을 할 때 새 물을 길어다가 쌀 다섯 번 씻어 안치고 밥해서 풀 때에 국이나 장이나 침채나 한 그릇 놓고 극진히 고하라."고 말씀하셨습니다.

밥상을 차릴 때에는 새 밥과 새 반찬으로 차려야 하며, 먹던 반찬이 밥상에 있으면 내려 놓고 식고를 드린 다음에 올려 놓고 먹어야 하며, 새 반찬이 하나도 없을 경우에는 간장이라도 새 것을 놓고 식고를 하셔야 합니다. 마치 돌아가신 부모의 제상을 차리듯이 해야 할 것이니 돌아가신 부모의 제상 위에 먹던 밥 먹던 반찬을 놓고 제사를 하는 사람은 아무도 없을 것입니다. 그러므로 아침저녁 식고를 지극한 정성으로 제사를 받들 듯이 하면 반드시 감응하시는 것입니다.

해월신사께서는 "우리 스승님 대도의 종지는 첫째 한울님을 섬기되 부모를 섬기는 듯이 하는 이치요 둘째는 먹을 때에 고하는 것을 살아 계시는 부모에게 효도로 봉양하는 듯이 하는 도니 내수도를 가히 힘쓰지 않을 것이랴. 식고의 이치를 알면 도통도 또한 그 가운데 있다."고 말씀하셨습니다.

이와 같이 식고하는 것이 도를 통하고 못 통하는 중요한 관건이며 열쇠로 되어 있습니다. 지성이면 감천이라 하였습니다. 아무쪼록 한울님과 스승님이 감응하시도록 일용행사日用行事에 정성과 공경으로 부모에게 효도를 하듯이 하며, 스승에게 묻듯이 하며, 임금에게 맹세하듯이 심고를 하며, 아침저녁 때때로 먹는 음식에 식고를 어김없이 실행해야 합니다.

해월신사께서는 "스승님께서 가르쳐 주신 도를 배반하고 천심을 어기고 천리를 업수이 여기면서 도를 닦으면 도통은 고사하고 반드시 한울님의 꾸지람을 받는 것은 명약관화한 일이라."고 말씀하셨습니다. 그러므로 집을 지을 때 목수의 자와 먹줄 같이 털끝만치라도 어김이 없어야 하는 것처럼, 천리와 천명을 지키고 스승님의 심법에 조금이라도 틀림이 없이 실천해야 합니다.

한울님은 우주의 본체로 억천만물의 원리원소요 하나의 기운으로 천체의 모든 인과가 되는 까닭에 작용하는 데에 따라 그 결과가 나타납니다. 그 결과가 잘 되었거나 못 되었거나 모두가 사람의 마음에서부터 시작된 것입니다. 그러므로 의암성사께서는 "원형이정元亨利貞 은 천도의 활동이요, 동작위의動作威儀는 인사의 활동이라."고 설파하셨습니다.

한울님은 무엇이든지 원하는 대로 이루어 주시지만 근본을 깨달아 지키지 아니하면, 또는 소홀히 함으로써 한울님을 등져 영대靈臺가 혼미해지면 한울님의 감응을 받지 못할 뿐만 아니라 배천역리背天逆理하게 됩니다.

그러므로 우리들은 항상 수고롭고 괴롭고 부지런하고 힘쓰는 사단四端의 천도를 잘 지켜 자기의 할 바를 다함으로써 한울님과 스승님의 감응을 받을 수 있도록 해야 합니다. 수운대신사께서는 "수인사대천명修人事待天命을 자세히도 알지마는 어찌 그리 급급한고."라고 하시어 사람으로서 할 바를 먼저 다 할 것을 당부하신 것입니다.

교인들 가운데는 천도를 순히 지켜서 잠시라도 쉬지 않으며, 생각에서 잠시라도 떠남이 없기 때문에 한울님의 감응으로 영대가 한울님같이 신령하여져서 천리를 능히 알며, 그 밝음이 일월 같고, 앎이 귀신같이 되어 천지와 더불어 그 덕을 합하고, 일월과 더불어 그 밝음을 합하고, 귀신과 더불어 그 길흉을 합한 분들을 볼 수 있습니다. 참으로 한울님의 가르침을 잘 알아서 지키면 그 사람은 능히 천지와 더불어 조화를 다할 수 있습니다.

이와 같은 사람은 그 지극한 믿음으로 신통력을 얻을 것이요, 그 지극한 공경으로 한울님과 언어가 상통될 것이요, 그 지극한 정성으로 한울님을 대신하여 천도를 행할 수 있는 무한하고 무궁한 권한을 받을 것입니다.

의암성사께서는 「권도문」에서 이렇게 말씀하셨습니다 .

"만일 우리 선생님의 도가 아니면 어찌 창생을 건지리요. 이러므로 오직 수명을랑 내게 비네 하신 것이라. 방금 성령이 현세하여 밝음이 엄숙한지라. 능히 근본을 알아 지키는 데에는 선생의 밝은 도로써 명하여 가르치심이 있어 홀로 묘연한 사이에 받음을 알 터이요, 만일 이 이치에 어기는 사람은 만일지공이 있어도 한울님과 스승님의 가르치심을 받지 못할 터이니 진실로 애석하도다. 이 몸은 선천이기先天理氣로 화생함이요 이 마음은 후천이기로 받음이라. 이런고로 세상사람이 한울님을 모시지 아니함이 아니언마는 후천운수를 알아 지키지 아니하면 한울이 간섭치 아니하는 바, 한울이 간섭치 아니하면 오직 사람의 중함으로도 자다가도 죽고 섰다가도 죽고 앉았다가도 죽을지라. 이같이 죽음이 무상함은 그 간섭치 아니함을 반드시 알지라. 만일 지키는 사람도 이 운수의 근본을 알지 못하면 설령 정성이 지극할지라도 간섭치 아니할 것이니 깨닫고 생각하라. 이런고로 복록은 한울님께 빌고 수명을랑 내게 빌라 하신 바라. 복록은 의식이라. 의식은 선천 후천이 다를 바 없는지라 밥은 한울님 은혜를 생각하고 도는 스승님의 은혜를 생각할 것이며 삼가 파혹하여 대도를 순성하라. 은혜를 생각한다 하여도 그 근본을 알아 힘써 지키지 아니하면 어찌 감동함이 있으리오. 실상을 알고 지키어 대도견성 하기를 바라노라."

이 말씀을 깊이 생각해야 합니다. 현재 자기 자신이 한울님과 스승님의 감응을 받고 있는지 또는 배천역리로 영대가 혼미한지는 각자가 자신이 누구보다도 더 잘 알고 있을 것입니다. 만일 한울님과 스승님의 감응을 받지 못하는 사람이라면 천도의 이치와 후천운수의 근본을 깨달아 깊이 참회하고 반성하여 이 시간부터 새 마음을 가지고 새 출발을 해야 합니다. 그러기 위해서는 먼저 자기 마음에서 물욕과 감정과 아집을 헌 신발 같이 버리고, 총명과 지혜와 이성을 살려 바른 마음을 가져야 합니다.

천도교를 믿는 사람이 물질의 반동심反動心에서 생기는 애증심愛憎心을 그냥 가지고 천리를 업수이 여기고 난폭한 마음과 행동을 계속하며, 번복심飜覆心을 가져서 역리자逆理者가 되고, 물욕심物慾心을 가져서 비루자鄙陋者가 되고, 안으로 불량하고 겉으로 꾸며내는 기천자欺天者가 되고, 헛말로 유인하여 혹세자惑世者로 언행을 하면서 도를 한다면 그 사람은 날이 갈수록 괴이하고 망측한 사람이 될 것입니다. 조용히 생각하고 깨달아 모든 욕념과 잡념을 버리고 거듭난 마음의 소유자가 되어 4계명을 지키며, 자신의 마음을 맑게 하여 생각이 없는 마음이 되고, 텅 빈 마음이 되고, 고요하고 잠잠하여 구름 한 점 없는 가을 하늘과 같은 유일무이한 마음, 다시 말씀드려서 청무허공淸無虛空한 마음을 가져야 하는 것입니다.

그러나 이 같은 마음이 된 후 그대로 아무런 생각도 안 하면 목석과 같이 되고 쓸모가 없습니다. 마음이 맑고 없고 비고 공한 지경에 도달하여 주문을 생각하면 주문의 순서대로 지기금지 원위대강으로 강령이 되며, 시천주로 한울님과 언어가 상통할 것이요, 조화정으로 자천을 자각하게 되며, 영세불망 만사지로 대도견성이 될 것입니다. 이와 같이 수도의 계단을 거쳐 인내천 사람이 됩니다.

3·7자 주문을 쉬운 말로 해석을 하여 보면 다음과 같습니다.

"한울님에게 지금 이르렀사오니(至氣今至)
원하옵건대 크게 강림 하옵소서(願爲大降)
한울님 모시옵고(侍天主)
한울님의 덕에 합하고 한울님 마음으로 정하여(造化定)
영원히 잊지 않겠사오니(永世不忘)

도를 알고 깨닫게 하여 주옵소서(萬事知)."

그러므로 주문만 외우고 생각하면 무위이화無爲而化의 법칙으로 수도의 계단을 거쳐 도성덕립이 됩니다. 그래서 수운대신사께서는 "3·7자 지극하면 만권시서 무엇하며 심학이라 하였으니 불망기의不忘其意하였어라"라고 강조하신 것입니다.

누구든지 마음을 바르게 하여 한울님을 모시고 그 한울님 마음을 잘 지키고 한울님 기운을 바르게 쓰면 한울님의 감응으로 천리를 깨달아 신성사님같이 도성덕립할 수 있는 것입니다.

그러므로 우리는 한울님과 스승님의 감응을 받아 모든 질병과 불안과 공포와 초조와 부도덕한 장애를 탈피하여 참으로 한울사람이 되어 기쁨과 행복과 감사한 마음과 법열을 느끼고, 한울님으로서 무한하고 무궁하고 무량하여 아무런 거리낌이 없는 지상신선으로 살아가야 할 것입니다.

* 『신인간』, 264호, 포덕110(1969)년 5월.

책재원수 責在元帥

  수운대신사께서는 「도수사」에서 "위가 미덥지 못하면 아래가 의심하며 위가 공경치 못하면 아래가 거만하니 이런 일을 본다 해도 책재원수 아닐런가."라고 말씀하셨습니다.
  현재 천도교를 믿는 사람은 개벽운수開闢運數의 종자 사람이요 선구자로서의 천도교인이 되고, 남의 스승이 될 사람으로 한울님과 스승님을 대신하는 책임감과 의무감을 가져야 할 사람들입니다. 그러므로 무엇보다도 먼저 자기가 자기 마음을 믿을 수 있고 공경할 수 있는 사람이 되어야 합니다. 자기가 자기 마음을 믿을 수 없고 공경할 수 없는 사람이면 다른 사람도 그를 믿을 수 없으며 공경할 수 없어 의심하게 되고 거만하게 되는 것입니다.
  사람의 마음은 타는 불과도 같고 솟는 물과도 같아서 수심정기가 안 된 사람은 마음이 시시각각으로 변화하며 온갖 잡념이 파도와 같이 일어나고 또 일어나며, 말할 수 없이 추잡한 생각이 떠올라 자기 자신이 민망스러울

정도이니, 이것을 물정심物情心이요 제2천심 또는 습관천이라고 합니다.

　한울님을 모르고 생각이 없이 습관된 마음으로 살아가는 사람은 믿음이 없어서 다른 사람과 중대한 약속을 하고도 언제 약속을 하였는가 하는 식으로 거침없이 어깁니다. 또 물욕과 감정과 권력과 명예에 눈이 어두워 자기 혼자만 잘난 체 하게 되고, 안하무인이 되어 오만불손 하게 되고, 자기보다 어질고 총명한 사람을 멀리하며, 반면에 간사하고 교만하고 어리석고 무지한 사람들을 좋아하고, 충고와 같은 쓴 말은 싫어하고, 잘못한 일도 잘했다고 해야 좋아하고, 안 되는 일도 된다고 해야 좋아하므로 모든 일을 망치게 됩니다. 옛날에도 어진 임금에게는 충신이 많이 모였고 어리석은 임금에게는 요사하고 간사한 간신들이 많이 모여 나라를 망친 것은 역사를 통하여 다 아는 사실입니다.

　그래서 수운대신사께서는 책재원수責在元帥라고 하셨습니다. 속담에도 윗물이 맑아야 아랫물도 맑고 윗물이 흐리면 아랫물도 흐리다는 말이 있습니다. 그러므로 천도교인들은 종자 사람이요 선구자로서 역량을 갖추려면 지극한 수도로 수심정기 공부를 통달하여 모든 이치를 깨달아 크고작은 일에 선후시종先後始終을 알고 총명과 지혜를 겸비하여 옳고 그른 것을 판단할 줄 알아야 할 것이요, 세밀한 분별심의 소유자가 되어야 합니다.

　모든 점에서 다른 사람의 모범이 되고 사표가 되는 것은 물론이려니와 한 가정에서도 가장이 되어 그 가족을 화목하고 행복하게 하려면 가장으로서 엄숙해야 하고, 다정하게 식구들과 오순도순 의논 할 줄 알아야 하며,

어린이에게는 아버지도 되고 스승도 되고 형도 되고 오빠도 되고 벗도 되어야 합니다. 이와 같이 하려면 먼저 자기가 자기를 믿을 수 있고 공경할 수 있는 사람이 되어야 온 가족이 믿을 수 있고 공경할 수 있어 가장으로서 위신과 체면이 설 수 있는 것입니다.

한 가정을 끌고나가는 일은 어거지로는 절대로 안 되는 것입니다. 강제로 명령하고 순종하기를 바라면 도리어 반발이 나오게 되고 불평이 생겨 각자위심이 되어 어찌할 수 없는 환경이 되는 것을 우리가 모두 보고 듣고 있습니다. 가장된 자가 일용행사에 있어서 생각과 말과 행동이 일치하고 오직 바르고 밝고 착하고 의로우면 온 집안 식구들이 한울같이 믿고 공경하게 되어 원만하고 행복한 가정이 될 수 있습니다. 이 이치는 한 회사의 사장도 그러하고 공공단체나 국가 민족의 지도자도 모두 한가지입니다.

남의 스승이 되거나 지도자가 되었으면 윗사람으로서 아랫사람들의 지혜와 총명에 따라 적재적소에 배치하여 그 사람이 자기 역량을 최고도로 발휘하게 하며, 모르는 것은 극히 적은 일이라도 공손히 가르쳐 주며, 해월신사께서 말씀하신 대로 은악양선隱惡養善으로 악은 싹트기 전에 감싸서 없애 주고 선은 높이 평가하여 그 사람의 의지가 더욱 굳어지게 하며, 목적의식을 강하게 갖도록 해야 합니다.

윗사람으로서는 아랫사람들이 본의아닌 잘못을 저질렀다 하여도 무조건 책임자로서 책임을 질 줄 아는 지도자가 되어야 합니다. 잘못된 것을 과감히 시정하고 올바르게 해 나아갈 수 있는 용단력을 발휘하지 못하고 비굴한 마음으로 '나는 다 잘하는데 그 사람이 잘못하여 그 사람 때문에 모든 것이 잘못 되었다'는 식으로 생각을 하면 안 되는 것입니다.

속담에 핑계 없는 무덤이 없다는 말도 있거니와 타인을 미워하고 나무라기 전에 자기 스스로의 총명과 지혜와 덕이 부족함을 자각하고 스스로 부끄러워할 줄 아는 사람이 되어야 하겠습니다.

수운대신사께서 "타인의 작은 허물을 내 마음에 논하지 말고 나의 작은 지혜를 타인에게 베풀라."고 말씀하셨습니다. 특히 천도교인들은 항상 스승님의 말씀을 명심하여 이러쿵저러쿵 하는 불평과 핑계를 하지 않도록 항상 자신의 부족함과 어리석음이 없는가를 먼저 살펴야 할 것입니다.

수운대신사께서 「팔절」에 "두려움이 되는 바를 알지 못하겠거든 지극히 공평되어 사사로움(私)이 없는가를 생각하며, 죄가 없는 곳에서도 죄가 있는 것 같이 하라."고 하셨고, "마음의 득실을 알지 못하겠거든 공과 사를 살펴 쓸 것이요, 오늘에 있어 어제의 잘못을 생각하라."고 말씀하셨습니다.

천도교인으로서 공사를 분별 못하고 마음으로 생각만 하여도 죄가 되는 줄을 모르며 자기 잘못을 반성할 줄을 모른다면 세상사람과 다를 바가 없습니다. 교인이 된 사람은 세상사람과 다른 점이 있어야 합니다.

천도교를 믿는 사람은 세상사람들과 인위적으로 다른 점을 만드는 것이 아니라 주문을 많이 외우면 어느 시간에 가서는 한울님을 모시게 되고, 물욕과 감정과 아집을 버리게 되며, 자기가 자기 마음을 믿고 공경하게 되어 경외지심이 발동되며, 타인을 한울같이 모시고 섬기게 되며, 타인을 이해하고 위하고 돕게 되므로 타인도 그 사람을 믿고 공경하게 됩니다.

　수운대신사께서는 믿을 신 자에 대하여 "믿을 신자를 파자破字해 보면 사람의 말이라. 사람의 말 가운데는 옳고 그름이 있는 것을 그 중에 옳은 것을 취하고 그른 것을 버리되 거듭 생각하여 마음을 정하라. 한번 작정한 뒤에는 다른 말을 믿지 않는 것이 믿음이라."고 말씀하셨습니다.

　믿음이란 사람이 일용행사를 하는데 있어서 가장 고귀한 것입니다. 사람과 사람 사이에 서로 믿음이 없이는 아무 것도 할 수가 없습니다. 우리나라에서는 아직도 서로 믿음이 부족하여 말로 하면 되는 것을 증서로 쓰고 도장을 찍어야 된다고 믿고, 말로는 아무렇게 하여도 책임이 없는 줄로 생각을 하니 한심하고도 두려운 일이 아닐 수 없습니다.

　화살을 쏘면 반드시 어디에 가서 맞게 마련입니다. 이와 같이 사람이 한 번 무슨 말을 하면 그 말은 누가 듣게 마련이요 무형으로 영원히 녹음이 되는 것입니다. 한울님의 영은 하나인데 그 하나 속에 사람들이 언어동작 일체가 무형으로 녹음이 되고 사진이 찍히는 것입니다. 마치 자기 자신의 정신 속에 많은 글자가 들어 있고 어느 때 누구와 무슨 약속을 하였고 어느 때는 누구와 만나 무슨 말을 한 것이 기억에 남는 것과 같습니다.

　과학이 아무리 발달을 하였다고 하여도 사람의 몸을 해부하여 본다고 하여도 글자 한 자 생각 하나 찾아 볼 수 없습니다. 사람의 정신도 무형이지만 글자도 생각도 무형으로 생각 속에 있는 것은 누구도 부인할 수 없는 사실입니다. 이와 같이 우리가 한 행동과 말과 기타 일체 모든 것이 하나의 영 속에 무형으로 영원히 남는 것입니다.

그러므로 수도하는 사람 가운데 영안靈眼이 열린 사람은 스승님을 뵐 수 있으며, 석가·공자·예수도 볼 수 있으며, 옛날의 누구라도 생각만 하면 볼 수가 있습니다. 마치 우리 생각 가운데 있는 문자와 같이 한울 천天 자도 생각할 수 있고 땅 지地 자도 생각할 수 있습니다. 이와 같은 것이므로 사람이 말을 한다고 하면 그대로 약속을 지키며 실행해야 하는 것입니다.

천도교인들은 후천개벽의 종자 사람이요 선구자로서 모든 것을 책임져야 할 사람들입니다. 해월신사 말씀대로 우묵눌愚默訥을 체행하여 한번 말을 하여 약속을 하거나 맹세를 하면 죽음으로써 지킬 것은 지켜야 할 것이요 실행할 것은 실행해야 합니다. 그러므로 무엇보다도 자신을 믿고 공경할 수 있는 마음의 소유자가 되어 거듭난 인내천의 새로운 인간격을 가지고 책재원수라는 스승님의 말씀을 다 같이 염념불망하여 잊지 않아야 할 것입니다.

* 『신인간』 265호, 포덕110(1969)년 6월.

재금사이작비 在今思而昨非

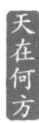

수운대신사께서 「팔절」에서 "마음의 득실을 알지 못하겠거든 공과 사를 살펴 쓸 것이요, 오늘에 있어서 어제의 잘못을 생각하라."고 말씀하셨습니다.

사람의 일상생활에 있어서 공과 사를 분별하여 잘못을 다시 생각하고 반성한다는 것은 가장 고귀한 점이라고 볼 수 있습니다. 특히 도를 닦는 사람에게는 수도하는 절차요 과정이기도 합니다. 잘못을 생각하는 사람은 '날이 가고 달이 오면 새날이 온다.'는 해월신사 말씀대로 그 인격이 날이 갈수록 향상되어 지기와 지극히 화하여 지극한 성인에 이르게 될 것입니다.

그러므로 도를 닦는 사람은 재금사이작비라는 말씀을 되새겨 매일같이 잘못이 없는가를 생각하셔야 합니다. 보통 세상사람들은 임사호천臨死呼天격으로 급하면 자기의 잘못을 반성하고 무사할 때는 잊어버립니다.

농촌에 가면 논을 가는 소가 있습니다. 그 소는 수렁에 한번 빠지면 그 이듬해 가서 그곳을 알아보고 반드시 피해 갑니다. 인간은 만물의 영장이라고 하지마는 잘못을 하고 반성을 하고는 또 잘못을 하는 어리석은 마음이 있습니다. 이 어리석은 마음은 물욕과 감정과 아집에서 옵니다. 거듭나려고 하는 우리들은 재금사이작비의 마음으로 먼저 한울님의 덕과 스승님의 은혜를 염념불망念念不忘해야 합니다. 사람의 행주좌와行住坐臥 어묵동정語默動靜을 한울님께서 간섭하시고 명령하시므로 만일 한울님께서 간섭하고 명령하지 않으시면 곧 죽게 됩니다.

생명을 가진 모든 것은 마찬가지입니다. 한울님께서는 자화自化·자현自顯·자율自率·자조自造의 무위이화無爲而化 법칙으로 억천만물을 만들어 놓고 그 속에서 사시면서, 억천만물을 간섭하고 명령하고 통일하고 계시므로 우리 사람은 그 하나 속에 하나입니다.

억천만물은 일즉다一卽多 다즉일多卽一의 원리로 유일무이唯一無二한 한울님 속에서 살며 그 속에서 나고 자라며 그 속에서 죽고 없어집니다. 그러므로 유형도 한울이요 무형도 한울님으로, 의암성사께서 법상法相이 곧 색상色相이요 색상이 곧 법상이라고 하신 것도 이를 말씀하신 것입니다. 다시 말씀드려서 무無가 곧 유有요 유가 곧 무입니다. 그래서 무유無有·유무有無·무무無無하며, 무량하고·무한하고·무궁하고·불생불멸한 바로 그것이 우주의 본체요, 만유의 근원이요, 근본 원리요, 원소요, 신이요, 영이요, 한울님인 것입니다. 따라서 한울님은 만유의 부모요, 스승이요, 임금의 격을 갖고 계시므로 우리 사람들은 잠시라도 한울님을 잊을 수 없으며 그 근본을 알려 주신 신성사님의 은혜를 생각마다 잊지 않아야 하는 것입니다.

의암성사께서 「권도문」에서 "한울님과 스승님의 은혜를 생각한다 하여도 그 근본을 알아 힘써 지키지 않으면 감동함이 없다."고 말씀하셨습니다. 해월신사께서는 수운대신사께서 환원하신 후 십년이 넘도록 그 은혜를 생각하시어 옷을 벗고 편안히 잠을 이루지 못하셨다고 합니다.

그러므로 우리들은 일상생활에 있어서 항상 잘못이 없는가를 생각하여 후천개벽의 종자 사람이요 선구자로서 지혜롭고, 어질고, 용기 있는 인격을 갖추도록 힘써야 하겠습니다. '재금사이작비' 말씀을 되새겨 참으로 한울님의 뜻과 신성사님의 심법心法대로 생각하며 말하며 행동을 하고 있는지 다시 한번 생각해야 합니다.

첫째, 교인으로서 천사天師님의 은덕을 염념불망하여 책임감과 의무감을 느끼고 성경신법誠敬信法으로 오관 실행을 철저히 하며, 인내천 사람이 되려고 수고롭고 괴롭고 부지런하고 힘쓰는 천도의 사단四端을 잘 지키고 있는가.

둘째, 자기가 한울님을 모셨다는 것을 실지로, 심리적·생리적으로 체험하였는가.

셋째, 복잡하고 괴롭고 안타깝고 초조한 세상사람의 마음에서 이신환성이 되어 기쁘고 편안하고 감사한 마음으로 변화되었는가.

넷째, 4계명을 어김없이 지킬 수 있는가.

다섯째, 무형한 한울님이 유형화 된 것이 사람임을 깨닫고 경외지심敬畏之

心이 발동되어 사인여천事人如天을 실천할 수 있는가.

여섯째, 자존심自尊心과 의구심疑懼心과 미망심迷忘心이 시정지恃定知의 순서로 개벽되어 완전히 정신개벽이 되었는가.

이상 여섯 가지 문제를 다시 한 번 생각하여 잘못이 없는가를 되새겨 보아야 할 것입니다. 자기는 그 누구보다도 자기가 더 잘 알고 있는 것이 사실입니다. 그러므로 재금사이작비를 일과로 삼아 잘못을 생각하고 반성하면 나날이 그 인격은 향상하여 세상사람에서 군자君子가 되고, 현인賢人이 되고, 성인聖人이 되고, 신인神人이 될 것입니다.

세상사람이라 함은 물욕과 감정과 아집으로 자존심과 의구심과 미망심이 가득 차서 그날 그날을 지나는 사람이요, 군자는 성인의 가르침을 따라 계명을 잘 지키는 사람이요, 현인은 성인의 가르침에 따라 깨달은 사람이요, 성인은 성심신삼단性心身三端 가운데서 그 하나를 터득한 사람이요, 신인은 성심신삼단을 일체 각득覺得한 사람을 말씀하는 것입니다. 불교에서도 '나한·보살·부처'로 구분하며 유교에서도 '군자·현인·성인'으로 구별하고 있습니다. 기독교에서도 하나님·하나님의 아들·하나님의 사도·하나님의 종·하나님의 죄인이라고 하여 다섯 계단으로 구분하고 있습니다.

우리들이 재금사이작비하는 마음으로 수도하고 지키고 실행하면 수운대신사께서 말씀하신 대로 사람의 재질에 따라 비록 상·중·하가 있어 그 기국器局의 차이로 시간의 장단이 있을망정, 어떤 사람은 신인이 될 것이요, 어떤 사람은 성인이 될 것이요, 어떤 사람은 현인이 될 것이요, 어떤 사람은 군자가 될 것입니다.

　반면에 재금사이작비하는 마음이 없는 사람은 세상사람 그대로 변함이 없어 의암성사께서 말씀하신 대로 세상은 세상이요 사람은 사람 그대로 있을 것은 너무나도 명약관화한 사실입니다. 의암성사께서는 세상사람으로부터 초탈하기 위하여 하루에 주문 3만 독을 계속 외우셨다고 합니다. 의암성사께서 그러할진대 우리들은 더욱 진심갈력盡心竭力으로 잠시라도 주문을 잊지 않아야 할 것입니다.

　우리가 다시 한 번 생각할 것은 한울님께서 모든 크고 작은 일에 간섭하시고 명령하신다는 것입니다. 재산을 많이 모은 부자가 말할 때 남보다 정신이 좋고 남보다 노력을 하였고 남보다 성실하였고 남보다 부지런하였고 남보다 절약하였다고 하겠지만 한울님께서 간섭하시어 부자가 되게 한 것입니다. 그 밖에 출세를 하였다든가 권력을 잡았든가 어떠한 성공을 했든 간에 모두 한울님께서 명령하고 도와주셨기 때문에 그렇게 된 것입니다.

　우리 사람들이 건강한 몸으로 자유자재로 활동하지만 한울님께서 간섭치 않으시면 손가락 하나도 움직일 수 없으며 지금 당장에라도 죽습니다. 농부가 제 힘으로 농사를 지어서 제 마음대로 거두어 먹고 마시는 것 같지만 한울님께서 간섭하시어 비·이슬·바람·햇빛·온도를 맞추고, 절기를 변화시키지 않으면 아니 되는 것입니다.

　옛날부터 '모사謀事는 재인在人이요 성사成事는 재천在天이라'고 하는 말씀도 있고, 이와 같은 원리를 의암성사께서 "원형이정元亨利貞은 천도의 활동이요 동작위의動作威儀는 인사의 활동"이라고 말씀하셨습니다.

우리들은 오직 한울님의 덕과 스승님의 은혜를 잊지 말고 항상 감사한 마음으로 바르고 밝고 착하고 의로운 마음을 지켜 한울님과 스승님의 감응을 받도록 해야 합니다.

수운대신사께서는 '수인사修人事 대천명待天命'이라고 말씀하셨습니다. 사람으로서 할 도리를 다 하고 천사님의 감응을 바라야 할 것입니다. 옛 말씀에도 '한울님은 스스로 돕는 자를 돕는다'고 하였거니와 결론을 말씀드리면 얼마만큼 재금사이작비로 자기의 잘못을 생각하며 반성하여 정진하느냐에 따라 천사님의 감응을 받느냐 못 받느냐가 결정됩니다.

우리는 다 같이 공公과 사私를 살피고 마음으로 잘못 생각만 하여도 죄가 된다고 하신 수운대신사의 말씀을 거울삼아 재금사이작비로 한울님과 스승님의 은덕을 잠시라도 잊지 않고 후천 개벽의 종자 사람으로서 털끝만치라도 부끄러움이 없는 교인이 되어야 하겠습니다.

* 『신인간』 268호, 포덕110(1969)년 9월.

1970년대

포덕천하 173 | 만사지萬事知·1 180 | 한울님을 바르게 알고 믿자 186

수도의 계단 192 | 신앙생활과 참회 198 | 한울님을 위하는 글 204

정성과 공경과 믿음 210 | 시천주의 생활 216

天在何方

천도교인은 이 나라에 태어나 이 시대 이 운수에 참여하였으니 천만다행이요, 한울님을 바르게 알고 바르게 믿게 되었으니 다행이요, 때문에 그 누구보다도 행복한 사람입니다. 모두가 천덕사은이 아닐 수 없습니다.

포덕천하

『동경대전』「포덕문」에 한울님이 수운대신사께 "나에게 영부가 있으니 그 이름은 선약仙藥이요 그 모양은 태극이요 또 모양은 궁궁이니, 나의 영부를 받아 사람의 병을 고치고 나의 주문을 받아 사람을 가르쳐서 나를 위하게 하면 너도 또한 장생하여 덕을 천하에 펴리라."고 하셨습니다. 이 말씀은 한울님이 수운대신사에게 하신 말씀이지만 수운대신사께서 성령 출세하신 오늘날 천도교인들은 동일한 성령이므로 곧 우리에게 하신 말씀이기도 합니다.

천도교인들은 이와 같은 거룩한 한울님과 스승님의 뜻을 받들어 보국안민·포덕천하·광제창생·지상천국 건설의 심고를 하루에도 수십 번을 하고 있습니다. 그러나 그 목적을 이루지 못하고 오히려 침체하여 겨우 한울님과 스승님의 심법이 끊기지 않을 정도로 이어가고 있는 것이 숨김없는 사실입니다. 선의善意로 말씀드려서 도시 운수라고 말씀할 수 있으나 수인사대천명修人事待天命이라는 수운대신사의 말씀을 생각할 때, 현재 천도교인들이 자기 할 바를 다하고 있는 지 다시 한 번 생각해야 할 것 같습니다.

천도교의 목적인 포덕천하·광제창생·보국안민·지상천국 건설도 포덕으로 교인이 많아져야 그 뜻을 이룰 수가 있습니다. 포덕布德이란 한자의 뜻 그대로 큰 덕을 편다는 것입니다.

먼저 덕이란 무엇인가를 신성사님의 말씀을 통해 살펴보겠습니다.

수운대신사께서 「포덕문」에 말씀하시기를 "도는 천도요 덕은 천덕이라, 그 도를 밝히고 그 덕을 닦으므로 군자가 되어 지극한 성인에까지 이르렀으니 어찌 부러워 감탄할 일이 아니겠는가."라고 하셨습니다. 「전팔절」에서는 "덕이 있는 바를 알지 못하거든 내 몸의 화해난 것을 헤아리라." 하셨고 「후팔절」에서는 "덕이 있는 바를 알지 못하거든 말하고자 하나 넓어서 말하기 어려우니라."고 말씀하셨습니다. 「탄도유심급嘆道儒心急」에서는 "마음을 닦으면 덕을 알고 덕을 밝히는 것이 도니라. 덕에 있고 사람에 있는 것이 아니니라."고 말씀하셨습니다.

해월신사께서는 "한울과 땅이 덮고 실었으니 덕이 아니고 무엇이며 해와 달이 비치었으니 은혜가 아니고 무엇이며 만물이 화해났으니 천지이기天地理氣의 조화가 아니고 무엇인가? 지극한 덕이 아니면 누가 능히 알겠는가."라고 하셨고 또 「강서」에서는 "덕이란 정성을 다하고 공경을 다하며 나의 도리를 다함이니 사람의 돌아가는 곳은 덕이 있는 곳이니라."고 하셨습니다.

이와 같은 말씀으로 볼 때 덕이란 사람이 세상에 태어나고·살고·먹고·

자고·앉고·눕고·가고·서고·말하고·웃는 일동일정 모두가 한울님의 큰 덕으로 되는 것입니다. 사람만 그런 것이 아니라 천지만물이 모두 한울님의 덕으로 탄생하였으며 한울님의 덕으로 존재하며 살고 있습니다.

이와 같은 거룩한 덕은 오로지 마음을 닦아야 알고 깨닫게 되므로 수도해야 합니다. 수운대신사께서 「논학문」에서 "밝고 밝은 그 덕을 생각하고 생각하여 잊지 않아야 지기와 지극히 화하여 성인에까지 이르게 된다."고 말씀하셨습니다.

생각하고 잊지 않는 방법은 주문 3·7자로 한울님을 모시고 한울님 마음으로 정하여 한울님의 덕과 합하는 것입니다. 그래서 수운대신사께서 "열세 자 지극하면 만권시서萬卷詩書 무엇하며 심학心學이라 하였으니 불망기의 하였어라."고 하신 것입니다.

지극한 수련으로 천지와 더불어 합덕이 되어 덕이 이루어져서 넘쳐 흐르게 되어야 포덕을 할 수 있는 것입니다. 포덕을 하려면 먼저 덕을 알고 한울님과 합덕이 되어 달덕자가 되어야 할 것입니다.

해월신사께서는 "보았으나 보지 못하고 들었으나 듣지 못하는데 이르러야 가히 도를 이루었다 할 것이요, 밖으로 접령하는 기운이 있고 안으로 강화의 가르침이 있음을 절실하게 터득해야만 가히 덕을 세웠다고 말할 것이니 그렇지 못하면 이름이나 실렸다는 교인을 면치 못할 것이니라."고 말씀하셨습니다.

포덕을 하려면 덕을 알아야 하고 덕을 가르치려면 지극한 정성과 공경으로 자신이 먼저 터득해야 할 것입니다. 그러므로 포덕천하를 하는 데 다음과 같이 순서를 생각할 수 있습니다.

첫째, 자기 완성입니다. 신성사님을 본받아 독공篤工으로 도성덕립하여 건강한 몸을 갖추고, 강한 의지의 소유자가 되고, 목적이 확실한 사람이 되고, 바르고 밝고 착하고 의로운 사람이 되어 심상천국心上天國이 되어야 합니다.

둘째, 가정 완성입니다. 온 집안 식구가 뜻을 같이하여 한울님을 모시고 서로 화목하고 특히 부부화순으로 천지합덕이 되어 일년 삼백육십오 일을 하루같이 지내고 참으로 기쁨과 웃음으로 행복하게 사는 가정천국家庭天國이 되어야 합니다.

셋째, 교회 완성입니다. 모든 교인이 한울님의 마음과 덕으로 동심동덕同心同德이 되어 겸손하고 친절하고 따뜻한 정을 서로 통하고, 은악양선隱惡揚善의 미덕으로 서로의 장점을 높이 찬양하고, 경외지심의 발동으로 사인여천을 실천함으로써 신성하고 엄숙한 교회가 되어 그 누가 와도 감화가 될 수 있고 감탄할 수 있는 교회천국이 되어야 합니다.

넷째, 보국안민입니다. 인내천의 진리로 통일 정부를 세우고 사람 위에 사람 없고 사람 아래 사람 없는 절대평등·절대자유로 편안하고 평화로운 나라가 되고 경천·경인·경물의 실천으로 부강한 나라가 되면 그야말로 한울나라 한울 백성이 될 것이요, 그때에는 세계 만국에서 포덕사 파견을 원하게 되고 많은 사람들이 유학을 올 것이요, 세계의 첫 번째 천국이 될 것입니다.

　이와 같이 자기완성, 가정완성, 교회완성, 국가완성을 하면 포덕천하는 저절로 될 것입니다.

　현재 천도교인들은 포덕천하를 하려는 종자 사람들입니다. 종자 사람이므로 더 많은 종자 사람을 만들어야 하는 책임과 의무를 가지고 있습니다. 수운대신사께서 말씀하시기를 덕이 있음에도 덕을 펴지 않는 것은 종자를 가지고 그 종자를 뿌리지 않는 농부와 같다고 하셨습니다. 천리 먼 길을 가는 것도 한 발자국에서 시작하는 것과 같이 포덕천하도 한 사람부터 시작합니다.

　수운대신사께서 각도하신 후 제일 가까운 사모님을 최초로 포덕하셨습니다. 해월신사께서 포덕에 대해 말씀하시기를 "사람이 모두 처남매부가 있으니 우선 처남매부부터 포덕하라."고 하셨습니다. 이처럼 포덕은 자기와 제일 가까운 사람부터 시작해야 합니다.

　의암성사께서는 어느 해 포덕 날을 기하여 전 교인에게 한 사람 이상을 포덕하라고 명하시고 의암성사께서도 '나도 포덕을 해야지' 하시고 사람을 선정하시는데 의암성사님 댁에 고기를 가져오는 소 잡는 사람에게 포덕을 하셨습니다. 당시만 하여도 백정이라고 하면 여전히 가장 천한 사람으로 되어 있는 처지라 그는 너무나도 황송하고 감사하여 감격의 눈물을 흘리면서 입도를 하고 평생토록 오관실행을 독실하게 하였다고 합니다.

　포덕을 하려고 할 때 그 상대자를 잘 선택해야 합니다. 입교하는 사람들을 보면 혹은 운으로, 혹은 대세에 따라, 혹은 이해관계로, 혹은 정으로 입교하고 참으로 진리를 알고 깨닫겠다고 입교하는 사람은 그리 많지 않습니다. 수운대신사 말씀대로 운수는 각각이라 오는 사람은 막지 말고 효유해서 포덕을 할 것이요 자신이 권유할 때에는 잘 선택해야 할 것입니다.

해월신사께서 말씀하시기를 대세가 바뀌어 기관적機關的으로 무리 포덕이 될 때에는 모두가 손바닥에 시천주 주문을 써 달라고 할 것이요, 3일이면 우리나라는 포덕이 된다고 하셨지만 그것은 미래의 일이고 현하現下 모든 점으로 보아 기관적機關的으로 무리 포덕은 대단히 어렵습니다. 그러나 개인 포덕은 우리의 정성과 노력으로 얼마든지 할 수 있습니다. 그래서 일왈一日 포덕, 이왈二日 포덕, 삼왈三日 포덕이라고 하신 것입니다.

한 사람을 포덕하려고 하여도 자기완성·가정완성으로 특이한 모범을 보여야 하며, 지극한 수련으로 한울님의 능력을 얻어 능히 그 사람을 감화시킬 수 있는 무형의 힘을 가져야 합니다. 심고의 힘으로 먼저 마음과 마음이 통하고 정이 통하여 가까워져야 믿음과 법이 통하게 되는 것입니다.

의암성사께서 말씀하시기를 "군자의 덕은 바람 같고 소인의 덕은 풀 같으니 도덕이 행하는 곳에 그 바람을 받아 쓰러지지 않음이 없는 것이니라. 큰 덕화는 초목에까지 미치고 힘이 만방에 미치느니라."고 하셨습니다. 그러므로 옛날부터 덕은 외롭지 않다고 하는 말이 있는 것입니다.

포덕을 하는 데는 학식이 많고, 지위가 높고, 권력이 있는 소위 상층계급에 속한 사람들은 매우 어렵고 우리의 진리로 보아 하층계급에 속한 대중을 먼저 포덕하는 것이 순서일 것입니다. 종교의 발전은 위에서 아래로 되는 것이 아니라 아래서 위로 소급하여 발전하는 것입니다.

앞으로 기관적으로 무리 포덕이 날 때는 소위 상층계급에 속한 사람들은 여세동귀與世同歸의 원칙에서 저절로 되고 현재는 한 사람 한 사람 골라서 개인 포덕을 할 시기라고 생각합니다. 먼저 구 교인들을 수습하고 다음 순서로 새로운 사람에게 포덕을 해야 할 것입니다.

우리는 한울님과 스승님의 뜻을 받들어 그 뜻을 실천하려는 것이므로 책임감과 의무감에서 포덕에 힘쓸 것이요 한걸음 나가서 천사天師님의 뜻을 받들게 된 보람과 기쁨에서 희열에 넘쳐 포덕을 하지 않을 수 없는 심경이 되어야 합니다. 그러므로 스스로 닦고 다듬어 자기의 신앙을 더욱 굳게 하고 모든 면에서 인내천 사람으로서 일동일정에 모범이 되어 많은 포덕을 하도록 해야 할 것입니다.

* 『신인간』 272호, 포덕111(1970)년 2월.

만사지萬事知·1

　천도교인들은 누구나 모든 사물의 이치를 알고 깨닫기를 원하고 있습니다. 하루에 어떤 사람은 몇백 번, 어떤 사람은 몇천 번, 어떤 사람은 몇만 번을 만사지가 되기를 바라며 주문을 외웁니다.

　지혜가 있는 세상사람들도 그 나름대로 만사지가 되기를 바랍니다. 사람들이 안다고 하는 것은 몇 가지로 구분할 수 있습니다.

　첫째, 남의 이야기를 듣고 배워서 아는 것입니다. 둘째, 감각적·생리적으로 체험하여 경험으로 아는 것입니다. 셋째, 배우고 보고 체험한 경험에서 자기 나름으로 생각하여 아는 것입니다. 넷째, 도를 닦아 깨달음으로 아는 것입니다. 이와 같이 네 가지로 구분할 수 있는데 그 중에서 가장 참다운 지혜는 도를 닦아 깨달음으로써 아는 것입니다.

　수운대신사께서 만사지의 '지知'자를 "그 도를 알아서 그 지혜를 받는 것이라."고 하셨습니다. 해월신사께서는 "그러함을 아는 사람과 그러함을 믿는 사람과 그러함을 마음으로 깨달은 사람은 서로 같지 않다."고 말씀하셨습니다. 의암성사께서도 "다만 도를 아는 사람은 물들지 아니하고 참으로 도를 아는 사람은 벗어나지 아니한다."고 말씀하셨습니다. 다시 말씀드리면 천도의 모든 이치를 불연기연不然其然의 방법으로 알아서, 그 아는 것을 한울님께 확인 받아야 참다운 앎이 된다는 것입니다.

수운대신사께서 모실 시侍 자를 해설하신 내용 가운데 "각각 알아서 옮기지 않는 것이라"(各知不移)는 말씀이 있습니다. 도를 닦아서 아는 것은 생리적·심리적으로 체험을 통하여 깨닫게 되고, 또는 한울님의 가르침을 받아서 아는 것이므로 타인에게 그대로 옮길 수 없다는 것입니다.

스승님들께서 깨달으신 이치를 경전에 모두 말씀하셨지만 그것을 보고 하루아침에 스승님과 같은 경지에 도달할 수는 없습니다. 스승님들이 말씀하신 방법으로 오랜 시일에 걸쳐 닦고 다듬어서 깨달아야 합니다. 그러자면 마치 산꼭대기에 올라가는 사람과 같이 다리도 아프고 숨도 차고 땀도 흐르고 돌부리에도 채이고 갖은 고생을 하지만, 그것들을 참고 참으면서 마침내 상상봉上上峰에 도달하는 것과도 같습니다.

또 하나의 비유를 한다면 우리들이 먹고 사는 쌀밥을 생각할 때, 봄철에 농부가 씨를 뿌리고 여름에 가꾸어서 가을에 거두어다가 방아를 찧어 왕겨를 벗겨내고 또 몇 번을 쓸어서 보들겨를 가려내고 돌을 고르는 과정을 거쳐야 밥을 지어 먹을 수 있는 쌀이 되는 것과도 같습니다.

그러므로 수운대신사께서는 '남의 말을 듣기만 하는 사람은 실지가 있는 것 같지만 헛되고, 닦는 사람은 헛된 것 같지만 실이 있어 결과가 나타난다'고 하신 것입니다. 닦으면 닦은 만큼 빛이 납니다. 거울에서 먼지가 생기는 것이 아니라 많은 먼지가 거울에 쌓이고 묻기 때문에 닦으면 빛이 나는 것입니다. 누구나 닦고 닦으면 깨닫게 되어 만사지가 되는 것입니다.

해월신사께서는 '만사지는 밥 한 그릇에 있다'고 하셨습니다. 밥 한 그릇이 되는 이치를 능히 깨달으면 모든 이치를 깨닫게 된다는 말씀입니다. 왜 그러냐 하면 모든 이치는 하나의 원리에서 비롯한 것이기 때문입니다. 그 하나의 이치를 터득하면 능히 백천만 가지 이치를 터득할 수 있습니다. 그것은 한울님 성품은 한 근원이요, 마음은 한 한울이요, 법은 일체이기 때문에 그리 되는 것입니다.

만사지가 된다는 것은 모든 이치를 터득한다는 뜻입니다. 그것을 구분하여 의암성사는 『무체법경』「삼성과」에서 "첫째, 만법萬法의 인과요, 둘째, 만상萬相의 인과요, 셋째, 화복禍福의 인과"라고 말씀하셨습니다. 이상 세 가지 인과법칙을 모두 깨달으면 곧 만사지가 된 사람입니다.

만사지가 되는 방법은 다른 길이 있을 수 없습니다. 오직 스승님들의 말씀을 생각마다 잊지 않고 한울님을 지극히 위하는 주문으로 접령이 되어 한울님을 모시고 한울님 마음으로 정하고 한울님 덕에 합하도록 정성 공경 믿음을 다하면 그 어느 날 반드시 본래의 자심自心을 자각할 것입니다. 자심을 자각하면 자천자각自天自覺이 되므로 해탈이 되고 견성이 되어 무상정각에 오르게 됩니다. 이와 같이 되면 그것이 바로 만사지가 되었다고 할 수 있습니다.

주문은 만사지가 되는 글이요, 이신환성이 되는 글이요, 송장·허수아비와 같은 사람에게 생혼을 넣어 주는 글이요, 각자위심에서 동귀일체가 되는 글입니다. 그러므로 수운대신사께서는 "열세 자 지극하면 만권시서 무엇하며 심학이라 하였으니 불망기의 하였어라."고 하신 것입니다.

주문을 외우는 사람은 기쁨과 감사함과 행복함을 얻게 되고 한울님에 대한 경외지심敬畏之心이 발동됩니다. 비유를 한다면 진흙물에서 놀던 고기가 샘물 줄기를 만나는 것과도 같고 저 사막에서 태양 빛과 먼지에 목이 타다가 오아시스를 만나 맑은 물을 먹게 되는 것과도 같습니다.

주문은 장생할 수 있는 글이요, 자아완성하는 글이요, 포덕천하할 수 있는 글입니다. 그러므로 주문을 잠시라도 쉬지 않고 외워 주문에 화하고 한울님 감응을 받아 주문과 경전과 내 몸과 내 마음과 한울님이 하나가 되도록 해야 합니다. 하나가 되지 못하고 주문은 주문대로 경전은 경전대로 자기는 자기대로 한울님은 한울님대로 제각각이 되면 잘못 믿고 잘못 알게 되는 일이 생깁니다. 믿음이 없이 이치만 탐구하면 사견私見에 빠지고 이치를 모르고 믿으면 맹신盲信이 되고 미신에 빠지며 난법난도亂法亂道하게 되는 것입니다.

한울님을 두려워하는 마음이 없으면 진념塵念이 일어나고, 한울님을 너무 무서워하면 깨달음이 늦어집니다. 어떤 분이 천 일 동안을 하루에 주문 만독씩 하였으나 아무런 변화가 없었다고 하는 말씀을 들었습니다. 믿음이 없는 정성은 헛 정성이 됩니다. 한울님을 부모와 같이 믿고 스승님께서 말씀하신 경전을 탐구하여 스승님의 심법에 따라 정성과 공경을 다 해야만 한울님의 감응으로 만사지가 됩니다.

한울님의 감응으로 한울님을 모심을 깨달아 만사지가 되면 기쁨과 감사함과 행복함을 얻게 되고, 도와 덕을 겸비하여 만사지의 지혜와 주문의 법력으로 바른 사람, 밝은 사람, 착한 사람, 의로운 사람이 될 수 있습니다. 만사지의 지혜와 주문의 법력으로 지智·인仁·용勇 삼단을 갖춤으로써 새 인간이 될 수 있고, 도가완성道家完成할 수 있고, 교회완성과 국가 완성으로 천국을 건설하여 한울 나라 한울사람으로 지상신선의 생활을 할 수 있습니다. 만사지의 지혜와 주문의 법력만이 모든 것을 뜻과 같이 할 수 있는 유일한 방법입니다.

4·19, 5·16의 두 차례의 혁명을 거치면서 많은 사람들이 부정부패를 없애고, 청신하고 광명하고 아름답고 행복하게 만민이 잘 사는 부강한 나라를 만들려고 하였습니다. 그러나 부정부패는 날이 갈수록 심해지고 인심은 타락하여 가는 것이 우리가 다 목격하는 바입니다. 그것은 민족적 자각이 없고 민족적 주체성이 서지 못하고 민족적 자주성을 갖지 못한 까닭입니다.

다행히 근래에 와서 민족 자각, 민족 주체, 민족 자주에 대한 말이 많이 나오고 있습니다. 비로소 수운대신사께서 말씀하신 대로 '금수 같은 세상 사람 얼풋이 알아 내는' 시대가 되었습니다. 우리 천도교인들은 벌써 백여 년 전부터 민족 자각, 민족 주체, 민족 자주를 주장하여 왔습니다. 민족 자각, 민족 주체, 민족 자주 등의 문제는 말이나 글만으로는 될 수 없고, 경제 문제가 해결된다고 하여 되는 것도 아닙니다. 오직 한울님을 믿고 스승님의 심법에 따라 만사지의 지혜와 주문의 법력을 얻을 때만 될 수 있습니다.

만사지의 지혜와 주문의 법력으로 모든 기성 사상과 기성종교를 이 땅 위에서 버리게 함으로써 참말로 이 민족이 자각을 할 수 있고, 이 민족이 주체성이 서고, 이 민족이 자주성을 가질 수 있는 것입니다.

수운대신사께서 "십이제국 다 버리고 아국운수 먼저 하네.…일천지하 괴질운수 다시 개벽 아닐런가."라고 하셨습니다.

천도교인들은 이 말씀을 믿고 만사지의 지혜와 주문의 법력을 얻도록 수고롭고 괴롭고 부지런하고 힘쓰는 천도의 사단四端을 다하여 지극한 수도를 해야 할 것입니다.

* 『신인간』 273호, 포덕 111(1970)년 3월.

한울님을 바르게 알고 믿자

천도교를 믿는 분들은 한울님을 바르게 알고 믿음으로써 대도의 진리를 올바로 터득할 수 있습니다.

경전을 살펴보면 한울님, 천주天主, 본래천本來天, 상제上帝, 성심性心, 이기理氣, 천天, 지기至氣, 신神, 본래아本來我, 법상法相, 음양陰陽, 무극無極, 태극太極 등 많은 명사가 있습니다. 이와 같이 많은 표현이 있지만 그 근본은 불생불멸의 유일무이한 성심본체性心本體로서, 표현이 다를 뿐입니다.

의암성사 말씀하시기를 '태초에 나와 저쪽이 있었으니 저쪽은 한울이요, 나는 현신, 즉 사람'이라고 하셨습니다. 그러므로 한울님이다, 사람이다 하는 것은 명사요, 사람들이 한울님이라고 부르는 것은 성심본체를 존칭한 명사입니다. 기성종교에서 하나님·부처님·상제님·천주님·하느님이라고 하는 것 또는 철학에서 대생명·우주정신·우주의식이라고 하는 것은 모두 우주 본체에 대한 생각과 표현이 다를 뿐입니다. 한울님에 대한 기성종교의 진리는 그 시대에 따라 방편적인 교화가 되어 이치에 체계가 없고 모순이 있습니다. 그러므로 수운대신사께서 도는 같으나 이치는 아니라고 하셨습니다.

천도교의 진리는 우주 본체의 근본을 창명하신 것이므로 무극대도라고 하는 것입니다. 무극대도라 함은 무극無極에서 무극까지, 다시 말해 천지만물이 배판胚判되기 전부터 천지만물이 없어질 때까지 완전무결하게 밝혀졌다는 말씀입니다. 그렇기 때문에 천도교는 기독교의 완성이요, 불교의 완성이요, 유교의 완성이요, 선도의 완성이요, 과학·철학·신학 등 모든 학문의 근본이 되는 것입니다.

기독교 『신약성서』 「요한묵시록」 말장에 새 복음이 나온다고 하였습니다. 불교의 법화경에도 후천 천황씨에 대한 말씀이 있습니다. 신라 때 의상 대사의 글에도 '사람이 한울이라는 큰 꿈을 누가 대각할까?'라는 구절이 있습니다. 이처럼 많은 성현들이 천도가 창명될 것을 예언하였습니다.

천도교인은 이 나라에 태어나 이 시대 이 운수에 참여하였으니 천만다행이요, 한울님을 바르게 알고 바르게 믿게 되었으니 다행이요, 때문에 그 누구보다도 행복한 사람입니다. 모두가 천덕사은이 아닐 수 없습니다. 수운대신사는 주문을 해석하시며 시천주侍天主의 '주主' 자는 존칭의 말씀이요 부모와 같이 섬기라는 뜻이라고 하셨습니다. 해월신사는 식고食告할 때 부모 조상님께 제사를 지내듯이 극진히 한울님께 고하라고 하셨습니다. 의암성사는 한울님은 부모요, 스승이요, 임금의 격을 가졌다고 하셨습니다.

한울님께서 격을 가졌다고 하여 기성종교에서 말하는 것처럼 어떤 형체

나 모습으로 특정한 곳에 계시다는 말씀이 아닙니다. 한울님은 무형한 이치요 기운으로 상무주처常無住處하여 무소부재無所不在하며 자율과 자현自顯으로 천지만물을 화생하고 만물의 자체에 환거還居하시며, 만물을 통일하고 무사불섭無事不涉 무사불명無事不命하는 무궁한 지혜와 무한한 능력을 가진 절대자입니다. 천지만물이 생멸변화生滅變化하고 우리 인간의 일동일정, 일성일쇠 모두가 만법의 인과, 만상의 인과, 화복의 인과의 이치이며 한울님의 소사所事인 것입니다.

천도교인은 무사불섭 무사불명하시고 부모와 같고 임금과 같은 무궁한 지혜와 무한의 능력을 가진 한울님을 믿고 한울님을 내 몸에 모시고 있습니다. 그러므로 한울님 생각하기를 목마른 사람이 물 생각하듯이, 배고픈 사람이 밥 생각하듯이, 젖 먹는 아이가 엄마를 생각하듯이 간절하게 생각하며, 경외하는 마음으로 진실하게 믿으며 참된 것을 원하고 바라면서 얇은 얼음 위를 건너듯이 조심하며 정성을 다하여 극진히 공경해야 합니다.

아시다시피 천도교의 종지는 인내천人乃天입니다. 사람은 무형한 한울님이 유형화한 것입니다. 수도를 지극히 하여 시천주侍天主가 되고, 양천주養天主가 되고, 각천주覺天主가 되는 계단을 거치면 인내천의 진경에 이를 것은 분명합니다. 그러나 한울님을 믿는 데는 주객主客을 분별하고 주객일체主客一體가 되도록, 다시 말씀드려서 한울님과 사람을 분별하여 천인합일이 되도록 신앙을 하셔야 할 것입니다.

의암성사 말씀하시기를 "주와 객으로 분별하되 사람이 주가 되면 한울은 객이 되고 한울이 주가 되면 사람이 객이 되는 것이니 주객의 양방兩方을 정한다."고 하셨습니다.

사람들의 눈·코·입·귀·몸·뜻으로 얻는 육신관념, 즉 습관된 마음으로 된 사람의 마음과, 천지만물이 조판되기 전부터 있는 본래의 한울님 마음을 구분하여 신앙을 해야 합니다. 만일 이와 같이 믿지 않고 인내천이라고 하여서 습관된 마음, 즉 제2천심을 한울님으로 믿으면 큰 오류를 범하게 됩니다. 무엇보다 십년을 정성들여 공부한다고 하여도 믿음이 없는 정성이라 허사가 되고 아무런 소득이 없을 뿐만 아니라, 사악하고 망령妄靈된 마음으로 자행자지하는 평범한 사람 그대로 될 뿐입니다.

의암성사는 「신앙통일과 규모일치」에서 "각자 자기의 습관천을 믿지 말고 오직 자아 본래의 한울님을 믿는 것으로써 신앙통일을 하라."고 하셨고, "교회의 전체 행복은 교인의 신앙통일에 있고 신앙통일은 먼저 정신통일에서 시작되는 것이니 경전의 문구만을 따져서 연구하지 말고 오로지 대도의 진리를 직각하는데 노력하여 조용히 천지 미판 전의 소식을 들으라."고 하셨습니다. 또 천도교인들은 "신앙을 99분으로 하고 규제를 1분으로 할 것이니 규제는 오관실행이라 1분의 규제를 지키지 못하고 신앙을 한다는 것은 있을 수 없다"고 하셨습니다. 우리 교인은 오관五款: 呪文·淸水·侍日·誠米·祈禱을 철저히 실행하는 신앙으로 정성과 공경과 믿음으로 극진히 수도를 하는 것이 자기 자신을 위하는 길이요, 가정을 위하는 길이요, 교회를 위하는 길이요, 국가 민족을 위하는 길이요, 인류 사회를 위하는 길이 될 것입니다.

  수도하시는 분들은 대도의 진리를 활연관통하는 것이 평생의 목적으로 되어 있다고 생각합니다. 그러므로 수도자는 오직 바르고 밝고 착하고 의로운 마음을 가지고 행동하기 위하여 수고롭고 괴롭고 부지런하고 힘쓰는 사람이 되어야 합니다.

  의암성사는 「권도문」에서 "도란 것은 사람이 한갓 지켜서 사업만 할 뿐 아니라 진리를 온전히 체득하여 어김이 없게 함이니 어찌 삼가지 아니하리오."라 하시고, 또 "대선생님께서 경신 사월 초오일에 강령지법을 지어 사람으로 하여금 한울님 모심을 알게 함이요 한울님 모심을 알면 가히 써 한울님 말씀함을 알지라. 어찌 의심할 바 있으리오."라고 말씀하셨습니다.

  진실한 교인이 되려면 바른 믿음으로 정성껏 주문을 많이 외워서 강령을 체험하여 한울님 모심을 깨닫고, 극진한 공경으로 한울님 말씀을 들어야만 참으로 시천주가 되었다고 할 수 있는 것입니다. 시천주가 되지 않으면 평생을 믿는다 하여도 탁명교인에 불과할 뿐만 아니라 대도의 이치를 터득할 수가 없습니다. 설탕을 먹어 보아야 설탕의 참맛을 알 수 있는 것이지 먹어 본 사람의 이야기만 듣고서는 참 맛을 알 수 없는 것입니다. 실지로 자기 자신이 하나하나 체험을 해서 터득하는 것이 신앙인의 가장 고귀한 수도 방법이 될 것입니다.

  강령지법降靈之法으로 한울님 모심을 알아야 경외지심이 발동되어 사인여천을 할 수 있으며 감사하는 생활을 하게 되고, 기쁨 속에서 행복한 마음이 충만하여 바르고 밝고 착하고 의로운 참사람이 될 수 있는 것입니다. 한울님을 모시면 물약자효勿藥自效로 건강할 수 있고 천우신조로 가중차제 우환 없이 일 년 삼백육십 일을 일조같이 지낼 수 있는 것입니다.

차차차차 증험하면서 정진에 정진을 거듭하면 주문의 뜻 그대로 '지기금지至氣今至 원위대강願爲大降'으로 강령이 되고, '시천주侍天主'로 한울님을 모시고, '조화정造化定'으로 오심즉여심吾心卽汝心의 천인합일이 되고, '영세불망永世不忘 만사지萬事知'로 해탈에 이르러 대도견성大道見性이 되면 만사여의萬事如意가 될 것입니다.

천도교를 신앙하는 목적은 정신통일을 하여서 본래 한울님의 무궁한 지혜와 무한한 능력을 받아 만사지가 되고 만사여의가 되는 데 있다고 생각합니다. 바꾸어 말해서 한울님 마음을 회복하여 '무궁한 이 울 속에 무궁한 나'가 되어 한울사람으로서 지상신선이 되어야 할 것입니다.

끝으로 다시 한번 말씀드릴 것은 무궁한 지혜와 무한한 능력을 가지고 무사불섭 무사불명 하시는 한울님을 부모와 같이, 스승과 같이, 임금과 같이 믿고, 모시고, 섬기고, 받들어 공경하며 정성을 다 하시되, 반드시 본래 한울님 마음과 습관된 마음을 주와 객으로 분별하여 바른 신앙으로 시천주, 양천주, 각천주의 계단을 거쳐 견성각심見性覺心 되시기를 바랍니다.

* 『신인간』 347호, 포덕118(1977)년 5·6월 합병호..

수도의 계단

도를 닦는 사람은 수도의 계단을 알아야 견성각심見性覺心으로 무상정각無上正覺에 도달할 수 있습니다. 그 계단은 강령·강화·자천자각·해탈·견성입니다. 비유하면 5층 백화점과 같은 것으로 1층 2층 3층 4층 5층을 차례로 구경해야만 어떠한 물건들이 있다는 것을 알게 되는 것과도 같습니다. 만일 3층 4층 5층이 있다는 것을 모른다면 1층 2층만 구경하고 맙니다. 이처럼 도를 닦는 계단을 모르면 안 되는 것입니다.

기독교도들은 성신강림聖神降臨과 방언으로 예언하는 것에 그치고 그 이상 정진하지 못하며, 불교도들은 견성見性을 위주로 공부하기 때문에 견기見氣 즉 양기養氣공부를 하지 못하며 따라서 도에 어그러짐이 많습니다.

천도교의 신성사님께서는 수도의 계단을 확명確明하여 도를 닦는 후생으로 하여금 탄탄대로를 가는 것과 같고 기차가 레일 위를 달리는 것같이 안심하고 수도를 할 수 있게 하셨으며 빠른 시간에 견성각심할 수 있게 하셨습니다. 그러므로 도 닦는 사람은 반드시 강령·강화·자천자각·해탈·견성의 순서로 터득이 되어야 한울님의 무궁한 지혜와 무한한 능력을 받아 신성사님과 같은 높은 인격을 갖추어 지상신선이 될 수 있습니다. 도를 닦는 사람은 지극한 믿음과 공경과 정성으로 수도의 계단을 한 계단 한 계단 밟아 오르면서 정진을 하여 견성각심이 되도록 바르고 밝게 살피면서 수도에 힘써야 할 것입니다. 그러면 이제 수도의 계단을 한 가지씩 말씀드리겠습니다.

첫째, 강령降靈입니다. 강령은 한울님과 사람의 운절隕絶되었던 기운이 상합相合하여 작용하는 상태를 말하는 것으로 강신降神, 접신接神, 접령接靈이라고도 하고, 기독교에서는 성신강림이 된다고도 합니다. 다시 말씀드리면 사람이 한울님을 모시는 것을 말합니다.

처음 강령이 되면 사람에 따라 여러 가지 모습으로 나타납니다. 수운대신사 말씀대로 '심한신전心寒身戰'이 되어 춥고 몸이 떨리거나, 온 몸이 화끈 달아오르면서 등골이 찌릿하거나, 손발이 떨리다가 점차로 온 몸이 떨리며 머리가 좌우로 흔들리거나, 숨이 가빠지면서 큰 소리를 지르거나, 앉은 채로 마구 뛰어오르거나, 오장육부가 흔들리거나, 온 몸이 근질근질 가렵거나, 박하나 은단을 먹은 것과 같이 온 몸이 시원하거나 합니다. 강령이 되면 맥박이 빨라지므로 땀을 흘리게 되고 아무리 추워도 추운 줄을 모릅니다. 또 강령이 되면 몹시 간절하게 울기도 합니다. 그 눈물은 참회의 눈물이요, 기쁨의 눈물입니다. 충분히 울고 나면 울지 않게 되고 웃는 사람이 됩니다.

강령이 자유자재로 되면 혈맥이 순조로와져서 피부가 좋아지고 건강하게 되고 용모가 환태가 되어 선풍도골이 됩니다. 어떤 병이라도 강령이 자유자재로 되면 완치가 됩니다. 교인들 중에는 위장병, 결핵, 신경통, 관절염, 고혈압 등의 병을 고친 사람이 많이 있습니다. 강령이 되면 참으로 한울님 모심을 체험하게 되므로 감사하는 마음과 경외지심敬畏之心이 발동되어 사인여천을 할 수 있는 사람이 됩니다. 더 나아가 대강령이 되면 영부를 받을 수 있으니 영부를 받은 사람은 제인질병濟人疾病할 수 있는 능력의 소유자로 명인名人이 됩니다. 「포덕문」에 "수아차부受我此符하여 제인질병하라."는 말씀을 실천할 수 있는 것입니다.

빠른 시간 내에 강령이 되고 명인이 되는 것이 우리 교의 특징입니다. "한울님이 주실런가 주시기만 줄작시면 편작이 다시와도 이내 선약 당할소냐"라고 하신 대신사님 말씀 그대로 명인이 되는 것입니다.

둘째, 강화降話입니다. 이것은 한울님 말씀을 듣게 된다는 말씀입니다.

수운대신사께서 경신년(1860) 사월 오일에 공중으로부터 선어仙語를 들으시다가 내유강화지교內有降話之敎로 되어 천사문답天師問答을 하신 것과 같이 우리들도 닦으면 들을 수 있습니다. 의암성사께서 권도문에 "대선생께서 경신 사월 초오일에 강령지법을 지어 사람으로 하여금 한울님 모심을 알게 하시니 한울님 모신 줄을 알면 가히 써 한울님 말씀함을 알지라. 어찌 의심할 바 있으리요." 라고 말씀하셨습니다. 강령이 되면 강화지교가 된다는 것은 수운대신사께서도 말씀하셨고 해월신사께서도 말씀하셨습니다.

강화를 불교에서는 천이통天耳通이라고 하고 기독교에서는 방언이라고 합니다. 강화의 순서를 보면 발설강화發說降話가 되어 자기 입으로 시를 읊기도 하고, 영어를 모르는 사람이 영어를 하고, 불어를 모르는 사람이 불어를 하고, 자기도 모르는 설교를 하는 사람도 있습니다. 강화는 한울님과 사람이 언어가 상통되고, 뜻이 하나가 되는 것이 가장 높고 바른 것입니다.

강화의 계단에서 한울님을 바르게 알고, 바르게 믿고, 바른 마음을 갖지 않으면 허황한 말과 행동을 하게 됩니다. 성령 속에는 모든 과거가 무형으로 사진이 찍혀 있고 녹음이 되어 있습니다. 그러므로 흰 것을 구하면 흰 것으로 가르치고, 빨간 것을 구하면 빨간 것으로 가르치고, 검은 것을 구하면 검은 것으로 가르치고, 선을 구하면 선으로 가르치고, 사악한 것을 구하면 사악한 것을 가르치고, 천문학에 대한 것을 구하면 천문학의 가르침이 나오고, 의학을 생각하면 의학의 가르침이 나옵니다. 예수를 생각하면 예수의 가르침이 나오고, 부처님 생각을 하면 부처님의 가르침이 나옵니다. 그 닦는 사람이 생각하고 구하는 대로 가르침이 나오는 것입니다.

우리는 신성사神聖師님의 심법을 믿는 사람들입니다. 도를 닦는 사람은 바른 마음으로 바른 것을 구하여 바른 가르침을 받아야 합니다. 신성사님께서 말씀하신 경전의 뜻을 깨닫고 만법의 인과와 만상의 인과와 화복의 인과를 살펴 그 가르침을 받으면 모든 이치를 달통하게 됩니다. 그 밖에 무엇이 또 있겠습니까? 다른 것이 아닙니다. 한울님의 무한한 신통력을 얻는 것입니다. 강령 강화의 계단이 되면 의암성사께서 말씀하신 허광심虛光心으로 밝지 않은 것이 없고 알지 못하는 것이 없는 마음이 됩니다. 그러므로 도를 닦는 사람들은 오직 바르고 밝고 착하고 의로운 마음으로 수고롭고 괴롭고 부지런하게 힘쓰면서 앞으로 또 앞으로 정진해야 합니다.

셋째, 자천자각입니다. 자천자각은 습관된 사람의 마음이 본래의 한울님 마음으로 합하고 한울님 덕에 합하여 조화정에 이르러 오심즉여심吾心卽汝心의 경지에 이르는 것입니다. 다시 말씀드리면 주객일체主客一體가 되어 천인합일의 각심覺心에 이른 것입니다. 강령이 되고 강화의 가르침으로 만법의 인과와 만상의 인과와 화복의 인과를 알아 모든 이치를 터득하였으므로, 일호의 의심도 없고 자존심自尊心도 없고 의구심疑懼心도 없고 미망심迷妄心도 없는 한울님 마음이 되어 오직 정명선의正明善義를 행할 수 있는 사람이 되는 것입니다. 자천자각이 되면 자기 마음을 자기가 믿을 수 있고 공경할 수 있는 사람이 됩니다. 유일무이한 본래 한울님 마음이 되기 때문입니다.

넷째, 해탈입니다. 의암성사께서 "해탈은 견성의 법이라 견성은 해탈에 있고 해탈은 자천자각에 있다."고 말씀하셨습니다.

해탈이 되면 희노애락을 벗어나서 장애가 없는 자리, 미워하는 마음이나 사랑하는 마음이 없는 자리에 처하게 됩니다. 물건에서 연유하는 반동심이 생기지만 물들지는 않는 마음으로 일만 가지 진념塵念이 꿈같이 생각되는 마음이 되는 것입니다. 자천자각이 되어 내 마음을 내가 지키어 잃지 아니하고 굳게 하여 물들지 않으면 자연히 해탈이 됩니다.

다섯째, 대도견성입니다. 견성이라고 마음을 떠나 따로 되는 것이 아니라 해탈한 마음이 불생불멸不生不滅·무루무증無漏無增·무거래無去來·무선악無善惡 무시종無始終하는 만리만사의 본 자리를 터득하는 것입니다.

그러므로 내 마음을 물질 밖에 보내면 형상도 없고 자취도 없고 위도 없고 아래도 없으며, 내 마음을 물질 안에 두면 억천만사와 삼라미진森羅微塵이 다 내 성품이요 내 마음인 것입니다. 그러므로 마음을 물질 밖에 두면 무정리천無情理天이요, 마음을 물질 안에 두면 유정심천有情心天이라 무정無情 유정有情은 나의 성심 본체가 되는 것입니다.

견성각심이 되면 한쪽은 성천性天·이천理天이요, 한쪽은 심천心天·신천身天이라고 합니다. 그러므로 의암성사께서 "나는 성리의 거울이요, 천지의 거울이요, 고금古今의 거울이요, 세계의 거울이요, 나는 성리천性理天이요, 천지천天地天이요, 고금천古今天이요, 세계천世界天이니 내 마음은 천지만물 고금세계를 스스로 주재하는 조화옹造化翁이라."고 하셨습니다. 강령·강화·자천자각·해탈·견성의 순서로 견성각심見性覺心이 되면 나와 한울이 둘이 아니요, 성심性心이 둘이 아니요, 성범聖凡이 둘이 아니요, 나와 세상이 둘이 아니요, 생사가 둘이 아니라는 것을 터득하는 것입니다.

그러므로 우리 교인들은 모두 대오 반성하여 자신을 위하여, 교회를 위하여, 국가 사회를 위하여, 진심갈력으로 수도를 하여 무상정각無上正覺에 이르도록 힘써야 할 것입니다.

* 『신인간』 349호, 포덕118(1977)년 8월.

신앙생활과 참회

신앙생활에서 가장 아름다운 것은 자기 잘못을 참회하는 마음이라고 생각합니다. 그래서 수운대신사께서는 참회문을 지어서 제자들로 하여금 외우도록 하셨습니다.

"저는 ○○ 나라에 태어나 살면서 욕되이 인륜에 처하여 천지의 덮고 실어주는 은혜를 느끼며 일월이 비춰 주는 덕을 입었으나 아직 참에 돌아가는 길을 깨닫지 못하고 오랫동안 고해에 잠기어 마음에 잊고 잃음이 많더니 이제 이 성세에 도를 선생께 깨달아 이전의 허물을 참회하고 일체의 선에 따르기를 원하여 길이 모셔 잊지 아니하고 도를 마음공부에 두어 거의 수련하는데 이르렀습니다. 이제 좋은 날에 도장을 깨끗이 하고 지극한 정성과 지극한 소원으로 받들어 청하오니 감응하옵소서."

도를 닦는 사람은 참회문을 많이 외어 그 깊은 뜻을 깨닫고 진실한 마음으로 참회하는 데 이르러야 합니다. 지나간 잘못을 참회하고 다시는 잘못을 하지 않아야 참으로 참회를 했다고 할 수 있습니다. 농촌에서 논을 가는 소가 잘못하여 수렁에 빠지면 그 이듬해가 되어 그 자리에 가면 다시는 빠지려고 하지 않습니다. 그런데 만물의 영장이라고 하는 사람은 물욕과 감정과 아집 때문에 잘못을 저지르고는 후회를 하고서 또 잘못을 합니다. 이같이 반복하면서 살아가는 것이 범부중생凡夫衆生입니다. 그러므로 고민과 번뇌로 애를 쓰다가 병들어 죽는 것입니다.

세상사람들은 한울님을 모르기 때문에 한울님을 등지고 이치에 어긋나서 잘못을 저지르게 마련이요, 양심에 가책을 받아도 한울님을 두려워하는 마음이 없기 때문에 진실한 참회가 되지 못하여 또 잘못을 하게 됩니다.

그러나 도를 닦는 사람은 다릅니다. 지극한 믿음과 공경과 정성으로 3·7자를 외우면 강령이 되어 한울님 모심을 깨달으며, 한울님을 두려워하는 마음이 잠시라도 떠나지 않게 되어 한울님을 부모와 같이 스승과 같이 모시고 받들고 섬기면서 한울님에게 지나간 모든 잘못을 참회하게 되므로 또 다시 잘못을 할 수 없는 진실한 참회를 하는 것입니다.

어느 교인 한 분이 교회 기관지 20부를 팔아서 그 대금을 교회에 납부하지 않고 교인들과 같이 술을 마셔 버렸습니다. 십년 후에 그 교인은 진실한 수련으로 한울님 모심을 깨닫고 참회하게 되어, 아무도 모르는 일이지만 대금을 교회에 납부하였다고 합니다. 이것이 참다운 참회입니다.

도를 닦는 사람은 지난 모든 잘못을 진실로 참회해야 한울님과 스승님의 감응을 받을 수 있습니다.

수운대신사께서 「팔절」에서 "마음의 얻고 잃음을 알지 못하거든 마음 쓰는 곳에 공과 사를 살피고, 오늘에 있어 어제의 그름을 생각하라."고 하셨습니다. 자기의 언행을 반성하고 잘못을 참회하는 것은 참되게 정진하는 길이요, 날이 가고 달이 가면 새 날이 오면서 새 사람, 참사람이 될 것입니다.

오늘날 세상사람들은 습관된 물정심物情心으로 자기를 잃어버리고 미친 사람이 되어 하루살이처럼 생명을 헌신짝같이 생각할 뿐 아니라, 물욕·감정·아집으로 돈·권력·명예에 미치고, 사치하고 놀고 먹는 데 미쳐 있는 것이 사실입니다. 그리고는 끝에서 괴로워하고, 안타까워하고, 슬퍼하고, 근심하고, 걱정하고, 화내고, 울며 병들어 아우성을 치고 있으니 이것이 지옥이 아니고 무엇이겠습니까? 한심하고 불쌍한 것이 세상사람들입니다.

우리는 천도교인입니다. 연성수도로 습관된 물정심, 그 육신관념을 버리고 성령으로 개벽해야 하겠습니다. 자기부터 정신개벽을 해야 민족개벽도 할 수 있고, 사회개벽도 할 수 있는 것입니다. 정신개벽은 말이나 생각, 지식이나 글로 하는 것이 아닙니다. 3·7자 주문으로 하는 것입니다.

스승님 말씀대로 해야 합니다. 우리들은 모두 스승님의 제자입니다. 제자는 스승님의 가르침에 따라야 할 것이요, 스승님을 닮아야 할 것이요, 스승님과 같이 견성각심見性覺心으로 인내천의 진경을 터득해야 할 것입니다.

이신환성以身換性으로 자기의 정신을 개벽하여 미망심迷妄心과 의구심疑懼心과 자존심自尊心을 헌 옷을 벗듯이 벗어 버리고, 깨끗하고 맑은 마음이 되어 바르고 밝고 착하고 의로운 방향으로 수고롭고 괴롭고 부지런하고 힘쓰는 천도의 사단四端을 지켜 나가야 할 것입니다. 그리하여 보국안민·포덕천하·광제창생·지상천국 건설에 힘쓰며 물심 양면으로 희생 봉사를 해야 할 것입니다.

천도교인은 모두 너나 할 것 없이 반성하고 참회를 하셔야 합니다. 현재 자기 자신이 이신환성으로 정신개벽이 되었는가, 지금 정신개벽을 하려고 성심수도誠心修道를 하고 있는가, 경외지심敬畏之心이 발동되었는가, 한울님 모심을 체험하고 깨달았는가, 한울님과 스승님 감응을 받고 있는가, 감사하는 마음과 기쁨이 생겼는가, 자기 마음을 믿고 공경할 수 있게 되었는가, 각심覺心을 하였는가, 견성見性이 되었는가…. 이와 같은 반문을 하며 참회하고 노력하고 마음과 힘을 다하여 수도에 정진해야 합니다.

한울님께서는 정성과 공경과 믿음을 다하여 기도하며 원하고 구하면 반드시 감응하십니다. 한울님은 만유를 화생하시고 만유 속에 계시면서, 만유를 통일하고 만사를 간섭·명령하시는 유일무이한 절대자·완전자요, 부모와 같고 스승과 같은 격을 가졌기 때문에 원하고 생각하는 대로 이루어 주십니다. 성심본체는 하나입니다. 성性은 일원一源이요, 심心은 일천一天이므로 신성사님의 성령과 우리의 성령은 같습니다. 같기 때문에 스승님과 같이 높은 인격을 갖출 수 있는 것입니다.

믿고 하면 그렇게 될 것입니다. 신성사님들의 말씀을 믿고 의심없이 무조건 정성을 다하여 신앙하는 것이 우리 교인의 바른 자세입니다. 신성사님의 말씀을 이론적으로 따지고 의심하면서 어떤 말씀이 옳고 어떤 말씀은 그르다는 생각을 하는 사람은 평생토록 교인 노릇을 한다고 하여도 그야말로 탁명교인에 불과합니다. 종교는 믿음이 근본입니다. 무조건 믿고 힘써 수도하면 강령도 되고 한울님 말씀함을 체험하게 됩니다.

의암성사께서는 「권도문勸道文」에 "대선생님께서 경신년 사월 오일에 강령지법降靈之法을 지어 사람으로 하여금 한울님 모심을 알게 함이요 한울님 모심을 알면 가히 써 한울님 말씀함을 알지라 어찌 의심할 바 있으리오."라고 분명히 말씀하셨습니다. 해월신사께서는 "보았으나 보이지 아니하고 들었으나 들리지 않는 데 이르러야 가히 도를 이루었다고 할 것이요 밖으로 접령하는 기운이 있음과 안으로 강화의 가르침이 있음을 확실하게 투득해야 가히 덕을 세웠다 말할 수 있다."고 말씀하셨습니다. 또 해월신사께서는 「대인접물待人接物」에서 "그러함을 아는 사람과 그러함을 믿는 사람과 그러함을 마음으로 느끼는 사람은 거리가 같지 아니하니 마음이 흐뭇하고 유쾌하게 느낌이 있은 뒤에라야 능히 천지의 큰 일을 할 수 있다."고 말씀하셨습니다.

종교인은 마음과 몸으로 체험하는 것이 가장 고귀한 공부요, 참다운 지식이 됩니다. 우주의 근본 원리를 터득하는 것은 오직 마음입니다. 습관에서 생기는 물정심을 버리고 한울님 마음을 회복하여 그 한울님 마음을 스

승으로 삼고, 그 한울님 마음을 믿고 공경하고 정성을 다하면 견성각심見性
覺心으로 대도를 순성順成할 수 있을 것입니다.

우리는 모두 대오반성하고 지난 모든 잘못을 참회하여, 지극한 연성수도로 참나를 찾고 행복한 가정을 만들고 교회를 위하고 나라를 위하고 창생을 건지는 선구자인 참다운 천도교인으로 살아 가도록 다 같이 노력합시다.

신앙하는 사람은 항상 자기 잘못을 참회하는 일을 게을리 하면 안 되는 것입니다. 진실한 참회가 진실한 신앙입니다.

* 『신인간』 350호, 포덕118(1977)년 9·10월 합병호.

한울님을 위하는 글

　수운대신사 당시에 제자들이 "주문의 뜻은 무엇입니까?" 하고 묻자 수운대신사께서 "한울님을 지극히 위하는 글이므로 비는 말씀이라. 지금 글에도 있고 옛글에도 있는 것이니라."고 대답하는 장면이 「논학문」에 나옵니다.
　그리고 3·7자 주문을 해석하시며 "밝고 밝은 한울님의 덕을 늘 생각하여 잊지 아니하면 지기와 지극히 화하여 지극한 성인에까지 이르게 된다."고 말씀하셨습니다. 또 "한편으로 주문呪文을 짓고 한편으로 강령降靈하는 법을 짓고 한편으로 잊지 않는 글(不忘之詞)을 지으니 절차와 도법이 오직 이십일 자로 될 따름이라."고 하셨습니다.
　그러므로 천도교인은 3·7자 주문으로 이신환성以身換性을 해야 하고, 자기완성을 해야 하고, 정신개벽을 해야 하고, 민족개벽을 해야 하고, 사회개벽을 해야 하고, 남북통일을 해야 하고, 종교통일을 해야 하고, 보국안민·포덕천하·광제창생·지상천국이 되도록 해야 합니다. 즉, 일체 만사가 3·7자

주문에 있습니다. 지극히 믿음과 공경과 정성을 다하는 것도 3·7자 주문에 있습니다. 지극한 믿음과 공경과 정성을 다하여 3·7자 주문으로 한울님을 위하면 한울님의 무궁한 지혜와 무한한 능력을 받게 되므로 만사여의萬事如意가 되고 만사지萬事知가 됩니다.

주문을 지극히 외어 강령을 자유자재로 할 수 있게 되면 본주문 13자만 외웁니다. 초보자는 현송顯誦으로 3·7자 주문을 외우는 것이 효과적이며, 몸에 기화지신을 모시게 되므로 양기養氣 공부가 잘 됩니다. 묵송默誦과 묵념默念은 성심性心을 쌍수雙修할 수 있는 마음이 된 후에 해 나가야 합니다. 다시 말씀을 드리면 정신통일을 자유자재로 할 수 있는 도인으로서 각심覺心·해탈·무아경無我境을 거치는 것이 견성見性 공부임을 잘 분별하시면서, 한편으로 양기공부를 하고 한편으로 견성공부를 해야 할 것입니다.

기성종교를 보면 선교仙敎, 기독교인들은 양기 공부만을 위주로 하고, 불교인들은 견성 공부를 위주로 한다고 할 수 있습니다. 그래서 기성종교인들 중에 간혹 그 정성으로 한울님의 감응을 받는 사람이 있지마는 수도의 계단을 모르기 때문에 도를 통한다는 것은 어려운 일입니다.

천도교는 스승님들께서 3·7자 주문과 수도의 계단을 분명히 밝혀주었으므로 속보 속진할 수 있으며 많은 성현들이 배출될 수도 있습니다. 천도교와 기성종교는 이치도 다르지만 한울님의 감응을 받는 차이는 더 큽니다. 천도교인은 일주일 동안만 독공을 하면 모두 한울님 모심을 체험할 수 있지만 기성종교의 성직자라고 하는 신부, 목사, 승려들은 한울님 모심을 체험한 사람이 극히 드뭅니다. 한울님께서 수운대신사께 말씀하신 "개벽 후 오만년에 노이무공하다가서 너를 만나 성공하니 나도 성공 너도 득의"라고 하신 뜻이 여기 있습니다. 천도교인이 되어 3·7자를 외우는 우리는 무한한 복을 받은 사람들입니다.

수운대신사께서는 '먼저 믿고 정성을 하라'고 하셨습니다. 그러므로 우리 교인들은 3·7자 주문을 외우는 데 우선 믿고 정성을 다해야 할 것입니다. 믿음이 없는 정성은 허사요 한울님의 감응을 받을 수 없는 것입니다. 수운대신사께서 "믿음에 있고 공부하는 데 있지 않고, 정성에 있고 구하는 데 있지 아니하고, 가까운 데 있고 먼 데 있지 않다."고 하셨습니다. 해월신사께서는 "정성이 있고 믿음이 지극하면 돌을 굴리어 산에 올리기도 쉬우려니와 정성이 없고 믿음이 없으면 돌을 굴리어 산에서 내리기도 어려우니 공부하는 것의 쉽고 어려움도 이와 같다."고 하셨습니다.

도를 닦는 우리들은 오직 한울님의 덕과 스승님의 은혜를 생각하고 또 생각하여 잊지 아니하고 지극한 믿음과 공경과 정성을 다하여 주문을 외우면 지기와 지극히 화하여 지극한 성인에 이르게 됩니다.

수운대신사께서는 "열세 자 지극하면 만권시서 무엇하며 심학이라 하였으니 불망기의 하였어라."고 하시고 또 "문장이고 도덕이고 귀어허사 될까보다."라고 하셨습니다.

도를 닦는다는 것은 심학心學이라 우리들은 수운대신사님 말씀대로 주문만 지극히 외우면 도성덕립이 될 것입니다.

주문을 쉬운 말로 해석하면 "무사불섭無事不涉 무사불명無事不命한 지기至氣에 지금 이르렀사오니 크게 기화氣化되옵기를 원하옵니다. 한울님 모시옵고 한울님 덕에 합하고 한울님 마음으로 정하여 영원히 잊지 않겠사오니 만사지萬事知가 되게 하옵소서." 하는 뜻이 됩니다. 수도의 계단으로 나누어 보면 '지기금지 원위대강'은 강령의 계단이요, '시천주'는 강화의 계단이요, '조화정'은 자천자각自天自覺의 계단이요, '영세불망'은 해탈의 계단이요, '만사지'는 대도견성의 계단으로 볼 수 있습니다.

도를 닦는 사람은 주문을 외우면서 한 계단 한 계단씩 정진해 나아가며 한울님과 스승님과 주문과 경전과 내 몸과 마음이 하나가 되도록 해야 합니다.

『동경대전』「포덕문」을 보면 "이 영부靈符를 받아서 제인질병濟人疾病하고 주문을 받아서 사람을 가르치라."고 하셨고「논학문」에서는 "천지무궁지수天地無窮之數와 도지무극지리道之無極之理가 이 글에 실려 있다."고 하셨습니다. 그러므로 3·7자 주문으로 이신환성이 되고, 3·7자 주문으로 참사람이 되고, 3·7자 주문으로 기쁘고 감사하는 마음과 경외지심敬畏之心이 발동되고, 3·7자 주문으로 인내천人乃天 사람이 되어야 하겠습니다.

천도교인들은 3·7자 주문 외우는 것이 생활화가 되어야 합니다. 잠자고 일어나서부터 집을 나와 길을 갈 때에나 일을 할 때에나 앉았을 때에나 일어날 때를 막론하고 3·7자 주문을 외우는 것이 습관이 되어서 주문으로 화하면 모든 일이 뜻과 같이 될 것입니다.

3·7자 주문으로 한울님 마음을 회복하여 그 마음을 스승으로 삼아 굳세게 하여 빼앗기지 아니하며, 한번 정하면 움직이지 아니하며, 부드러우나 약하지 아니하며, 깨달아 매혹하지 아니하며, 잠잠하나 잠기지 아니하며, 한가하나 쉬지 아니하며, 움직이나 어지럽지 아니하며, 흔들어도 빼어지지 아니하며, 멈추었으나 고요하지 아니하며, 보이나 돌아보지 아니하며, 능력이 있으나 쓰지 아니하면 반드시 견성각심見性覺心이 될 것입니다.

3·7자를 열심히 외우면 강령降靈이 되고 강화降話가 되어 모든 이치를 터득하고 자천자각으로 해탈이 되고 대도견성이 됩니다. 수도자가 수도의 계단을 밟지 아니하고 일약 견성각심을 한다는 것은 망상이요 잘못된 생각입니다. 반드시 계단을 하나하나 거쳐야 인내천의 높은 단계에 오를 것입니다.

수운대신사께서는 "운수야 좋거니와 닦아야 도덕이라. 너희라 무슨 팔자 불로자득 되단말가."라고 하셨습니다. 천도교를 신앙하여 인내천人乃天의 원리를 생각만 한다고 저절로 도성덕립이 될 수는 없습니다. 지극한 믿음과 공경과 정성으로 독공을 하지 않으면 스승님과 같이 될 수 없습니다. 수운대신사께서는 또 "도성덕립은 재성재인在誠在人이요" 또 "사사상수師師相授 한다 해도 자재연원自在淵源 아닐런가."라고 하셨습니다.

도를 닦는 사람은 반드시 입도식入道式을 하고, 선각자의 지도를 받아야 합니다. 떠도는 말을 듣고 떠도는 주문을 듣고 자기 멋대로 하면 사문師門에 없는 법을 지어내어 난법난도자가 되는 것입니다. 입도식을 행하고 지도를 받으며 수련하면 절차 과정이 분명하여 대로를 가는 것과 같으므로 빠른 시일 내에 대도를 순성順成할 수 있습니다. 3·7자 주문을 외우며 천도교를 하는 사람은 정도를 가기 때문에 만사여의가 되는 것입니다.

수운대신사께서는 "도래삼칠자圖來三七字 항진세간마降盡世間魔"라고 하셨습니다. 천도교에 입교하여 3·7자 주문을 정성껏 외우면 한울님을 모시게 되고 따라서 자기 한 몸이 건강해지고 한 가정이 일 년 삼백육십 일을 하루같이 편안하게 화목하며, 부부가 화순하여 행복한 가정이 이루어집니다. 나아가 하는 일마다 모두 천우신조하여 만사형통이 되고, 정성을 다하여 교회에 이바지하게 되고 충성한 마음으로 나라를 위하고 창생을 건지고 천국을 건설하는 데 앞장서는 선구자가 되어 종자 사람으로서 책임과 의무를 다할 수 있게 됩니다.

* 『신인간』, 351호, 포덕118(1977)년 11월

정성과 공경과 믿음

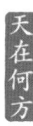

수운대신사께서는 「수덕문」에서 다음과 같이 가르쳐 주셨습니다.

"대저 이 도는 마음으로 믿는 것이 정성이 되느니라. 믿을 신信 자를 풀어보면 사람의 말이라는 뜻이니 사람의 말 가운데는 옳고 그름이 있는 것을, 그 중에서 옳은 말은 취하고 그른 말은 버리어 거듭 생각하여 마음을 정하라. 한번 작정한 뒤에는 다른 말을 믿지 않는 것이 믿음이니 이와 같이 닦아야 마침내 그 정성을 이루느니라. 정성과 믿음이여, 그 법칙이 멀지 아니하니라. 사람의 말로 이루었으니 먼저 믿고 뒤에 정성하라. 내 지금 밝게 가르치니 어찌 미더운 말이 아니겠는가. 공경하고 정성들여 가르치는 말을 어기지 말지어다."

"우리 도는 넓고도 간략하니 많은 말을 할 것이 아니라, 별로 다른 도리가 없고 성誠·경敬·신信 석 자이니라. 이 속에서 공부하여 터득한 뒤에라야 마침내 알 것이니, 잡념이 일어나는 것을 두려워하지 말고 오직 한울님을 두려워해야 깨달아 지知에 이르느니라."(「좌잠」)

또 해월신사께서는 "우리 도는 성·경·신 세 글자에 있느니라. 만일 큰 덕이 아니면 실로 행하기 어려운 것이요, 과연 성·경·신에 능하면 성인되기가 손바닥 뒤집기 같으니라."고 말씀하셨습니다.

천도교를 신앙하는 것은 신성사님의 말씀에 따라 이신환성以身換性으로 자아의 정신을 개벽하고, 민족개벽으로 모든 사람들을 지상신선이 되게 하여 참다운 자유와 극락을 누리도록 하려는 데 그 목적이 있습니다. 이와 같은 목적을 달성하려면 각기 스스로 지극한 믿음과 지극한 공경과 지극한 정성을 들여 선구자로서의 책임을 다 해야 합니다.

첫째, 믿음입니다. 믿음이란 사람의 말을 믿는 것이라고 하였습니다.

사람의 말 가운데도 믿을 수 있는 말과 믿을 수 없는 말이 있습니다. 우리들은 천도교인입니다. 그러므로 스승님의 말씀을 믿고 한울님을 부모와 같이 모시고 공경하고 섬기고 받들고 믿으면 됩니다. 이것이 천도교의 신앙입니다.

수운대신사께서는 "날로 믿고 그러하냐 나는 도시 믿지 말고, 한울님을 믿었어라. 네 몸에 모셨으니 사근취원捨近取遠 하단말가." 하셨습니다. 해월신사께서는 네 몸에 모신 한울님을 부모처럼 섬기고 모든 사람이 한울님을 모셨으니 사인여천하라고 하셨습니다. 의암성사께서는 육신관념과 성령으로 사람과 한울님을 구분하여 나에게 나 아닌 참나가 있어 굴신동정을 하게 된다는 것을 투철하게 터득하는 것이 이신환성이 되는 길이라고 하셨습니다.

이와 같이 분명하게 가르쳐 주셨습니다. 세상사람들은 흔히 사회 불신, 기성세대 불신, 사제 불신, 부자 불신, 형제 불신, 부부 불신을 말하고 있습니다. 올바른 믿음을 모르고 물욕·감정·집착으로 된 물정심으로 살기 때문에 타인을 믿지 못하는 것은 물론이요 자기 자신도 믿지 못하게 된 것입니다. 참다운 믿음이 없으므로 자기가 자기 마음을 믿지 못하여 근심하고, 걱정하고, 슬퍼하고, 고독을 느끼며 공포 속에서 하루하루를 살게 되고 타락한 염세자厭世者가 되는 것입니다.

지극한 믿음을 가진 사람은 한울님을 모시고 있음을 느끼기 때문에 항상 기쁘고 감사하는 마음을 가지고 일용행사를 함으로써 한울님과 스승님의 감응을 받게 되어 크고 작은 모든 일이 뜻과 같이 됩니다.

교인들 가운데는 지극한 믿음으로 사경死境에서 헤매다가 건강을 되찾은 사람, 믿음으로 가정이 화목하게 되신 분, 천도교를 믿기 때문에 신의와 신용으로 사업에 성공하신 분, 직장에서 윗사람과 부하 직원으로부터 존경을 받는 사람 등 많은 사람들이 믿음의 힘, 믿음의 빛을 보여주고 있음은 우리들이 보고 듣고 있는 사실입니다.

둘째, 공경입니다. 공경 경敬 자를 풀이하면 아버지를 진실로 모신다는 뜻입니다.

수운대신사께서는 「팔절」에서 "공경이 되는 바를 알지 못하거든 잠깐이라도 모앙함을 늦추지 말고, 자나깨나 내 마음을 두려워하라."고 말씀하셨습니다.

천도교를 신앙하는 사람들은 한울님을 극진히 공경하는 것은 물론이요, 스승님을 지극히 사모하며 공경하고, 모든 사람을 한울님같이 공경하고 섬기며, 나아가서는 만물까지도 공경하는 데 이르러야 합니다. 그러므로 해월신사께서 경천敬天·경인敬人·경물敬物의 삼경설三敬說을 말씀하셨습니다. 타인에게 공경을 받고자 하면 먼저 스스로 남을 공경해야 남도 나를 공경할 것입니다. 가정에서 부인과 자식들에게도 반드시 경어를 써야 부인과 아이들이 아버지를 존경하게 될 것입니다.

'가는 말이 고와야 오는 말도 곱다'는 속담과 같이 나부터 말과 행동을 곱고 바르게 하면 다른 사람도 따를 것이요 한울님께서도 감응하십니다. 도를 닦는 사람은 자나깨나 잠시도 잊지 않고 한울님을 공경하고 생각하되 목마른 사람이 물을 생각하듯이, 배고픈 사람이 밥을 생각하듯이, 어린 아기가 엄마를 생각하듯이 지극히 모앙하며 공경해야 합니다.

셋째, 정성입니다. 모든 목적을 달성하는 데는 반드시 지극한 정성이 필요합니다.

농부가 봄에 씨를 뿌리고 정성을 다하여 가꾸지 않으면 가을에 많은 수확을 할 수 없으며, 공부하는 학생이 정성으로 노력하지 않으면 좋은 성적을 올릴 수 없습니다. 도를 통하려고 하는 사람도 정성이 없이는 절대로 도를 통할 수 없습니다. 수운대신사께서는 「팔절」에서 "정성이 이루어지는 것을 알지 못하거든 내 마음을 잃지 않았나 헤아리고, 내가 스스로 나의 게으름을 알라."고 말씀하셨습니다.

자기 마음은 자신이 잘 알고 있으므로 작심作心으로 정성의 마음을 가지고 모든 일용행사를 해야 합니다. 정성에 대한 말씀을 드리게 되는 이 시간에 교인들이 교회에 바치는 정성을 말씀드리지 않을 수 없습니다. 교인이면 누구나 성미와 연성을 바칩니다. 그런데 놀랍고 한심한 것은 성미대금과 연성대금을 에누리를 하고 있으니 한울님과 스승님께 부끄럽고 송구스러운 일입니다. 어찌 하자고 그런 마음을 가지는지 알 수가 없습니다.

기독교, 천주교, 불교인들은 많은 정성을 교회에 바칩니다. 우리 천도교인도 옛날 선배들께서는 물심 양면으로 많은 정성을 교회에 바쳤던 사실은 역사를 통하여 누구나 잘 아는 일입니다. 교회에 성금을 내는 것은 곧 한울님과 스승님께 바치는 것이요, 거룩한 목적을 달성하는 자금이 됩니다. 우리 교인들이 성금을 교회에 바치면 한울님께서 기뻐하시며 몇 갑절로 보상한다고 저는 굳게 믿습니다. 우리 교인들은 모두 천사님 앞에 참회하고 물심 양면으로 교회에 정성을 바쳐 누구보다도 많은 복을 받도록 해야 할 것입니다.

정성을 극진히 하되 중단 없이 계속되는 정성이 되어야 합니다. 해월신사께서 말씀하시기를 "순일純一한 것을 정성이라 이르고 쉬지 않는 것을 정성이라 이르나니 순일하고 쉬지 않는 정성으로 천지와 더불어 법도를 같이 하고 운을 같이 하면 가히 대성 대인이라."고 하셨습니다.

이상과 같이 믿음과 공경과 정성을 다 해야 할 것입니다. 도를 닦는 사람이 혹 믿음이 없으나 정성이 있는 사람이 있고, 믿음은 있으나 정성이 없는 사람도 있으니 먼저 믿고 그 후에 정성을 다 해야 합니다. 만약 실지의 믿음이 없으면 헛된 정성이 됩니다. 사람으로서 믿음이 없으면 수레의 바퀴 없음과 같으며, 믿음이 없는 사람은 한 등신이요 밥주머니와 같은 사람입니다.

해월신사께서 말씀하시기를 지극한 믿음이 있으면 신통력을 얻을 것이요, 지극히 공경을 하면 한울님과 말씀을 주고받게 될 것이요, 지극한 정성이 있으면 한울님을 대신하여 도를 행하게 된다고 하셨습니다.

도를 닦는 사람은 믿음과 공경과 정성을 다하여 한울님의 능력과 무궁한 지혜를 받아 천지만물이 조판된 전후 시종의 이치를 알고, 인간의 화복 인과를 터득하고 자천自天을 자각自覺하여 자기 마음을 믿고 공경하고 정성을 다하여 대도건성이 되도록 다 같이 노력합시다.

* 『신인간』 355호, 포덕119(1978)년 3월.

시천주의 생활

天在何方

　사람은 한울님의 은덕으로 태어났습니다. 그리고 그 은덕으로 살아가고 있습니다. 그런데 흔히 세상사람들은 이 한울님의 은덕을 모르고 살아갑니다. 한울님의 은덕을 모르고 살아간다는 것은 속되게 말하면 금수와 같은 생활이라 해도 지나친 말이 아닐 것입니다. 사람으로서 사람다워지려면 무엇보다도 한울님의 은덕을 알고 보답하는 생활을 해야 합니다.

　만일 한울님의 은덕을 생각하지 않고 물질적인 것에 사로잡히거나 감정에 얽매이거나 '나'라는 아집에 포로가 되면 사람 구실을 못하는 것입니다. 그렇게 되면 바르지 못하고 밝지 못하고 착하지 못하고 의롭지 못한 생각과 행동으로 기울어지게 됩니다. 즉, 스스로 한울님의 이치와 뜻을 배반하고 한울님이 맡긴 사명을 어기고 의심과 무서움에 빠지고 망령되고 사특한 생각으로 괴롭고 슬프고 애타는 생활을 하게 마련이므로 불행하게 되는 것입니다.

　한울님의 은덕을 알기 위해서는 먼저 한울님을 내 몸에 모셨다는 것을 확실히 깨달아야겠습니다. 한울님은 애초에 이 세상에 사람을 태어나게 할 때 맑고 깨끗하고 티끌 한 점 없는 본래의 한울님 마음을 주셨으며, 한울님 스스로 사람의 육신 속에 살고 있습니다. 그러나 육신을 가진 사람은 눈·코·입·귀·몸·뜻에서 생기는 육신관념 때문에 한울님을 모셨다는 것을 잊어버렸습니다.

경신년 사월 오일에 수운대신사는 강령지법降靈之法으로 한울님을 모시고 한울님의 가르침에 따라 "하염없는 이것들아 날로 믿고 그러하냐 나는 도시 믿지 말고 한울님만 믿었어라. 네 몸에 모셨으니 사근취원 하단 말가."라고 가르치셨습니다. 천도교를 믿는 교인들은 수운대신사가 가르치신 강령지법으로 한울님 모심을 체험하고 한울님의 가르침을 받는 시천주의 생활을 해야 할 것입니다.

한울님은 만물을 화해 놓고 만물 속에 계시면서 만물을 통일하고, 간섭하고, 명령하시는 지묘至妙한 영靈이므로 부모와 같고, 스승과 같고, 임금과 같은 유일무이한 존재입니다. 그러하기 때문에 시천주의 생활이란 한울님을 부모와 같이 믿고 모시고, 스승과 같이 공경하여 섬기고, 임금에게 충성을 하듯이 진심갈력하여 믿음과 공경과 정성을 다하는 것이 시천주의 생활입니다.

시천주의 생활이 중단없이 지속되려면 주문과 심고로써 강령이 자유자재로 되어야 합니다. 한울님 생각을 염념불망하는 것이 수도자의 한결같은 마음가짐이어야 할 것입니다.

어느 교인이 옛날에는 주문을 조금만 외어도 강령이 되었는데 지금은 아무리 외워도 강령이 안 된다고 하소연하였습니다. 그 이유는 명백합니다. 옛날 강령이 잘 될 때는 믿음이 있었고, 그 후 복잡한 생활이 계속됨에 따라 한울님을 잊어버리고, 믿음도 없어지고 주문도 외지 않았기 때문에 강령이 안 되는 것입니다. 이러한 분은 새로운 마음을 갖고 정성을 다하여 강령이 다시 되도록 노력하셔야 합니다.

대강령이 되면 몸과 마음에 변화가 생깁니다. 몸은 건강해지고, 마음은 기쁨이 가득차서 감사하게 되고, 또 경외하는 마음이 발동합니다. 순수하고 참답고 깨끗하고 맑은 마음이 되는 것입니다.

금번 중앙총부에서는 다섯 차례에 걸쳐 우이동 봉황각에서 일주간씩 연성회鍊成會를 하여 많은 성과를 거두었습니다. 연성회에 참석한 교인들은 한결같이 기뻐했고, 감사해 했고, 경외지심의 발동으로 순수하고 참되고 깨끗한 한울님 마음이 되어 수도를 좀 더 하였으면 하는 생각으로 집으로 돌아가기를 싫어하셨습니다.

연성회에 참여하신 분 중에 많은 기적이 나타났습니다. 마산에서 오신 오완주 동덕은 오랫동안 신경통과 한쪽 발 마비로 고생하였는데 대강령이 되어 자기도 모르는 사이에 나았다고 폐강식 소감 발표 때 말씀하셨습니다. 어떤 부인은 오랫동안 산후병으로 고생하다가 마음에 느낀 바 있어 병석에서 일어나 남의 부축을 받으면서 연성회에 참석하여 지극히 주문을 외워 대강령으로 몸이 회복되어 자기 손으로 빨래도 하고 청소도 하다가 기쁜 마음으로 집으로 갔습니다. 어떤 부인은 입교하여 30년 동안을 오관실행을 하였는데 이번에 처음으로 대강령이 되어 한울님 모심을 체험하고 한울님 가르침까지 받으셨다는 신앙 고백을 하셨습니다. 그 외에도 많은 분들이 한울님의 감응을 받고 돌아갔습니다. 연성회를 통하여 많은 분들이 시천주의 생활로 인도되었고, 종단의 근본이 되는 신앙 부활에 큰 효과를 거두었습니다.

　천도교의 특별한 점은 한울님을 믿고 주문을 외우면 빠른 시간 내에 한울님 모심을 체험하는 데 있습니다. 혼자서 수도를 하면 좀 시간이 걸리지만 많은 사람들이 모여 합동으로 공동수련을 일주일만 하면 거의 대강령으로 한울님 모심을 체험합니다. 기독교에서도 강령이 되는 것을 성신강림이라고 하지마는 성신강림을 받은 기독교인은 극히 드물다고 들었습니다. 수운대신사가 말씀하신 대로 서학에는 주문이 없고 오로지 자기만을 위하기 때문에 한울님께서 감응을 하지 않는 것입니다.

　천도교를 믿어 빠른 시간 내에 강령으로 한울님 모심을 체험하게 되는 것은 수운대신사의 큰 은덕입니다. 의암성사께서 「권도문」에 "우리 대선생께서 경신 사월 오일에 강령지법降靈之法으로 한울님 모심을 알게 함이요 한울님 모심을 알면 가히 써 한울님 말씀함을 알지라 어찌 의심할 바 있으리오."라고 하셨습니다. 천도교인들은 모두 스승님의 말씀을 믿고 강령지법으로 한울님을 모시고 시천주의 생활을 하셔야 합니다. 자기 자신이 한울님을 모시게 되어야 온 가족이 한울님을 모시도록 인도하여 도가완성으로 행복하게 될 것이요, 온 교인이 시천주가 되어야 동귀일체가 될 것이요, 온 민족이 시천주가 되어야 민족통일이 되어 우리가 바라는 보국안민이 될 것이요, 온 인류가 한울님을 모시게 되어야 사람마다 신선사람이 되어 지상천국이 될 것입니다.

우리나라 사람들은 모두 남북통일을 바라고 있습니다. 특히 천도교인들은 그 누구보다도 더욱 남북통일을 바랍니다. 남북통일은 첫째 국토통일이요, 둘째 민족통일이요, 셋째 제도통일이 되어야 합니다.

그렇다면 천도교인들이 해야 할 책임과 의무는 명약관화한 일입니다. 오직 신성사님의 말씀을 믿고 시천주의 생활을 하며 포덕하는 것입니다. 시천주의 생활은 한울님을 모시고 오직 바르고 밝고 착하고 의로운 마음으로 수고롭고 괴롭고 부지런하고 힘쓰는 천도의 사단四端을 지켜 정진하는 것입니다. 또한 시천주의 생활을 함으로써 모든 것을 알 수 있고, 모든 소원을 이룰 수 있고, 행복하게 잘 살 수 있습니다. 시천주의 생활에서 자기만족을 찾을 수 있고, 교회의 목적을 달성할 수 있고, 민족과 인류의 평화와 자유를 얻을 수 있습니다.

천도교인들은 모두 시천주侍天主의 생활을 지속하여 양천주養天主의 계단을 거쳐 각천주覺天主의 높은 자리를 터득하여 인내천人乃天의 진경에 도달하도록 다 같이 노력합시다.

* 『신인간』 361호, 포덕119(1978)년 10월.

1980년대

무궁한 나 223 | 정시정문正示正聞 227 | 천재하방天在何方 233

만사지·2 238 | 각천주覺天主 243 | 자유 249

도道 253 | 마음 258 | 이신환성·2 264

삼화일목三花一木 269 | 도성덕립은 재성재인在誠在人 276

天在何方

먹고 마시고 숨 쉬며 사는 것, 앉고 누워 자는 것, 일하며 동정하는 것의 일용행사 모두가 한울님의 큰 덕이요, 그 한울님의 덕을 생각마다 잊지 않는 것이 도를 닦는 사람의 마음입니다.

무궁한 나

　수운대신사께서는 「흥비가」에서 "이 글 보고 저 글 보고 무궁한 그 이치를 불연기연 살펴내어 부야흥야 비해 보면 글도 역시 무궁하고 말도 역시 무궁이라. 무궁히 살펴내어 무궁히 알았으면 무궁한 이 울 속에 무궁한 내 아닌가."라고 말씀하셨습니다. 무궁한 이 울 속에 무궁한 내가 되려면 먼저 스승님의 말씀이 기록된 경전을 분명히 살펴내어 무궁한 그 이치를 알아야 정심수도를 할 수 있고, 천인합일天人合一이 되어 무상정각에 이르러 무궁한 이 울 속에 무궁한 내가 될 수 있다는 것입니다.

　무궁한 나는 우주의 본체요 원리원소인 본래 한울님으로, 가고 오는 것도 없고(無去來), 위 아래도 없고(無上下), 의지하고 서 있는 것도 없고(無依無立), 공적도 없고(無空寂), 색상도 없고(無色相), 동정도 없고(無動靜), 생사도 없고(無生死), 한량없이 넓고·크고·맑고·깨끗한 것으로 본래는 업인業因과 장애가 없었으나, 떠도는 구름이 햇빛을 가린 것 같이, 맑은 거울에 먼지가 앉은 것과도 같이, 진주에 흙이 묻은 것과도 같이 오염되고 말았습니다.

법상法相이 색상色相으로 자화自化하면서 만물 가운데 사람으로 세상에 태어나서 눈·귀·코·혀·몸으로 경험하는 데서 물욕이 생기고, 감정이 생기고, 아집이 생겨서 삿되고 망령되며 시기하는 미망심과, 잘난 체 하며 아는 체 하는 자존심과, 의심하고 두려워하는 의구심 때문에 본래아本來我인 무한하고 무량하고 무궁한 나를 잊어버리게 된 것이 세상 사람들입니다. 그래서 한울님을 등지고 한울님의 뜻과 이치를 어기면서 스스로 생지옥을 만들어 놓고 그 속에서 살고 있는 것이 세상사람들입니다.

우리들은 천도교인입니다. 스승님께서 가르쳐 주신 대로 지극한 믿음과 공경과 정성으로 수련 성도하여 자기 자신이 한울님을 모시고 있다는 것을 깨닫고 한울님의 덕에 합하여 천인합일로 해탈이 되고, 만사지에 이르러 무궁한 이 울 속에 무궁한 내가 되어야 참된 천도교인이라고 할 것입니다.

일상생활을 하는 사람이 습관된 물정심에서 벗어난다는 것은 그리 쉬운 일이 아닙니다. 의암성사 말씀대로 나도 먼지요 물질도 먼지라, 동일한 먼지에 불과하다는 생각을 하여 육신관념을 성령으로 개벽해야 합니다. 의암성사께서 "몸을 성령으로 바꾸란 것은 대신사의 본 뜻이라. 성령은 곧 사람의 영원한 주체요, 육신은 곧 사람의 한때 객체니라."라고 말씀하셨습니다. 또 말씀하시기를 "큰 바다가 번복하면 어족이 다 죽듯이 대기가 번복하면 인류가 어떻게 살기를 도모하겠는가! 일후에 반드시 이러한 시기를 한 번 지나고서야 우리의 목적을 달성할 것이니 몸으로써 성령을 바꾸는 것은 이러한 시기에 살 길을 도모하는 오직 하나의 큰 방법이니라. 성심수련으로 본래의 성품으로 바꾸라! 후천개벽의 시기에 처한 우리는 먼저 각자의 성령과 육신부터 개벽해야 하느니라. 만일 자기의 성령육신을 자기가 개벽하지 못하면 포덕광제의 목적을 어떻게 달성하겠느냐"고 하셨습니다.

이 말씀을 깊이 생각하고 명심하여 교인된 사람은 무엇보다 먼저 이신환성으로 자기의 정신을 개벽해야 합니다. 자기의 정신을 개벽함으로써 자기 한 몸을 구하고, 자기 가정을 구하고, 도성덕립으로 무궁한 이 울 속에 무궁한 나, 본래의 나인 참나가 되며, 바르고·밝고·착하고·의로운 사람으로 거듭나고 만사는 뜻과 같이 될 것입니다. 자기의 오관五官에서 오는 의식과 지식에서 벗어나 나에게서 나 아닌 참나를 찾으면 그것이 바로 무궁한 나요, 한울님의 참 모습입니다. 한울님은 나를 떠나 먼 곳에 계시는 것이 아니라 내가 모시고 있습니다.

수운대신사께서는 "나는 도시 믿지 말고 한울님을 믿었어라, 네 몸에 모셨으니 사근취원하지 말라."고 말씀하셨습니다. 한울님께서는 만물을 화하여 놓고 그 만물 속에 계시면서 만사를 간섭하고 명령하십니다. 그 한울님이 바로 무궁한 나요, 우주의 성심본체입니다. 무궁한 나는 무궁한 지혜와 무궁한 능력을 가진 전지전능한 존재이며, 육신의 나는 유한하고 오관에서 얻어진 습성과 경험과 지식을 가진 것이 전부입니다. 의암성사께서 "학식이 높고 권력도 있고 부유한 사람이 언행이 바르지 못하고, 학식도 없고 권력도 없고 가난한 사람이 언행이 바르다면 어느 편을 따르고 믿겠는가." 하셨습니다.

세상에는 박사도 많고 학자도 많습니다. 그러나 언행이 일치하고 바른 사람은 보기 드물 뿐만 아니라 많이 배우고 아는 사람들이 남을 속이고 남에게 괴로움을 주는 사실들을 우리는 너무나 많이 보고 듣고 있습니다. 그러니까 경험과 지식만으로 생각과 말과 행동이 일치하며 바르게 할 수는 없는 것입니다. 한울님을 경외하는 마음이 없고, 공과 사를 분별치 못하고, 감사하는 마음이 없기 때문입니다. 비록 학식이 없고 하층 계급에 속한 사람이라도 한울님을 모시고 무궁한 나를 깨달은 사람은 언행이 일치하며 모든 것을 바르게 알고 바르게 행할 수 있게 됩니다.

우리 사회에서 필요한 사람은 언행이 일치하고 바른 사람, 착하고 참다운 사람, 의롭고 지혜롭고 용기 있는 사람, 무궁한 나를 깨달아 활연관통이 된 사람, 만사지가 되어 만 과학·만 철학과 모든 기성종교를 통일할 수 있는 사람입니다. 그래야만 광명정대하고 참말로 좋은 세상이 될 것입니다.

수운대신사께서 "요순성세 다시 와서 국태민안 할 것"이라고 말씀하셨으니 우리 교인들은 요순·공맹과 같은 사람, 예수·석가와 같은 사람, 아니 그보다 더 높은 신격을 가진 지상신선이 되어야 합니다. 그렇게 되어야만 우리의 목적인 포덕광제를 할 수 있습니다. 그러므로 무궁한 나를 깨닫기 위해 오직 한 마음으로 온갖 정성을 다하고 믿음과 공경을 다하여 우리 모두 진심갈력으로 정진하여 도성덕립이 되도록 힘쓸 것을 말씀드립니다.

* 『설교연구』 제8집, 포덕121(1980)년 3월.

정시정문 正示正聞

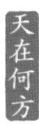

의암성사께서 "한울님이 반드시 바르게 보이고 바르게 들으니 만에 하나도 의심이 없느니라."고 말씀하셨습니다.

한울님께서는 인간이 생각하고 말하고 행동하는 데 따라 선악과 정사, 좋은 것 나쁜 것을 구분하지 않고 보여 주시고 들려 주시며, 그 사람이 원하는 대로 어떠한 수정도 가하지 않고 그대로 바르게 들으시고 바르게 응답을 하십니다. 따라서 이 세상에는 착하고 아름답고 성스러운 사람도 있고 추잡하고 사납고 교사하고 악한 사람도 있고, 부귀한 사람도 있고 천하고 고생하는 사람도 있고, 잘난 사람도 있고 못난 사람도 있고, 총명한 사람도 있고 우둔한 사람도 있습니다. 이처럼 억만 사람이 각자위심이요 각양각색 천차만별로 되어 있습니다. 그와 같이 된 것은 환경·습관·인과에 따라 작용하는 마음이 정시정문으로 현상화되어 활동사진처럼 나타난 것입니다.

부모·조상의 혈통을 받고 갖가지 유전인자를 받아 세상에 태어난 것이 우리 인간입니다. 그 인과에 따라 귀천·고락이 다르고, 총명·우둔이 다르고 각자 모습이 다르고, 선악·정사의 마음가짐도 다릅니다. 군자는 성인의 가르침에 따라 기운을 바르게 하고 마음을 정하여 한울님과 합덕이 되며 모든 것이 점점 잘 되어 가는데 반해서, 소인은 기운이 바르지 못하고 마음이 수시로 변하므로 한울님의 명을 어기어 배천역리背天逆理로 점점 쇠퇴하여 일신을 망치게 됩니다.

이와 같이 사람의 마음가짐과 말과 행동의 현재 의식작용에 따라 한울님께서는 정시정문하십니다. 오관을 통하여 작용하는 현재의식인 마음이 바른 것을 구하면 바른 것으로 계시되고, 사악한 것을 구하면 사악한 것으로 계시되고, 흰 것을 구하면 흰 것으로 계시되고, 검은 것을 구하면 검은 것으로 계시됩니다. 그러므로 오관을 통하여 습관된 현재의식을 오직 바르고·밝고·착하고·의롭게 하며, 참되고 아름다운 생각과 말과 행동을 하도록 항상 경외하는 마음과 기쁜 마음과 감사하는 마음을 가져야 합니다. 이렇게 천지만물과 화해하고·조화롭고·평화롭고 건설적인 생활을 함으로써 정시정문하시는 한울님의 감응을 받으면 마음의 안정과 육체적인 건강과 건전한 정신으로 행복하게 살아갈 수 있습니다.

좋은 생각을 하면 환경도 좋아지고 주위도 좋아져서 좋은 분위기로 변화되어 명랑하고 향기나는 생활을 할 수 있습니다. 남과 나의 관계는 성품이 한 근원이요, 마음이 한 한울이요, 법이 일체이므로 자타自他는 일체입니다. 해월신사께서 말씀하신 대로 물오동포 인오동포요, 물물천物物天 사사천

事事天입니다. 그러므로 타인의 건강과 행복을 빌어 주고 칭찬하며, 부귀하게 잘 되는 것을 기뻐하며 더욱 잘 되도록 기도해야 사람이 된 도리를 다한다고 할 수 있습니다. 반대로 남이 잘 되는 것을 시기하고 질투하며, 비판하며, 미워하면 결국 자기에게 그 미움이 되돌아오는 것입니다. 부처님의 제일 가는 제자 아난존자가 부처님께 "남을 미워할 때 그 사람이 받지 않으면 어떻게 됩니까?" 하고 물었을 때 대답하시기를 "선물을 하러 갔다가 상대방이 그 물건을 받지 않으면 가지고 돌아오는 수밖에 없으니 그 물건이 누구의 것이냐. 자기의 것이 아니냐."고 하셨다고 합니다.

시기와 질투, 불안과 초조, 불평불만, 미워하는 마음, 음울한 마음, 냉담한 마음, 이기적인 마음, 비관하는 마음, 안타까워하는 마음들은 그 자신에게 가장 해로운 것이며 모든 병의 원인이 됩니다. 이러한 마음 작용이 신경계통과 내분비를 파괴하므로 갖가지 병으로 화생하는 것입니다. 그러므로 병으로 고생한다는 것은 자기 마음의 잘못으로 생긴 부산물일 뿐입니다.

무사불섭無事不涉 무사불명無事不命하시는 한울님께서 정시정문하시므로 나쁜 생각과 상스러운 말과 추한 행동을 하면 점점 더 그 방면으로 발달이 되어 그 결과로 병들고 가난하고 불행하게 되어 죽음에까지 이르게 됩니다. 그러므로 나쁜 생각, 상스러운 말, 추한 행동을 새 옷을 갈아입듯이 해야 합니다. 좋은 생각, 좋은 말, 좋은 행동으로 혁신하여 새 마음 새 정신으로 한울님을 모시고 오직 바른 길로 정진해야 합니다.

한울님에게는 농담도 통하지 않습니다. 무엇이든 그대로 가감 없이 순수하게 받아들여 거기에 알맞은 응답을 하십니다. 현재의식인 습관된 마음가짐에 따라 그대로 모든 것이 청사진처럼 현상화되어 나타납니다. 그러므로 질병을 생각하고 불행을 생각하고 가난을 생각하면 병에 걸리고 불행하게 되고 가난해집니다. 종자를 심었으니 싹이 트는 것과 같이 그러한 생각이 원인이 되어 결과를 가져오는 것이므로 좋은 생각, 무엇이든 잘 되어 간다는 생각, 착하고 아름다운 말과 올바른 행동을 해야 할 것입니다. 병으로 고생하시는 분은 건강을 생각하고, 불행하신 분은 행복을 생각하고, 가난한 분은 부유한 것을 생각해야 합니다. 생각은 곧 기도입니다.

한울님께서는 천지만물을 화해 놓고 그 속에 사시면서 만물을 간섭하고 명령하시며, 전지전능하시어 무엇이든 무한 공급하시며, 생로병사·귀천고락을 자유자재하시는 절대적인 존재입니다. 한울님은 무궁한 지혜와 무한한 능력을 가지고 있으며, 모든 생명의 원천이요, 모든 정신의 원천이요, 본래 인연이 없이 존재하며, 처음이 없기 때문에 생멸이 없으며, 상하가 없으며, 가고 오는 것이 없으며, 청정무구한 존재입니다.

사람은 무형한 한울님이 유형화한 것이므로 건강하고, 행복하고, 부유하고, 완전원만하며, 평화롭고, 자유로운 한울사람이 될 수 있습니다. 기독교 성경을 보면 한울님의 노예 시대, 한울님의 종 시대, 한울님의 사도 시대, 한울님의 아들 시대로 구분되고 예수는 스스로 한울님의 아들이라고 하였습니다. 「묵시록」 말미에는 한울님께서 지상으로 강림하시어 사람들과 같이 사신다고 기록되어 있습니다. 이것은 사람이 한울님의 노예로부터 종,

사도, 아들로 발전하여 한울님 시대가 된 것을 말합니다. 바로 시천주 시대가 온 것이요, 인내천 시대가 온 것입니다.

수운대신사께서는 "나는 도시 믿지 말고 한울님을 믿었어라. 네 몸에 모셨으니 사근취원 하단 말가."라고 말씀하셨고, 해월신사께서는 "사람은 누구나 한울님을 모셨으니 사인여천하라."고 하셨으며, 의암성사께서는 인내천의 종지를 밝혀 주셨습니다. 이와 같은 본연의 한울님이 확연함에도 이를 제대로 돌아보지 못하기 때문에 육신관념인 현재의식에 포로가 되어 물욕과 감정과 아집이 생기고, 그 부속물인 자존심·미망심·의구심이 생깁니다. 그 결과는 깊은 바다에서 파선이 되어 물에 빠져서 살아 보겠다고 허우적거리는 것과도 같이 질병과 불행과 가난함에 휘둘리는 지경이 되는 것입니다.

인간이 질병과 불행과 가난에서 벗어나려면 모신 한울님을 생각하고 원만 완전을 생각하면서 한울님과 하나가 되는 자기를 새로 발견하기 위한 노력을 해야 합니다. 의암성사께서 말씀하신 그대로 "나에게 나 아닌 참나, 즉 한울님이 계시어 오장육부와 사지백체를 활동시키며 행주좌와行住坐臥 어묵동정語默動靜을 한다"는 것을 잠시도 잊지 않고, 굳게 믿고, 극진한 공경으로 모앙하는 마음을 가져야 합니다. 그리고 특별기도를 드려 강령지법으로 한울님 모심을 체험하고 한울님의 가르침을 받아 천인합일로 오심즉여심의 경지를 터득해야 합니다. 환경과 습관과 인과를 초월하여 천인합일이 되면 좋은 생각만을 하게 되고, 바르고·밝고·착하고·의로우며, 아름답고 성스러운 마음가짐과 말과 행동이 저절로 화하여 나옵니다. 그렇게 되면 한울사람으로 거듭나서 모든 것이 정화되어 명랑하고, 조화롭고, 평화스러운 가정이 되어 참으로 잘 사는 사람이 될 수 있습니다.

우리들이 천도교를 신앙하는 것은 행복하게 잘 살기 위해서입니다. 나도 잘 살고, 온 민족도 잘 살고, 온 인류도 잘 살게 하는 데 목적이 있습니다. 무사불섭無事不涉 무사불명無事不命하시면서 불택선악不擇善惡하시는 한울님께서는 언제나 정시정문正示正聞한다는 것을 깊이 깨달아 바른 생각과 바른 말과 바른 행동으로 후천개벽의 종자사람이 되도록 합시다.

* 『신인간』 382호, 포덕121(1980)년 11월.

천재하방 天在何方

    한울님은 어디 계시는가? 수운대신사께서 각도하신 경신년 사월 오일 이전 선천 오만년 동안 많은 성현들이 출현하였지만 이 물음에 대해서 분명하고 확실하게 가르쳐 주신 분이 없었습니다. 그런데 천은이 망극하여 다행하게도 수운대신사께서 우리나라에 태어나시어 온 인류에게 처음으로 이에 대한 올바른 가르침을 내려주셨습니다.
    수운대신사께서는 「교훈가」에서 "하염없는 이것들아 날로 믿고 그러하냐 나는 도시 믿지 말고 한울님을 믿었어라 네 몸에 모셨으니 사근취원 하단 말가."라고 하여, 분명히 사람마다 한울님을 모시고 있다고 말씀하셨습니다.
    이와 같이 진리가 밝혀짐으로 해서 「용담가」에서는 "한울님 하신 말씀 개벽 후 오만 년에 네가 또한 첨이로다. 나도 또한 개벽 이후 노이무공 하다가서 너를 만나 성공하니 나도 성공 너도 득의 너의 집안 운수로다."라고 한울님께서 직접 대신사님께 말씀하셨습니다. 따라서 우리 인간이 모두 한울님을 모셨다는 진리는 앞으로 오만 년이 가도록 변할 수 없는 영원한 진리이며, 모든 기성종교에서 바라고 있던 인류의 새로운 복음입니다. 그리고 이 진리는 도탄에 빠져 암흑 속에서 헤매는 인류에게 광명을 주고 구원을 주신 한울님의 뜻입니다.

우리들은 우리 스스로가 한울님을 모시고 있기 때문에 내유강화지교內有降話之敎로 한울님의 가르침을 받게 되는 것이며, 또한 우리의 일동일정이 모두 한울님께서 시키시는 것입니다. 해월신사께서는 베 짜는 부인을 보시고 한울님이 짜는 것이라 하셨고, 새소리를 들으시고 시천주의 소리라고 말씀하셨다는 것을 우리들이 모두 잘 아는 사실입니다.

유일무이한 한울님께서는 만유를 성출成出하여 만유 속에 계시면서 만유를 간섭하고, 만유를 명령하시며, 만유를 통일하시니 크고작은 모든 것이 한울님의 소사임을 알아야 합니다. 사람의 생명과 정신, 숨 쉬고, 살고, 먹고 마시고, 일하고, 굴신동정을 하며, 오장 육부가 스스로 활동하며 작용하고, 혈맥과 신경이 통하는 것 모두 한울님이 하시는 것입니다.

수운대신사께서 「도덕가」에서 "사람의 수족동정 이는 역시 귀신이요, 선악간 마음 용사 이는 역시 기운이요, 말하고 웃는 것은 이는 역시 조화로세."라고 말씀하셨습니다. 여기서 말하는 귀신, 기운, 조화의 모든 것이 한울님의 소사라는 말입니다.

천지만물은 본연한 진성眞性인 법상法相이 색상色相으로 된 것으로, 다시 말씀드리자면 무형한 한울님이 유형한 한울님으로 화한 것입니다.

의암성사께서는 「법문」에 "너는 반드시 한울이 한울된 것이니 어찌 영성靈性이 없겠느냐. 영靈은 반드시 영이 영 된 것이니, 한울은 어디에 있으며 너는 어디 있는가. 구하면 이것이요 생각하면 이것이니, 항상 있어 둘이 아니니라."고 말씀하셨습니다. 한울은 어디에 있는가 하는 문제는 이 「법문」에서 명확하게 가르쳐 주셨습니다. 성은 일원一源이요, 심은 일천一天이요, 법은 일체一體로서 사람이 생각하고·말하고·행동하는 원동력, 그 뿌리가 바로 한울님의 권능이므로 사람과 한울은 둘이 아니요 하나라고 말씀하신 것입니다.

무형한 한울님이 유형화되었다고 해서 습관된 마음을 한울님으로 생각하면, 믿음도 없고·공경도 없고·정성도 없는 전도망상에 사로잡혀 동물과 같은 사람이 됩니다. 물욕과 감정과 집착과 자존심·의구심·미망심에서 초탈이 되어 거듭날 때 비로소 한울님을 모시고 한울님을 공경하게 되며, 한울님의 모든 이치를 알고 한울님의 가르침을 받아 인내천의 진경에 도달할 수 있습니다. 습관된 마음 아닌 본래의 마음을 찾아야 그 마음이 바로 한울님 마음입니다. 그 마음을 찾아서 오직 바르고·밝고·착하고·의롭게 생각하면 기차가 철로를 달리듯이 순탄하게, 잘못이 없는 참다운 길을 걷게 되어 순리순수하게 됩니다.

한울님이라고 부르는 것은 사람이 지은 명사로 이 외에도 하나님·하느님·부처님·성심·이기·성령·상제·천·신 등 나라마다 각각 다른 이름으로 표현되어 있지만, 유일무이한 이 대우주·대생명·대정신·우주의식·우주의 본체를 우리 천도교에서는 한울님이라고 하는 것입니다.

한울님은 무시무종·무상하·무거래·무의무립·무루무증·무선무악·불생불멸·청정무구·무궁무한하며 무사불섭·무사불명하시는 절대자요, 유일무이한 존재이지만 상무주처하십니다. 무형한 성령으로 완전원만하시며 무진장인 보고寶庫와 같아서 무엇이든 무한 공급을 하시며, 자유자재하시며 만물의 부모요 스승과 같은 분이 한울님이십니다.

한울님은 불택선악不擇善惡하시므로 세상사람들은 육신관념에 빠져 한울님을 등지고 한울님의 이치를 모르고 한울님의 뜻을 어기면서 한울님을 생각하지 않습니다. 한울님을 생각하면 있는 것이요, 생각하지 않으면 없습니다.

그러므로 성사께서 육신관념을 성령으로 개벽하라고 하셨습니다. 육신관념을 개벽하려고 할 때 끝없이 일어나는 잡념을 끊으려고 심력을 허비하지 말고, 다만 내 속에 내가 아닌 어떠한 내가 있어 굴신동정하는 것을 가르치고 시키는가 하는 것을 대소사 간 일마다 생각하여 오래 습성을 지니면 성품과 육신 두 가지에 어느 것이 주체요 어느 것이 객체인 것과 어느 것이 중하고 어느 것이 경한 것을 스스로 깨닫게 될 것이니 이것이 곧 정신개벽입니다.

의암성사는 이신환성은 수운대신사의 본뜻이라고 하셨습니다. 성령은 사람의 한평생 주체요, 육신은 사람의 한때 객체라는 것입니다. 그러므로 천도교를 신봉하는 우리들은 어떠한 어려움이 가로막더라도 육신관념을 성령으로 개벽해야 자신의 운명도, 국가의 운명도, 민족의 운명도 다 같이 개벽할 수 있는 동시에 궁극적으로는 천도교의 목적을 달성할 수 있는 것입니다.

즉 이신환성이 됨으로써 한울님이 어디에 계시는가를 깨닫게 되어 참다운 신앙, 즉 시천주의 생활화가 이루어질 수 있습니다. 육신적인 괴로움이나 정신적인 괴로움은, 마치 불빛이 나타나면 어두움이 저절로 사라지듯 이신환성이 되면 스스로 낫는다는 것은 이미 스승님께서도 말씀한 바 있고 많은 교인들이 체험하고 있는 사실입니다. 바르게 믿으면 영력이 발동되어 우리가 바라는 대로 이루어집니다.

시천주의 신앙생활을 하게 되면 건강과 가정의 행복을 가져올 수 있으며, 이웃과 화목하게 될 수 있고, 모든 것이 뜻대로 이루어져서 지상신선의 삶을 살 수 있게 됩니다. 참다운 신앙생활이란 만사여의·만사지가 되어, 다시 말해 한울님의 지혜와 능력을 얻어 세상에서 가장 참되고·지혜롭고·어질고·용기 있는 사람이 되는 것입니다.

* 『신인간』 389호, 포덕122(1981)년 7월.

만사지 · 2

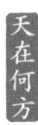

　수운대신사께서 주문의 뜻을 말씀하신 가운데 "'만사萬事'는 수가 많은 것이요, '지知'는 천도를 알아서 한울님의 지혜를 받는 것"이라고 하셨습니다.

　인간은 누구나 만사지가 되고 싶어합니다. 학문을 하는 사람도 만사지가 되기를 원하고, 도를 닦는 사람도 만사지의 경지를 원합니다. 인간의 경험과 학문에서 얻어지는 유한한 지혜만으로는 만족할 수 없는 것이 사람들의 마음입니다. 때문에 학문과 경험을 초월한 무한한 한울님의 지혜를 얻는 만사지를 원하고 구하고 생각하는 것입니다.

　사람은 한울님의 자율自律·자현自顯·자화自化로 성출成出하고, 한울님의 본질은 무한·무궁·완전원만·청정무구·영구불멸·전지전능한 존재이기 때문에 만사지를 생각할 수 있습니다. 사람은 무형한 한울님이 유형화한 것이므로 본래의 무형한 한울님의 지혜와 능력을 찾으려고 합니다. 무형과 유형은 근본에서 하나입니다. 그래서 의암성사께서는 "깨달은 왼쪽은 성천이

천性天理天이요, 바른쪽은 심천신천心天身天"이라고 말씀하셨습니다.

만사지의 경지는 마치 진흙 속에 묻힌 옥과 같고, 구름에 가려진 태양과도 같습니다. 진흙을 닦아 내면 옥이 빛날 것이요, 구름이 걷히면 태양 빛을 볼 수 있는 것과 같이 습관된 현재의식을 우주의식인 한울님 생각으로 바꾸면 만사지가 될 수 있습니다. 그래서 수운대신사께서는 "멀리 구하지 말고 나를 닦으라. 가까운데 있고 멀리 있지 않다."고 말씀하셨습니다.

만사지는 성性·심心·신身 삼단을 각득하는 데 있으므로 다른 것이 아니라 나를 닦는 데서 얻어집니다. 다시 말해 만사지는 인간의 경험이나 학문이 아니고 오직 연성수련煉性修煉으로 견성각심見性覺心이 되어야 얻을 수 있습니다.

만사지가 되면 만법의 인과, 만상의 인과, 화복의 인과를 깨닫게 됩니다. 만사지란 무엇이든 생각만 하면 직각直覺이 되는 마음의 경지요, 일이관지가 되어 활연관통이 된 마음입니다. 과거·현재·미래의 수많은 모든 사람들의 성령이 하나요, 한울님의 성령과 스승님의 성령과 내 성령이 동일하고 영구불멸함을 깨달은 자리를 말합니다.

그럼 만사지의 경지에 도달하는 방법은 무엇인가? 그것은 의암성사께서 말씀하신 3강인 성신환신性身換信·규모일치規模一致·지인공애至仁公愛요, 4과인 성誠·경敬·신信·법法이요, 5관인 주문·청수·시일·성미·기도입니다. 이로써 일체의 집착이 없는 벌거숭이 어린이의 마음으로 돌아가서 새 출발하여, 위천주爲天主로 시천주侍天主가 되고 양천주養天主의 계단을 거쳐 각천주覺天主

가 되어야 하는 것입니다.

　다시 말씀드리면 지기금지 원위대강으로 강령降靈이 되고, 시천주로 강화降話가 되고, 조화정으로 자천자각自天自覺이 되고, 영세불망으로 해탈解脫이 되고, 만사지로 대도견성大道見性이 되어야 합니다. 모든 집착과 욕망·원망·시비하는 마음을 버리고, 자존심·의구심·미망심을 타파하고, 진심갈력으로 정진하면 누구든지 만사지의 경지에 도달할 수 있습니다. 수도자는 언제나 성성불매惺惺不昧한 마음으로 바르고 밝고 의롭고 착한 생각을 하며 한울님과 스승님과 자기 마음과 몸이 하나가 되도록 하면 대도를 이루게 될 것입니다.

　의암성사께서 봉황각에 계실 때 최 노인이란 분이 청소도 하고 심부름도 하면서 있었답니다. 그 최 노인은 항시 주문을 현송하였는데 잠자는 시간 외에는 입에서 주문 외우는 소리가 그치지 않았다고 합니다. 다른 사람들이 최 노인을 미친 사람이라고 생각할 정도로 주문을 읽었다고 합니다.

　어떤 교인이 의암성사께 "저 최 노인이 저렇게 지성으로 주문을 외우는데 어찌하여 도를 통하지 못합니까." 하고 물으니까 의암성사께서는 "저 최 노인은 하늘 아래서 주문을 제일 많이 외우는 사람이지만 생각을 하지 않기 때문에 도를 통하지 못한다."고 하시면서 주문도 많이 외우고 모든 이치를 깨닫기 위해서는 생각을 해야 한다고 하셨습니다. 이처럼 의암성사께서도 주문 공부와 궁리窮理를 같이 하라고 하셨습니다.

　만리·만사·만물도 생각하면 있는 것이요 생각지 않으면 없는 것입니다.

선禪공부를 하는 승려들도 화두話頭라는 것이 있습니다. 생각의 숙제를 주어 생각을 하게 한 것입니다. 믿음만 있고 이치를 모르면 미신이 될 수 있고, 이치를 안다고 하여도 믿음이 없으면 오류를 범하게 되고 사견이 생길 수 있으니 믿음도 있고 이치도 알아야 한다는 것입니다.

그러나 믿음이 없이 습관된 마음으로 생각하면 그 생각하는 데 따라 점점 습관심이 더 강해지고, 사나워지고, 허세와 교만이 자라 시비하는 마음만 발달하게 됩니다. 믿음이 없는 정성은 아무 것도 이룰 수 없습니다. 믿음이 있고 정성이 있고, 생각이 있어야 모든 것이 뜻과 같이 이루어집니다.

인간의 마음가짐, 생각하는 데 따라 그것이 형상화되어 현실로 실현되는 것이 인과의 법칙이요, 한울님의 이치입니다. 콩을 심으면 콩이 나고 옥수수를 심으면 옥수수가 나는 것처럼 사람의 생각하는 것은 종자와 같아서 생각하는 것이 형상화 되는 것입니다. 건강을 생각하면 건강해지고, 행복을 생각하면 행복해지고, 질병을 생각하면 질병이 생기고, 불행을 가상하면 불행하게 되는 것이니, 수도하는 이는 쓸데없는 망상·근심·걱정을 한다든가 나는 죄인이어서 질병으로 고생하거나 어떤 이유로든지 불행해질 것이라는 따위의 생각은 절대로 하지 말아야 하겠습니다.

인간의 죄라고 하는 것은 진리를 모르고 집착에 포로가 된 물정심에서 지어진 허상으로, 한울님 마음을 회복하여 참으로 참회하고 반성하면 소멸되어 버리는 것입니다. 그러므로 항상 기쁘고 감사한 마음으로 웃으며, 명랑한 모습으로 무엇이나 '좋아진다, 된다' 하는 생각을 하면 한울님의 감응

속에서 모든 것이 좋은 방향으로 뜻대로 되는 것입니다.

　제2천심인 물정심은 본래부터 있는 것이 아니라 유형한 나인 물질의 반동으로 사랑하는 마음과 미워하는 마음이 생겨 이것이 습관된 마음이 된 것을 말합니다. 이러한 물정심을 성령으로 바꾸는 것을 헌 옷을 벗고 새 옷을 갈아입듯이 하여야 하는 것입니다.

　육신관념을 성령으로 바꾸어 만사지가 되고 자기 자신의 정신개벽이 되어야 민족개벽·사회개벽도 할 수 있습니다. 그리고 습관된 마음을 버리고 생각을 바꾸어 착한 사람이 되어야 합니다. 착한 아버지, 착한 남편, 착한 아들, 착한 어머니, 착한 아내, 착한 딸이 되면 그 마음이 화하고 그 가정이 화하여 가정천국을 이루고 한울사람들이 모여 사는 낙원이 될 것입니다.

　일용행사에 착한 생각, 착한 말, 착한 행동으로 한울님께서 감응하시도록 힘써 지키면서 정심수도를 하면 한울님의 가르침을 받게 되고 모든 이치를 깨달아 만사지의 경지에 도달할 수 있습니다. 우리 모두 만사지가 되어 산하대운이 진귀차도 하는 때를 맞이할 수 있도록 해야 하겠습니다.

* 『신인간』 390호, 포덕 122(1981)년 8월.

각천주覺天主

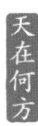

각천주는 한울님을 깨달았다는 뜻으로 의암성사께서 하신 말씀입니다.

의암성사께서는 「무체법경」에서 "시천주의 시侍 자는 한울님을 깨달았다는 뜻이요, 천주의 주主 자는 내 마음의 님이라는 뜻이니라. 내 마음을 깨달으면 상제가 곧 내 마음이요, 천지가 내 마음이요, 삼라만상이 다 내 마음의 한 물건이니라."고 말씀하셨습니다. 습관된 마음이 아닌 본래의 한울님 마음을 찾으면 바로 그 자리가 각천주覺天主라는 것입니다.

기성종교에서는 사람을 하나님의 아들이라든가 신의 아들이라든가 불자佛子라고 말합니다. 그런데 천도교에서는 한층 높여 사람이 곧 한울이라고 합니다. 인간이 바로 신이요, 부처요, 하나님이요, 우주 본체요, 대생명·대우주·대정신임을 확명確明한 것입니다.

수운대신사께서는 "내가 나를 위하는 것이요 다른 것이 아니다."라고 하셨고 또한 "멀리 구하지 말고 나를 닦으라."고 하셨으며 "가까이 있는 것이요 멀리 있는 것이 아니다."라고 말씀하셨습니다.

성품이 일원一源이요 마음이 일천一天이요 법이 일체一體이므로 우주 만물의 성령은 근본에서 유일무이한 것이며, 한울님은 본래부터 인연이 없이 있는 것이므로 처음이 없기 때문에 끝도 없는 것입니다. 천지만물을 자현자화自顯自化하시고 그 속에 사시면서 만유를 통일하고, 만유를 간섭하고, 만유를 명령하시므로 만유의 생멸과 질서, 성쇠, 사람의 길흉화복 모두가 한울님의 소사所事입니다. 또한 한울님께서는 전지전능하시므로 영적이 생기고, 기적이 나타나는 것입니다. 그리고 한울님은 무궁무한하고, 완전원만하며, 자유자재하여 무엇이든지 무한 공급하실 수 있습니다.

모든 인간은 인내천이기 때문에 무한히 자유자재할 수 있으며 각천주覺天主로 절대자유를 누릴 수 있습니다. 습관된 마음에서 일어나는 번복지심·물욕·감정·혹세惑世·집착·원망·불평·불만의 마음이 있으면 자유를 얻을 수 없습니다. 걱정·근심·괴로움·슬픔이 있으면 자유로울 수 없습니다. 또한 남을 미워하거나, 남에게 손해를 보이고 남을 괴롭히려는 마음이 있으면 자유를 얻을 수 없습니다. 이러한 습관된 마음을 버리고 스스로 높은 체하는 마음을 버려야 한울님과 같이 자유자재할 수 있습니다.

한울님 마음을 가지고 자유자재할 수 있어야 참말로 각천주의 경지에 들었다고 할 수 있습니다. 만리·만사·만물이 한울님의 소사로 생멸변화하며 사람의 수족동정手足動靜, 말하고 웃는 것, 선악 간 마음 용사用事 모두가 한울님의 소사입니다. 내 마음이 한울님의 마음이요, 내 기운이 한울님의 기운이요, 내 생명이 한울님의 생명이요, 내 정신이 한울님의 정신이요, 내 육신마저 한울님이 영화된 것임을 자각할 때 참말로 각천주라고 할 수 있습니다.

이 깨달은 경지를 이신환성이요, 정신개벽이라고 합니다. 각천주의 깨달음은 사람에 따라 찰나에 깨닫는 사람도 있고, 시간이 지나면서 점차 깨닫게 되는 사람도 있습니다. 각천주가 되려면 먼저 위천주爲天主에서부터 시천주侍天主의 과정을 거쳐 양천주養天主가 되어야 자천自天을 자각自覺하게 되므로 비로소 각천주가 될 수 있습니다.

여기서 첫째, 위천주라 함은 한울님을 지극히 위한다는 뜻으로 초학주문初學呪文에 나오는 말입니다. 입도入道 초기에는 한울님을 잘 모르므로 분별도 안 되고 막연하기 때문에 한울님의 덕을 생각하고 한울님께서 모든 것을 간섭하고 명령하신다는 것을 생각하며 오직 한울님의 감응하심을 간절하게 바라면서 두려워하고 삼가는 마음을 가지고 정신통일을 하여 한울님을 지극히 위하는 공부를 합니다. 그러면 접령이 되어 스스로 느낌이 있고 이상한 체험을 하게 되는데 이것을 강령이라고 합니다. 이같이 되는 상태를 위천주의 단계라고 말씀드릴 수 있습니다.

둘째, 시천주라 함은 강령이 되어 한울님 모심을 체험하고 깨달았으므로 한울님을 부모와 같이 모시는 것을 뜻합니다. 수운대신사께서는 시천주의 '주主'자를 해석하시되 부모와 같이 섬기는 것이라고 하셨습니다. 이것은 한울님을 부모와 같이 믿는다는 것입니다. 자기의 믿음에 따라서 한울님께서 그 사람을 믿게 됩니다. 사람과 한울님이 서로 믿어지면 신통력이 나타나고 한울님을 부모와 같이 모시고 섬기고 받들고, 지극한 공경으로 조금도 어김이 없이 하면 한울님과 언어가 상통되어 뜻이 하나로 될 수 있습니다. 이같이 되면 시천주가 되었다고 할 수 있습니다.

셋째, 양천주라 함은 한울님을 모시어 섬기고 받들고 경외하며 감사하는 것을 말합니다. 한울님은 스승과 같은 격을 가지고 계시므로 매매사사에 가르침을 받아 앎이 귀신과 같이 되고 밝음이 일월과 같이 되므로 한울님과 덕이 합하고 한울님과 마음이 하나가 되어 조화정造化定으로 자천자각이 되는 것입니다. 이와 같이 되는 것을 양천주라고 합니다.

넷째, 각천주라 함은 위천주로 시천주가 되고, 양천주로 각천주가 되는데 한울님을 깨달았다는 말씀은 자천을 자각하였다는 뜻입니다. 자천자각이 되면 해탈이 되어 희노애락을 조절할 수 있어 대도견성의 경지에 이르게 되므로 만법의 인과, 만상의 인과, 화복의 인과를 터득하게 되어 만사지萬事知가 되는 것을 각천주라고 할 수 있습니다.

천도교를 신앙하는 사람들은 다시 한 번 생각을 가다듬어 자기의 신앙생활이 바른 절차 과정을 거쳐 왔는가를 반성해 보아야 합니다. 입도 후에 위천주의 신앙에서 시천주의 신앙으로 발전되고 양천주의 실천 생활을 정진하여 각천주로 만사지에 이르러 참말로 견성각심이 되었는가를 생각하여 보자는 것입니다.

진리를 선지식으로부터 듣는 것과 스스로 아는 것과 닦아서 깨닫는 것은 엄청난 차이가 있습니다. 옛글에 '아침에 도를 들으면 저녁에 죽어도 좋다'는 말이 있습니다. 도를 아는 것도 좋지만 닦아서 깨달아 이것이 실생활에 나타나서 행복하고 명랑하고 광명스럽게 한울사람으로서 신선생활을 할 수 있어야 진리의 가치가 있고, 종교의 목적을 성취한다고 할 수 있습니다.

신앙의 목적은 죽어서 천당이나 극락에 가는 것보다 살아서 한울님을 모시고 한울사람으로 한울 생활을 하려는 데 있고, 모든 사람을 지상신선으로 인도하여 지상천국을 건설하는 데 있습니다. 인간은 누구나 노력하고 정성을 다하면 한울님의 감응으로 자기 운명을 개척할 수 있으며 각천주의 경지에 이르면 모든 인과를 벗어날 수 있어 한울님과 같은 자유자재의 한울사람이 될 수 있는 것입니다.

그러면 각천주의 신앙생활에서 얻어지는 것은 무엇입니까?

첫째, 건강입니다. 인간은 한울님이 표현하시고 매매사사를 간섭하고, 명령하시므로 한울님과 합일되어 정신통일이 되면 자기 육신을 마음대로 할 수 있습니다. 육신은 무형한 한울님이 형상화된 것이므로 마음이 생각하는데 따라 변화합니다. 경외하는 마음과 감사하는 마음과 기쁜 마음을 가지고 건강을 생각하면 일 년 삼백육십 일을 하루같이 건강할 수 있습니다. 어떠한 질병도 물약자효가 될 수 있습니다. 한울님 마음은 광명이요 질병은 암흑과 같은 것이기 때문에 광명이 나타나면 암흑은 자연히 없어지는 것입니다. 이것은 질병을 앓고 있는 많은 사람들이 신앙의 힘으로 물약자효가 되어 구원을 받고 있는 사실이 잘 증명하고 있습니다.

둘째, 가정이 천국이 됩니다. 가정이란 한울사람이 모여 사는 낙원입니다. 바르고 밝고 착하고 의로운 마음으로 기쁨과 웃음을 북돋우며 서로 믿고 공경하고 정성을 다하면 행복하고 명랑하고 활기찬 아름다운 가정이 될 수 있습니다. 온가족 모두가 화목하고 웃으며 기쁨과 감사한 마음으로 산다면 바로 그곳이 천국이요 낙원일 것입니다.

셋째, 만사여의가 됩니다. 일용행사 모든 것이 한울님의 은덕임을 자각하여 한울님 마음으로 대인접물을 하면 뜻대로 됩니다. 우주는 하나의 성령으로 되어 있으며 그 영발본지靈發本地는 나의 성심性心입니다. 남을 괴롭히지 않고, 남을 원망하지 않고, 남을 속이지 않고, 남과 나는 일체라는 것을 생각하면 모든 것이 생각대로 마음먹은 대로 되는 것입니다.

각천주의 경지에 이르면 그 깨달은 힘이 현실생활에 나타나서 건강하고, 가정이 천국이 되고, 모든 것이 뜻대로 되어 소원 성취가 되고, 한마음이 되기 때문에 동귀일체로 만화귀일萬化歸一이 되어, 천도교의 거룩한 목적인 보국안민 포덕천하 광제창생으로 모든 사람이 지상신선으로 살아가는 지상천국을 이룰 수 있게 됩니다.

* 『설교연구』 제9집, 포덕122(1981)년 12월.

자유

　인간은 누구나 자유를 원하고 구하고 있습니다. 이러한 근원적 욕구에 대해 절대 불가침의 완전한 자유를 주고 얻게 하는 것이 종교의 사명이요, 참된 가르침의 근본입니다.
　인간은 누구나 한울님을 모시고 있기 때문에 근본이 자유로운 존재입니다. 한울님은 만유를 성출成出하시고 간섭하시고 명령하시므로 자유자재하고 전지전능한 유일무이의 본체입니다. 한울님은 만유의 부모요 스승이므로 인간의 생로병사·귀천고락·화복의 원천이며 뿌리이고, 인과의 법칙을 지배하는 우주생명·우주정신이요, 천지에 가득 찬 이치기운입니다. 그렇기 때문에 무소부재無所不在하시며 상무주처常無住處한 존재입니다. 한울님은 이처럼 자유자재하므로 그 한울님을 모시고 있는 우리 인간도 근본은 자유자재한 존재로 자유를 구하고 원하게 마련인 것입니다.
　그러나 우리 인간이 자유를 얻을 수 있는 유일한 길은 오직 우주 본체인 한울님의 실상을 깨달아 아는 길뿐입니다. 한울님을 모시고 한울님과 합일이 됨으로써만이 완전원만한 자유인이 될 수 있으며, 무한한 한울님의 지혜와 무궁한 한울님의 능력을 얻어 현실 생활이 자유롭게 될 수 있습니다. 인간의 참다운 자유는 물질적인 만족으로 얻어지는 것이 아니고 각자 자기의 마음이 한울님 마음과 합일되어 불생불멸의 한울님 본래를 터득하게 되면 생로병사의 괴로움을 받지 않게 되므로 진정한 자유를 마음으로부터 느낄 수 있게 됩니다. 마음이 자유롭게 되면 물질은 마음의 산물이므로 자연히 생각하는 대로 형상화되어 따라와 주는 것이 한울님의 법칙입니다.

인간은 한울님으로부터 모든 것을 물려받을 수 있는 한울님의 유일한 상속자인 동시에 무형한 한울님이 유형화한 한울사람입니다. 한울님께서는 인간에게 영생의 무한 생명을 주셨고 무한지혜·무한능력·무한공급·무한자유를 주셨지만 우리가 그것을 모르고 사용하지 못하고 있는 것뿐입니다. 그것은 마치 발전소에서 집집마다 전기를 공급해 주지만 전등을 켜야 불이 들어오는 것과 같은 이치입니다.

사람들이 각자 한울님을 모시고는 있지만 믿는 생각이 없고 공경하는 생각이 없기 때문에 한울님의 감응을 받지 못하고 무진장의 보고寶庫에서 무한공급을 받지 못하고 있습니다. 한울님의 감응을 받으려면 한울님을 극진히 모앙하며 오매불망 경외하는 마음으로 목마른 사람이 물을 생각하듯이, 굶주린 사람이 밥을 생각하듯이, 추운 겨울날에 따뜻한 곳을 찾듯이 간절히 구하며 생각해야 합니다.

따라서 우리가 일상생활에서 생각할 때나 말할 때나 행동할 때 늘 한울님을 모앙하며, 한울님의 덕을 기쁜 마음으로 감사하며, 한울님의 이치에 맞도록 하며, 스승님들의 가르침을 잊지 않아야 합니다.

이와 같이 한울님을 생각하면서 주문과 심고로써 기도 생활을 지속하면 의암성사님께서 「삼심관三心觀」에서 말씀하신 대로 허광심虛光心이 생겨 무엇이든지 알 수 있게 되고, 여여심如如心이 생겨 천인합일로 모든 것이 뜻과 같이 되고, 천체인과天體因果의 법칙을 깨달아 만사지가 되므로 자유심自由心의 높은 경지에 이르게 됩니다.

본래 성심본체는 자유이므로 한울님을 모신 사람 또한 자유로운 존재입니다. 그러나 육신관념에서 살면 자유가 없고 성령심으로 살아야 참 자유인이 될 수 있습니다. 인간이 안이비설신의眼耳鼻舌身意에 포로가 되어 물욕·감정·아집으로 산다면 항상 불안하고·괴롭고·안타깝고·슬프고·적적하고·걱정스럽고·원망스럽고·미워하고·시비하고·싸우며, 불평불만으로 가득 차 생지옥에서 사는 것과 같게 되므로 결코 자유로울 수가 없습니다.

온갖 잡념으로 속을 끓이고, 화를 내고, 신경질을 부리고, 안타까워하고, 슬퍼하면 우리 몸에 질병이 생기고, 불행하게 되고, 가정이 화목치 못하여 가난해지고, 주위 환경이 점점 나빠져서 쇠운을 맞게 되니 여기에서는 자유를 바랄 수가 없게 됩니다. 질병에 걸리면 육신이 자유롭지 못하고, 가난하면 의식주 문제가 자유롭지 못하며, 가정이 화목하지 못하거나 불행한 일이 있으면 정신적으로 자유롭지 못하게 되기 때문에 행복을 기대할 수가 없게 되는 것입니다.

성심본체는 완전원만하여 자유자재한 것이기 때문에 지극한 정성으로 성심을 닦으면 나에게서 나 아닌 참나를 발견하게 되어 진리를 터득하여 마음먹은 대로 무엇이든 자유자재로 할 수 있고 될 수 있습니다. 수운대신사께서 말씀하신 대로 오랜 병도 고쳐지고, 일년 삼백육십 일을 하루같이 지내게 되며, 불행하던 사람이 행복해지고, 가정도 화목해져서 가정낙원을 이루게 되고, 주위 환경도 뜻대로 변화되어 자기의 운명을 수정할 수 있게 되는 것입니다. 또 이처럼 개인의 운명을 수정을 하게 되면 국가 민족의 운명도 수정할 수 있게 되고, 모든 사람을 한울사람·신선사람이 되게 하여 지상천국을 건설하고 무한자유의 생활을 누릴 수 있게 됩니다.

정치·경제·사회적으로 모든 사람에게 자유를 주기 위해 노력하는 것도 물론 중요합니다. 그러나 우리 종교인들은 이러한 외형적인 자유보다 사람들로 하여금 스스로 진리를 깨닫게 하여 안으로부터 마음의 자유를 얻게 하는 것이 보다 중요하다고 생각합니다.

특히 천도교를 믿는 우리들은 만 백성이 모두 자유롭게 살 수 있도록 하는 책임과 의무가 주어져 있습니다. 수도에 정진하여 성심의 자유를 터득하고 자유극락이 되도록 성·경·신을 다해야 할 것입니다.

* 『설교연구』 제9집, 포덕122(1981)년 12월

도道

의암성사께서 「권도문」 첫 머리에 "도란 것은 한갓 지켜서 사업만 할 것이 아니라 진리를 온전히 체득하는 데 있다."고 말씀하셨습니다. 그러니까 진리를 터득하지 못하여 그 실상을 알지 못하면 사업에서 성공할 수 없습니다.

그런데 천도교인들 가운데는 교회의 목적을 달성하려는 욕망과 정성은 매우 크면서도 도를 통하여 진리를 깨달으려고 하는 사람들은 그리 많지 않은 것 같습니다. 대단히 애석하고도 안타까운 일이 아닐 수 없습니다.

'도道'는 글자 그대로 길과도 같은 것입니다. 서울에서 부산으로 간다고 할 때 가는 방법이 여러 가지 있습니다. 걸어서 갈 수도 있고, 자전거를 타고 갈 수도 있으며, 고속버스를 타고 갈 수도 있고, 기차나 비행기를 타고 갈 수도 있습니다. 그러나 그 가운데 가장 좋은 길, 가장 빠르고 안전하게 갈 수 있는 길은 단 하나뿐입니다. 사람은 무한한 성령을 갖고 있으면서 아울러 육신을 갖고 있는 유한한 존재이므로 빠른 시간 안에 안전하게 갈 수 있는 길을 선택해야 합니다.

  도를 닦는 데도 길을 가는 것과 마찬가지로 더디게 가는 사람, 속보 속진하는 사람 등 각양각색입니다. 조상이나 부모님의 은덕으로 무극대도에 참여하여 좋은 운수를 받았으나 고마운 것을 모르고 수도를 하지 않는 사람, 말과 글로만 도를 하려고 하는 사람, 믿음이 없는 사람들도 있는 것이 사실입니다. 또한 교인 중에는 세상사람과 하등 다를 바 없는 사람도 있습니다.

  수운대신사께서 "입도한 세상사람 그날부터 군자되어 무위이화 될 것이니 지상신선 네 아니냐."라고 말씀하셨습니다. 입도하여 서천誓天을 하였으면 잘못된 마음을 고쳐서 새 사람, 한울사람, 신선사람이 되도록 부지런히 힘써 도를 닦아야 합니다. 마음을 닦아야 덕을 알게 되고 덕을 밝히는 것이 도라고 하셨습니다. 덕을 밝힌다는 것은 한울님을 생각하고·믿고·지키고·정성을 다하는 것입니다.

  수운대신사께서는 「팔절」에 "덕이 있는 바를 알지 못하거든 내 몸의 화해난 것을 헤아리라."고 하셨고, "도가 있는 바를 알지 못하거든 내가 나를 위하는 것이요 다른 것이 아니라."고 하셨습니다. 한울이 한울된 것이요, 무형한 한울님이 유형화한 것이 사람이요, 영靈이 영된 것이 나입니다. 그러므로 사람의 유한한 생명과 정신이 무한한 한울님의 생명과 정신으로 연결되어 있습니다.

  한울님께서 만물을 자현자화自顯自化하시고 자체 내에 환거還居하시어 만유를 통일하시며, 모든 것을 간섭하시고 모든 것을 명령하시기 때문에 한울님은 만물의 부모요 스승이자 임금과 같은 격을 가진 만물의 주인이며 조화옹입니다. 이와 같이 한울님을 모시고 있는 것이 사람이므로 "사람의 수족동정 이는 역시 귀신이요, 선악간 마음용사 이는 역시 기운이요, 말하고 웃는 것은 이는 역시 조화."라고 수운대신사께서 말씀하신 것입니다.

먹고 마시고 숨 쉬며 사는 것, 앉고 누워 자는 것, 일하며 동정하는 것의 일용행사 모두가 한울님의 큰 덕이요, 그 한울님의 덕을 생각마다 잊지 않는 것이 도를 닦는 사람의 마음입니다.

대소사 간 일용행사 모든 것이 도 아닌 것이 없습니다. 그 도를 알고, 믿고, 스승님의 말씀을 지키고 힘써 실천하는 것이 수도자의 정행정도正行正道요, 무상정각에 이르는 공도공법公道公法입니다. 천덕사은을 생각마다 잊지 않으면 한울님의 감응과 스승님의 도움을 받게 되어 영대靈臺가 밝아지고 스스로 아는 바가 있어 대도를 순성할 수가 있습니다.

세상에는 불도·선도·유도·서도가 있고, 사도邪道도 그 수를 헤아릴 수 없이 많이 있습니다. 그런데 천도교인들은 운수가 좋아서 천도天道인 무극대도無極大道를 믿게 되었습니다. 이것이야말로 대단히 감사하고 고맙고 기쁜 일이 아닐 수 없습니다. 「권도문」에 "수도를 한다고 하여도 운수의 근본을 모르면 정성이 있다고 하는 사람도 한울님의 가르침과 스승님의 도움을 받을 수 없다."고 의암성사께서 말씀하셨습니다.

선천 운수가 지나고 후천 운수가 도래하여 한울님으로부터 스승님들을 통하여 천도교가 우리나라에서 확명된 것은 모든 종교를 통일하고, 모든 사상을 통일하고, 모든 철학의 원리가 하나의 이치로 귀일되게 하고, 모든 사람들이 한울님을 모신 신선사람이 되어 가정낙원을 이루게 하고, 지상천국의 광명세계를 이루게 하는 큰 운수를 받았다는 자각을 해야 합니다. 다시 말씀드려서 '산하대운山河大運 진귀차도盡歸此道'를 믿어야 합니다.

한울님의 복록과 한울님의 덕에 대해서는 스승님들께서 밝고 자세하게 우리들에게 가르쳐 주셨습니다. 즉, 천덕사은天德師恩을 염념불망念念不忘하게 되면 지기至氣와 지극히 화하여 성인이 될 수 있다는 것입니다. 천덕사은을 염념불망하는 것이 심법心法을 지키는 것입니다.

한울님은 정시정문하시므로 수도하는 사람이 생각하는 대로 구하는 대로 지혜를 주시며, 힘과 일을 주십니다. 생각이 없고 구하는 것이 없으면 아무 것도 받지 못합니다. 한울님의 감응으로 한울님과 사람이 말씀을 주고받아 뜻이 합하고 신인합일이 되어야 모든 인과를 깨달아 만사지萬事知가 되어 만사여의萬事如意가 될 수 있습니다. 생각이 없고, 구하는 것이 없어도 아니 되고, 엉뚱한 생각을 하여도 아니 되고, 스승님들의 말씀이 아닌 다른 생각을 하여도 안 됩니다. 한울님께서는 흰 것을 구하면 흰 것을 주시고 검은 것을 구하면 검은 것을 주시므로 바르고·밝고·착하고·의로운 것을 생각하고 구해야 합니다.

비유를 한다면 방송국과 라디오의 주파수가 맞으면 자기가 원하는 방송을 들을 수 있지만, 주파수가 잘못되면 엉뚱한 방송이 나오고 아주 잘못되면 잡음만 나는 것과 같습니다. 주파수의 조정에 따라 KBS 방송도 나오고 MBC 방송도 나오는 것과 같이 예수를 생각하면 기독교의 가르침이 나오고, 석가를 생각하면 불교의 가르침이 나오고, 사교를 하면 사교의 가르침이 나오므로 천도교를 신앙하는 사람들은 스승님의 가르침에 의하여 한울님과 직통하시어 무궁한 지혜와 무한한 능력을 받아야 합니다.

우주는 한 이치와 기운으로 되어 있는 하나의 영체이므로 그 영체와 합일되어 그 진리를 깨닫게 되면 생로병사의 고해에서 벗어나 마음이 편안해져서 건강할 수 있고, 행복하게 되고, 가정낙원이 되고, 모든 것이 뜻대로 될 수 있습니다. 그러므로 진리가 그대로 실생활 면에 형상화되어 나타나서 한울님을 경외하면서 기쁨 속에서 감사하는 마음을 가지고 살아 갈 수 있는 도인이 됩니다. 천도교를 신앙하는 도인들은 동귀일체해서 행복한 도가를 이루어 천도를 빛나게 하고 지상천국을 건설하여 만국민萬國民이 격양가를 높이 부를 수 있도록 힘써 수도해야 합니다.

우리 모두 한울님의 덕을 생각하며 스승님의 말씀을 힘써 지키고 실천을 하면 한울님과 스승님과 경전과 내 몸과 내 마음이 하나가 되는 진경에 도달하여 대도를 관통하는 그날이 올 것입니다.

* 『신인간』 396호, 포덕123(1982)년 3월.

마음

　사람은 누구나 마음을 가지고 있지만 그 마음의 실상을 모르고 살기 때문에 하루살이 같은 인생이요 꿈 같은 인생이요 이슬과 같은 인생이라고 한탄하며 자포자기가 되어 자기 멋대로 살아가는 경우를 많이 볼 수 있습니다. 수운대신사께서는 이것을 각자위심各自爲心이라고 하셨습니다.

　마음은 본래 유일무이唯一無二한 한울마음으로 그 뿌리가 하나이지만 선천심先天心과 후천심後天心으로 구분이 되고, 습관된 사람의 마음과 본래의 한울님 마음으로 작용하는 것입니다. 습관된 마음은 그 사람의 습관에 따라 모두 마음이 다릅니다. 지구상에 사는 40억의 인구가 각각 모습이 다른 것과 같이 습관된 마음은 각자위심으로 모두 천차만별로 되어 있습니다.

　오늘날 심리학이나 심령과학에서도 인간에게는 현재의식現在意識과 잠재의식潛在意識이 있다고 합니다. 그 현재의식이 바로 습관된 마음으로 보고 듣고 배우고 경험하는 데서 나오는 마음이요 지혜이므로 유한한 것입니다. 이것을 물정심物情心 또는 마탈심魔奪心이라고도 합니다.

본래의 한울님 마음은 무한하고 무궁합니다. 이 마음이 곧 우주 대생명이요, 대정신이요, 대의식이요, 혼원한 한 기운이요, 하나인 성령이요, 신이요, 한울님입니다. 그 마음이 바로 만법의 근원이요, 만물의 근원이요, 화복禍福의 근원이요, 선악·정사·명암·귀천·고락의 근원이요, 천지만물 고금세계를 자재自裁하는 조화옹입니다.

습관된 마음과 본래 한울님 마음의 뿌리는 하나입니다. 마음은 솟아오르는 샘물과도 같은 것으로 한 홉짜리 병을 갖고 있으면 한 홉 물을 받을 수 있고, 한 말짜리 그릇을 갖고 있으면 한 말을 받을 수 있는 것이라 마음을 크게 넓게, 바르고·밝고·착하고·의롭게 가져야 합니다. 콩 심은 데 콩 나고 팥 심은 데 팥 난다는 속담이 있습니다. 마음이 생각하는 대로 형상화되는 것이 천리요, 인과법칙이요, 의암성사께서 말씀하신 정시정문正示正聞입니다.

마음이 육신의 노예가 되면 물욕과 감정과 아집에 빠져 어둡고 어리석은 세상사람이 되고, 참 마음인 성령이 육신의 주인이 되면 밝고 현명해져서 육신관념을 성령으로 바꾸어 이신환성으로 정신개벽이 됩니다. 밝고 어두움과 현명하고 어리석은 것이 마음에 있고, 건강과 질병이 마음에 있고, 행복과 불행이 마음에 있고, 성공과 실패가 모두 마음에 있습니다.

해월신사께서 "한울과 사람의 이치 기운은 하나이므로 사람의 이기理氣가 바르지 못하면 천지이기天地理氣도 바르지 못하다."고 말씀하셨습니다. 우주는 하나의 이기 즉 하나의 성령으로 천지만물이 현묘한 하나의 영기

작용이므로 한 사람이 생각을 하면 그 염파念波가 온 우주에 전해집니다. 근래 세상사람들이 매연가스로 대기오염이 되는 것을 무서워하지만 그것보다 더 무서운 것은 사람들의 바르지 못한 생각입니다. 한 사람의 잘못된 생각이 우주정신의 공해가 되므로 자신의 생각을 먼저 바르게 해야 남의 정신을 바르게 할 수 있으며 천지의 정신을 바르게 할 수 있습니다.

하나의 성령이므로 생각의 시발점이 나의 성품과 마음에서 되는 것이요, 그러기 때문에 영발본지靈發本地가 나의 성심性心이라고 하는 것입니다. 한 성령性靈이므로 생각하는 것이 그대로 전해지고 나타납니다. 생각을 하면 그대로 표현이 되어 좋아하는 모습, 싫어하는 모습, 원망하는 모습, 불평하는 모습, 화내는 모습을 얼굴을 보고도 알 수 있습니다. 내 마음을 공경하지 않고, 내 마음을 편안하지 않게 하는 것이 곧 한울님께 불경不敬하며 불안하게 하는 것이 되는 것입니다.

거울은 먼지를 닦아야 보이고 옥은 닦아야 빛이 나듯이 마음을 닦아야 영대가 밝아지고 이치를 깨달을 수 있습니다. 비 오는 날 구름 밑에서는 태양을 볼 수 없지만 구름 위에 올라가면 태양을 볼 수 있는 것과 같이 습관된 마음을 바꾸면 한울님 마음을 회복할 수 있습니다. 어두운 방에 불을 켜야 밝아지고 어두운 밤에 달이 떠야 밝아지는 것과 같이 습관된 어두운 마음에 한울님 마음이 회복되어야 밝아지는 것입니다. 한울님 마음이 회복되어 남이 못 보는 것을 볼 수 있는 것을 천안통天眼通이 되었다고 하고, 남이 못 듣는 한울님 말씀을 듣는 것을 천이통天耳通이 되었다고 하며, 남의 마음을 읽을 수 있는 것을 타심통他心通이 되었다고 하며, 남의 과거와 현재 그 운명을 알 수 있는 것을 숙명통宿命通이라고 하며, 사람이 죽고 사는 것을 아는 경지를 수명통壽命通이 되었다고 하며, 견성각심見性覺心으로 모든 인과법칙을 깨닫게 되어 일이관지一以貫之하는 것을 만사지萬事知가 되었다고 합니다.

천안통·천이통·타심통·숙명통·수명통이 되는 것은 수도의 계단에서 오는 필연적인 산물입니다. 본래 한울님은 무한생명·무한지혜·무한능력으로 무궁하며, 무엇이든 무진장으로 무한 공급을 할 수 있는 조화의 자리요, 만리만사를 간섭하시고 명령하시며 만유를 통일하고 있습니다. 그 본체가 바로 마음이므로 사람이 물욕과 감정과 애착과 아집에 사로잡혀 본심을 잃게 되면 어두워지고 어리석어져서 사리를 분별치 못하고, 천명을 어기어 병을 얻게 되고, 죄를 짓고, 심하면 죽음에 까지 이르게 됩니다.

수운대신사께서 「전팔절」에서 "마음의 얻고 잃음을 알지 못하거든 마음 쓰는 곳의 공과 사를 살피라."고 하셨고 「후팔절」에서는 "오늘에 있어 어제의 잘못을 생각하라."고 하셨습니다. 마음을 공부하는 사람은 공과 사를 잘 분별하고, 진정으로 참회하고 반성할 때에 경외지심敬畏之心이 발동되어 경천순천하게 됩니다. 마음을 닦아야 만물화생의 근본을 깨달아 한울님의 덕을 알게 되고 스승님의 은혜를 잠시라도 잊지 않게 됩니다. 마음으로 마음을 다스리고 습관된 물정심을 본래의 한울님 마음으로 회복하여, 그 한울님 마음을 믿고 공경하고 정성하여 조금도 어김이 없으면 대도를 반드시 얻을 수 있는 것입니다.

마음은 한 한울이라 모두가 같지만 그 사람에 따라 재질이 같지 않는 것은 맑은 거울은 맑게 비추고 흐린 거울은 흐리게 비추는 것과 같습니다.

수운대신사께서는 인지재질人之才質 가려내면 상중하재上中下才가 있어서 생이지지生而知之하시는 분도 계시고, 학이지지學而知之하시는 분도 계시고, 곤이득지困而得之하시는 분도 있다고 하셨습니다.

해월신사께서는 하재下才는 손으로 병을 고치고, 중재中才는 영부를 받아 병을 고치고, 상재上才는 마음으로 병을 고친다고 말씀하셨습니다. 한울님의 감응을 받아 그 권능으로써 사람의 병을 고치는 데도 상·중·하재로 분별이 되고 다르게 나타난다는 것을 알 수 있습니다.

의암성사께서는 경전을 공부하는데도 하재는 자구字句에 매달리고, 중재는 문장의 뜻에 매달리고, 상재는 그 전체의 뜻을 헤아린다고 하셨습니다. 또 말씀하시기를 수도를 지극히 하여 한울님의 가르침을 받는데도 하재는 한울님으로부터 가르침을 받기만 하고, 중재는 한울님과 언어가 상통되고, 상재는 신인합일神人合一이 되어 직각直覺이 되는 사람이라고 말씀하셨습니다.

의암성사께서 또 말씀하시기를 상재는 말을 하지 않아도 아는 사람이요, 중재는 말을 하면 즉각 아는 사람이요, 하재는 말을 하면 듣고 생각하여 점진적으로 깨닫는 사람이요, 말을 듣고도 영원히 깨닫지 못하는 사람은 어리석은 사람이라고 하셨습니다. 이것은 본래의 마음은 동일하지만 마음을 운용함에 있어 차이가 나는 것을 뜻하는 것이며 수도 여하에 따라 하재가 중재가 되고, 중재가 상재가 될 수 있습니다.

그러므로 마음을 넓고 깊고 바르고 착하고 의롭게 가지고 자기완성에로 정진해야 합니다. 천도교를 믿는 우리들은 마음을 연구하는 학자가 아닙니다. 마음을 닦는 수도자임을 한시도 잊지 않아야 할 것이며 생각과 말과 행동이 일치가 되는 행도자行道者가 되어야 합니다.

* 『신인간』 400호, 포덕 123(1982)년 8월.

이신환성·2

天在何方

　　이신환성은 의암성사께서 말씀하신 법설로 육신관념을 성령으로 바꾸라는 뜻입니다. 사람의 눈·귀·코·혀·몸·뜻의 6관으로부터 생기는 습관된 물정심을 본래 한울인 성령으로 바꾸라는 뜻이요, 현재의식을 우주의식으로, 육신의 포로가 된 자기정신을 우주정신으로 정신개벽을 하라는 뜻입니다. 습관된 사람의 마음을 본래 나인 한울님 마음으로 바꾸라는 말씀입니다. 사람이 보고 듣고 배우고 경험한 유한한 것, 유한한 생명, 유한한 정신, 유한한 지혜와 능력을 바꾸어 무한지혜·무한능력·무한생명·무한정신을 가진 유일무이하고 불생불멸하며 청정무구한 성령으로 거듭나라는 말씀입니다.

　　사람은 유한한 존재가 아닙니다. 성령으로 된 무한하고, 영원하고, 영생하는 고귀한 존재입니다. 한울님을 모신 한울사람, 즉 신인神人입니다.

　　수운대신사께서 "하염없는 이것들아 날로 믿고 그러하냐 나는 도시 믿지 말고 한울님만 믿었어라 네 몸에 모셨으니 사근취원 하단 말가." 하시고 또 "사람의 수족동정 이는 역시 귀신이요, 선악간 마음 용사 이는 역시 기운이요, 말하고 웃는 것은 이는 역시 조화로세."라고 말씀하셨습니다. 사람이 한울님을 모셨으니 사람이 곧 한울님이라는 것입니다. 사람의 생명이 곧 한울님의 생명이요, 사람의 정신이 곧 한울님의 정신이요, 사람의 기운이 곧 한울님의 기운이요, 사람의 마음이 곧 한울님의 마음입니다.

의암성사께서는 「법문」에 "너는 반드시 한울이 한울된 것이니 어찌 영성이 없겠는가 영은 반드시 영이 영된 것이라."고 하셨고, 해월신사께서는 "사람이 곧 한울이니 사람 섬기기를 한울 같이 하라."고 하셨습니다.

인간은 물질과 육신관념 때문에 본래의 자기를 망각한 정신병자 아닌 정신병자가 되었습니다. 세상에는 미친 사람이 많이 있습니다. 권력에 미친 사람, 명예에 미친 사람, 돈에 미친 사람, 주색에 미친 사람, 먹고 입는 데 미친 사람, 보석에 미친 사람 등 각양각색으로 미친 정신병자가 수두룩하게 있습니다.

이러한 정신병자를 고치는 것이 제인질병濟人疾病이요, 정신개벽이요, 이신환성입니다. 정신이 물질과 육신의 노예가 된 것을 해방시켜 정신으로 물질과 육신을 자유자재로 할 수 있게 하는 것이 이신환성입니다.

육신관념인 습관심을 가지고 생활하는 사람들은 아집·집착·감정으로 괴로워하고 슬퍼하고 불안해 하고 초조해 하며, 근심·걱정·원망·미움·불평불만·시기와 질투·음해와 중상·의심과 두려움·자존심과 미망심 때문에 체내에 독소가 생겨 온갖 질병에 시달리며 불행하게 살아갑니다. 이신환성이 되어 성령으로 생활하는 사람은 이와는 정반대로 경외심敬畏心이 발동되어 매사에 감사하고 기뻐하며, 즐거움과 행복한 속에서 명랑하고·평화롭고·편안한 몸과 마음이 되며, 건강하고·건전하고·화목하고·서로 믿고·서로 공경함으로써 주위 환경이 광명화·천국화 되고 신선경神仙境이 되므로 그 속에서 한울사람으로서 생활할 수 있게 됩니다.

이신환성으로 새 마음, 새 정신, 새 인간이 되면 모든 인과 법칙에 얽매인 자기운명과 팔자를 수정할 수 있으며 보다 좋은 방향으로 전환할 수 있는 자유를 가진 새 사람이 됩니다. 나아가 자신의 운명을 개척할 수 있기 때문에 민족의 운명, 인류의 운명을 개척할 수 있게 됩니다.

이신환성을 하려면 다른 도리가 없고 오직 지극한 정성과 공경과 믿음으로 경전과 한울님과 스승님과 주문과 내 몸과 내 마음이 하나가 되도록 힘써 수도에 정진해야 합니다. 이신환성이 되는 수도의 단계는 『무체법경』삼심관에 성사님께서 첫째 허광심虛光心이요, 둘째 여여심如如心이요, 셋째 자유심自由心이라고 자세하게 설명하셨습니다.

수도자가 수도의 계단을 모르면 좋은 성과를 얻기가 어려운 것이요, 대도견성으로 무상정각에 도달할 수 없습니다. 비유하여 말씀을 드린다면 어떤 사람이 백화점 구경을 갔는데 그 백화점이 5층으로 되어 있음을 밖에서 확인하고 들어갔다면 1층에서 5층까지 모두 구경을 하고 나오겠지만 5층 건물임을 모르고 들어가서 1층, 2층의 구경은 하였지만 3층으로 올라가는 계단을 못 찾고 1층, 2층 밖에 없는가 보다 하고 돌아왔다면 애석한 일이 아닐 수 없습니다. 이와 같이 이신환성이 되는 단계를 모르면 절대로 무상정각에 도달할 수가 없습니다.

수운대신사께서 가르쳐 주신 위천주爲天主의 신앙과 시천주侍天主의 신앙, 해월신사께서 가르쳐 주신 양천주養天主의 신앙, 의암성사께서 가르쳐 주신 각천주覺天主의 신앙의 차례를 알아야 대도를 순성順成할 수 있습니다. 목적지를 알면 갈 수 있지만 모르면 갈 수 없는 것과 같이 도를 닦는 데도 단계, 절차 과정을 모르면 되지도 않고 할 수도 없습니다.

신문에서 정치를 하는 사람, 학문을 하는 사람들이 정신혁명, 인간성 회복, 인간성 개량을 해야 한다고 주장을 하지만 그 방법을 모르기 때문에 생각은 있으나 다른 사람은 고사하고 자기 자신도 실행할 수가 없습니다. 오직 스승님께서 가르쳐 주신 방법으로 이신환성을 할 수 있으며 이신환성이 되어야 정신혁명, 인간성 회복, 인간성 개량이 될 수 있습니다.

천도교를 신봉하는 우리들은 큰 복을 받고 대운을 탄 사람들입니다. 스승님의 가르침 그대로 바르게 믿고, 밝게 생각하고, 착하게 지키고, 의롭게 실천한다면 이신환성이 되어 도성덕립을 할 수 있습니다. 이신환성이 되어 습관된 나에게서 나 아닌 참나, 곧 성령을 찾아야 내가 한울님과 둘이 아니요, 나와 남이 둘이 아니라 한 이치와 기운의 소산임을 깨닫게 되며 해월신사께서 말씀하신 물물천物物天 사사천事事天, 물오동포物吾同胞 인오동포人吾同胞의 깊은 진리를 터득하여 경천敬天·경인敬人·경물敬物을 할 수 있는 참 사람이 됩니다.

성심수련으로 이신환성을 하지 못하면 포덕광제의 큰 목적을 어떻게 달성할 수가 있겠습니까? 후천개벽의 시기에 처한 우리는 먼저 각자의 정신부터 개벽해야 합니다. 천도교인들은 이신환성으로 한울님을 모시고, 섬기고, 받들면서 한울사람으로서 생각하고 한울사람으로서 행동하는 지상신선이 되어야 하겠습니다.

* 『설교연구』 제10집, 포덕123(1982)년 12월.

삼화일목三花一木

    삼화일목은 의암성사님의 법설法說로 한 나무에 꽃 세 송이란 뜻입니다. 한 나무는 유일무이한 우주 본체요 실상인 한울님의 천도를 말씀하신 것이며, 꽃 세 송이는 유·불·선을 비유하신 것입니다. 천도는 유불선의 근본이요, 유불선은 성천性天·심천心天·신천身天의 주체를 각각 다르게 주장한 것으로 근본은 하나인 천도라는 것입니다. 천도는 성품과 마음과 육신으로 무형천과 유정천과 습관천임을 말씀하신 것입니다.

    수운대신사께서는 "한울님이 뜻을 두면 금수 같은 세상사람 얼풋이 알아내네."라고 말씀하셨습니다.

    세상사람들이 신, 하나님, 천주, 부처님, 성령, 상제님, 이기, 성심, 음양, 기운, 무극, 태극, 실상, 법상, 우주생명, 우주정신, 우주의식 등으로 한울님을 부릅니다. 한울님은 우주 본체로 성품과 마음과 육신을 가리키는 뜻인데 옛 성현들께서 분별하지 않은 것을 우리 신성사님께서 확명하셨습니다.

    수운대신사께서는 유교·불교·선교·기독교 모두가 천도天道로서 도는 같고 운도 하나이지만 이치가 다르다고 하셨습니다. 유교는 육신을 주체로 보고, 불교는 성품을 주체로 보고, 선교·기독교는 마음을 주체로 보아 각각 특징 있는 주장을 하였으나 모두 천도 안에 있는 진리가 나타난 것이며, 그때그때의 시대에 따른 천운에 순응한 것입니다. 비유하면 일년 중에 봄·여름·가을·겨울이 있는 것과 같습니다.

천지만물을 성출成出하여 만물 속에 계시며 만물을 간섭하시고 명령하시며 통일하시는 유일무이한 우주 본체이며 성령인 한울님께서 공자로·부처로·노자로·예수로 나타나시며, 천도인 성·심·신 삼단을 그 시대에 따라 각각 본체를 다르게 표현하신 것입니다.

이제 천운이 돌아와서 신성사님께서 세상에 나시어 천도의 근본 원리를 확실하게 밝혀 모든 종교를 통일하게 되었으며 모든 철학, 모든 사상이 하나의 근본 원리로 통일·확명된 것입니다.

한울님이 바로 내 성품이요, 내 마음이요, 내 육신이므로 무형과 유형이 하나요, 내가 나 된 것이요, 영이 영된 것이요, 영이 만물을 얻은 것이며 만물이 영을 얻게 된 것입니다. 찾는 자도 마음이요, 구하는 자도 마음이요, 생각하는 자도 마음이요, 공부하는 자도 마음이요, 진리도 마음이며, 그 마음이 바로 한울님이요 성령입니다.

마음은 습관된 제2천심 즉 현재의식과, 본래 마음인 제1천심으로 구분됩니다. 육신이 있어 보고, 듣고, 맛보고, 느끼고, 배우고, 경험한 유한한 것이 습관된 마음이요 현재의식입니다. 제1천심은 무한 지혜와 무한 능력이 있고, 무진장에서 무한 공급을 하는 본래의 마음이요, 우주의식입니다.

습관된 마음은 욕심과 감정과 고집하는 마음, 의심하고 두려워하는 마음과 망령되고 어두운 마음과 스스로 높은 체·아는 체·잘난 체하는 마음, 미움·원망·시기·질투·화·괴로움·슬픔·불안·초조한 마음으로 고통 속에서 죄를 짓고 병들어 사망하게도 됩니다.

이와 같은 습관심을 본래의 마음인 한울님 마음으로 바꾸면 편안하고·감사하고·기쁘고·즐겁고·행복하고·바르고·밝고·착하고·의로운 마음을 갖게 됩니다. 그러므로 건강하고 부부 화순하여 가정천국을 이루고 지상신선으로 만사여의하여 만사지에 이르러 성인이 되는 것입니다. 이렇게 되는 것을 이신환성以身換性이라고 하며 정신개벽이라고 하는 것입니다.

수운대신사께서는 "서책書冊은 아주 폐코 수도하기 힘쓰기는 그도 또한 도덕이라. 문장이고 도덕이고 귀어허사歸於虛事 될까보다. 열세 자 지극하면 만권시서 무엇하며 심학이라 하였으니 불망기의不忘其意 하였어라."라고 하셨습니다.

이신환성을 하는 데는 다른 방법이 없고 오직 3·7자 주문으로 마음을 닦고 생각과 말과 행동을 바르고·밝고·착하고·의롭게 하며 한울님의 덕과 신성사님의 은혜를 생각마다 잊지 않으면 지기와 화해져서 첫째, 강령이 되고, 둘째, 영부를 받게 되고, 셋째, 강화가 되고, 네째, 자천자각이 되고, 다섯째, 해탈이 되어 대도견성이 되는 것입니다. 다른 말로 표현하면 위천주로 시천주가 되고 양천주로 각천주가 되는 것입니다.

돌이켜서 그 과정을 살피면 첫째, 한울님 눈이 열려 남이 보지 못하는 것을 보게 됩니다. 둘째, 한울님 귀가 열려 한울님 말씀을 듣게 됩니다. 셋째, 남의 마음을 알게 됩니다. 넷째, 모든 인과법칙을 알게 되어 귀천고락의 인과, 총명우둔聰明愚鈍의 인과, 잘나고 못난 인과, 잘살고 못사는 인과, 모든 병의 인과, 생사의 인과 등 일체의 인과를 알게 됩니다. 다시 말해 만법의 인과, 만상의 인과, 화복의 인과를 깨달아 일체의 의심이 없어지므로 인과를 벗어나며 자연히 해탈에 이르러 대도건성의 최상 진경을 터득하고 만사지가 되어 자유자재한 자유심을 갖게 되어 정각에 이르게 됩니다.

기독교 성경책을 보면 첫째, 하나님의 노예 시대, 둘째, 하나님의 종의 시대, 셋째, 하나님의 사도 시대, 넷째, 하나님의 아들 시대, 다섯째, 하나님 시대로 분별되어 있습니다. 하나님의 아들 시대는 예수 시대를 말한 것이요, 하나님 시대란 바로 성신(엘리야) 시대로 구약 시대나 신약 시대가 아닌 새 복음 시대가 온다는 것이며, 하나님이 지상에 강림하시고 예수가 재림한다고 예언되어 있습니다.

천도교인들은 강령지법降靈之法으로 한울님 모심을 알고 스스로 한울님임을 깨달았으니 '하나님께서 지상에 강림하시어 우리와 함께 산다'고 한 예언이 적중한 것을 알게 되고, 성령출세性靈出世의 이치가 확명되었으니 예수가 재림되었다는 것을 알고 증명하게 된 것입니다. '마음이 부처님心卽佛'이란 미륵불 시대가 된 것이요, 온 세상사람 사람마다 여의주를 갖고 신선 생활을 하는 시대가 된 것입니다. 그래서 수운대신사께서 "좋을시고 좋을시고 이내 신명 좋을시고 금을 준들 바꿀소냐 은을 준들 바꿀소냐."라고 하셨습니다.

'천도무문天道無門'이란 말씀이 있습니다. 불교, 유교, 선교, 기독교 기타 어떠한 종교를 믿는다고 하여도 천도의 문 앞에서 머뭇거리거나 망설일 필요가 없습니다. 과감하게 용기를 내어 문을 박차고 들어가야 할 것입니다. 개종한다고 생각지 말고, 번복지심을 둔다고 생각지 말고, 천도를 깨닫기 위하여 승화한다고 보아야 옳을 것입니다. 한울님께서는 기뻐하시고 환영하십니다. 하나로 가는 길이기 때문에 지인용智仁勇이 필요합니다.

한울님께서는 정시정문正示正聞하십니다. 진리를 탐구하는 사람이 흰 것을 구하면 흰 것을 보이고, 빨간 것을 구하면 빨간 것을 보이고, 검은 것을 구하면 검은 것을 보이고, 구하는 것이 바르면 바른 것을 보이고, 구하는 것이 삿되면 삿된 것을 보이고, 선을 구하면 선을 보이고, 악을 구하면 악을 보이는 것입니다.

천도를 깨닫기 위한 신앙을 한다 하더라도 예수의 심법을 가지고 공부하면 예수의 심법을 터득하는 데 머물고, 부처의 심법으로 구하면 역시 부처의 심법을 깨닫는 데 이르게 됩니다. 『성경』이나 『불경』에는 진리와 방편이 혼합되어 어느 것이 참인지 분별하지 못하는 것이 사실입니다. 많은 신부, 목사, 승려들이 공부를 하고 있지마는 천도를 깨닫지 못하는 이유는 바르게 알지 못하기 때문에 바르게 구하지 못하여 바른 가르침을 받지 못하기 때문인 것입니다.

천도교를 신봉하는 분들은 신성사님의 심법에 의하여 정심수도를 한다면 쉽게 천도를 터득할 수 있습니다.

수운대신사께서 만사지萬事知의 지知 자를 해석하시기를 "천도를 깨닫고 알아서 천도를 받는 것"이라고 하셨습니다. 심법에 따라 수심修心·수행修行하여 모든 것을 아는 데 이르러 한울님으로부터 확인을 받는 것입니다. 그러므로 한울님의 덕과 스승님의 은혜를 생각마다 잊지 말고 신성사님의 말씀을 생각하라고 하신 것입니다.

경전을 공부하는데도 글자 풀이에 매달린 사람, 문장에 매달린 사람, 대의를 알아내는 사람으로 구분되며 각각 그 정도가 다르게 됩니다. 글자와 문장에 집착되면 자기 판단으로 오류를 범하게 되어 그 참뜻을 어기는 사람들을 간혹 볼 수 있습니다. 경전 공부를 하는 사람이나 수도를 하는 사람이 자기 사견을 고집을 하게 되면 오랜 시간 동안 어둡고 망령된 생각에 포로가 되어 다른 사람의 말을 받아들이지 않고 자기 주장만 옳다고 고집하는 독선적인 사람이 됩니다.

사람과 대화를 할 때 자기 주장만을 고집하는 사람보다 다른 사람의 말을 잘 듣는 사람이 더욱 현명한 사람이요, 참고 기다려 자기 차례가 되어 말을 해도 늦지 않으며, 차례가 오지 않아서 말을 못하였다고 하여도 손해가 되는 것은 아닙니다. 다른 사람이 말할 때 중도에서 막지 말고 참고 기다리는 것이 도인으로서 취할 바라고 생각합니다. 다른 사람들은 조용조용 듣기 좋게 말을 하는데 자기 주장을 고집하기 위하여 소리를 높이거나

화를 낸다면 더욱 처참하고 모자라는 사람이 됩니다.

해월신사께서 '우愚·묵默·눌訥' 어리석은 듯하고, 잠잠하고, 말씀을 천천히 하는 데서 도력을 볼 수 있다고 하셨습니다. 사람의 일동일정·일용행사가 도 아닌 것이 없으니 오직 바르고·밝고·착하고·의롭게 정진하면서 수고롭고·부지런하고·힘써야 할 것입니다.

성품의 근원이 하나요, 마음이 한울이요, 법이 일체이니 우주 본체는 유일무이한 것이라 많은 성현·철학자·사상가들이 각기 표현을 달리 하는 것 같지만 그 근본은 둘이 아니요 하나로, 물들지도 아니하고, 스밈도 더함도 없고, 의지하고 서는 것도 없고, 불생불멸·청정무구한 것입니다. 유교도 없고, 불교도 없고, 선교도 없고, 기독교도 없고, 철학도, 사상도 없는 자리라, 오직 유일무이한 성령뿐임을 대각해야 할 것입니다.

우리 모두 한울님의 무궁한 지혜와 무한한 능력을 받는 종자사람이 되어 종교통일의 대 성업을 이루어야 하겠습니다.

* 『신인간』 472호, 포덕130(1989)년 7월.

도성덕립은 재성재인在誠在人

天在何方

『동경대전』에 "아름답도다, 우리 도의 행함이여. 붓을 들어서 글을 쓰면 사람들이 왕희지의 필적인가 의심하고, 입을 열어 운을 부르니 누가 나무꾼 앞에서 머리를 숙이지 않겠는가. 허물을 뉘우친 사람은 욕심이 석숭의 재물도 탐내지 아니하고, 정성이 지극한 사람은 다시 사광의 총명도 부러워하지 않더라. 용모가 환태된 것은 신선의 풍채 같고, 오랜 병이 저절로 낫는 것은 편작의 어진 이름도 잊어버릴 만하더라."고 수운대신사께서 말씀하셨습니다. 수도하는 사람들에게 이와 같이 여섯 가지 기적이 나타나고 있지만, 그러나 도성덕립은 정성에 있고 사람에게 있다고 하셨습니다.

"대저 이 도는 마음으로 믿는 것이 정성이 되느니라. 믿을 신 자를 풀어 보면 사람의 말이라는 뜻이니 사람의 말 가운데는 옳고 그름이 있는 것을, 그 중에서 옳은 말은 취하고 그른 말은 버리되 거듭 생각하여 마음을 정하라. 한번 작정한 뒤에는 다른 말을 믿지 않는 것이 믿음이니 이와 같이 닦아야 마침내 그 정성을 이루느니라. 정성과 믿음이여, 그 법칙이 멀지 아니하니라. 사람의 말로 이루었으니 먼저 믿고 뒤에 정성하라."

한울님께서는 지공무사至公無私하신 마음으로 불택선악不擇善惡하시기 때문에 정시정문正示正聞하십니다. 따라서 사람이 생각하고 믿는 데 따라서 바라는 바가 이루어집니다. 삿된 사람의 말을 믿으면 사교가 되고, 석가의 말씀을 믿으면 불교가 되고, 예수의 말씀을 믿으면 기독교가 됩니다. 그런데 기독교의 종파가 세계적으로 오백여 종파가 된다고 하며, 불교는 그 종파의 수가 헤아릴 수 없이 많다고 합니다. 겨우 130년이 된 동학에도 여러 종파가 있다고 합니다. 교조教祖의 가르침을 바르게 알지 못하고 자구자시自求自示로 자행자지自行自止하였기 때문에 오류를 범하고 난법난도가 된 것으로, 장님들이 코끼리를 평하는 것과 같은 것입니다. 함부로 남의 말을 듣고 수도하다가는 고생은 말할 수도 없고 도성덕립을 할 수가 없습니다.

천도교를 신앙하는 우리들은 천만다행으로 스승님의 정통을 이어받아 정심수도正心修道로 도성덕립을 할 수 있습니다. 그 방법은 스승님께서 말씀하신 바대로 경전을 밝게 살피고 연구하여 심법을 깨치든가 선각자를 찾아 지도를 받고 정심수도로써 몸과 마음으로 증험하면서 한울님과 스승님과 경전과 주문과 내 몸과 내 마음이 하나가 되도록 정진하는 것입니다.

세계 제일의 금강산 관광을 하려고 할 때 안내자가 있으면 쉽게 골고루

구경을 잘하겠지만 안내자 없이 초행으로 혼자 간다면 고생은 말할 것도 없고, 시일도 많이 걸리고, 방향을 잃고 맴돌이로 되돌아오는 일도 있고, 날 저물어 노숙을 할 때도 있을 것이니 제대로 관광을 못할 것은 명약관화한 일입니다.

천리 먼 길을 갈 때도 가는 방법이 여러 가지 있습니다. 도보로 가는 사람, 자전거로 가는 사람, 자동차로 가는 사람, 비행기로 가는 사람 각양각색이요, 간다고 생각만 하면서 떠나지 않는 사람도 있을 것입니다. 도를 하는데도 명년부터 잘 해야지, 돈을 좀 벌어 놓고 해야지, 아이들을 다 키워 놓고 해야지, 지금보다 환경이 좋아지면 그때 해야지 이렇게 미루다가 깜박하는 사이에 백발이 되어 후회하게 됩니다. 어떠한 일이라도 내일로 미루지 말고 생각이 날 때 그때부터 시작해야 할 것이며 공사를 분별하고, 바르고·밝고·착하고·의롭게 하여 참답고 아름다운 결과를 얻도록 정성을 다해야 할 것입니다.

생물학·철학에서도 규명된 바와 같이 육신은 본래 없는 것이므로 모든 욕망과 감정과 고집을 버리고 본래의 한울님을 찾아서 믿음과 공경과 정성으로 심법을 바르게 깨달아 대도를 순성해야 할 것입니다.

해월신사께서 "부인과 어린아이라도 선생으로 섬길 만하면 선생으로 모신다."고 하셨습니다. 약간 도안이 열렸다고 안하무인으로 자존심을 키워 자행자지로 도에서 이탈하는 사람들을 볼 수 있습니다. 안이비설신의眼耳鼻舌身意에 따라 습관된 나는 물정심으로 있는 것 같지만 그 실체가 없는 그림자일 뿐이므로 빛이 나타나면 자취도 없이 소멸됩니다. 진리는 빛이요, 생명이요, 성령이요, 실상이요, 법상으로 불사불멸이요 영원하고 영생하는 것입니다.

수운대신사께서 "도성덕립은 재성재인이라."고 하신 말씀에 따라 해월신사께서는 "보아도 보이지 않는 것을 보고 들어도 들리지 않는 것을 들어야 가히 도를 이루었다 할 것이요, 밖으로 접령 하는 기운이 있음과 안으로 강화의 가르침이 있음을 확실하게 투득해야만 가히 덕을 세웠다 할 수 있다."고 하셨습니다.

「팔절」에 "도가 있는 바를 알지 못하거든 나의 믿음이 한결 같은가 헤아리고, 내가 나를 위하는 것이요 다른 것이 아니니라."고 하셨습니다. 또 "덕이 있는 바를 알지 못하거든 내 몸이 화해 난 것을 헤아리고, 말하고자 하나 넓어서 말하기 어려우니라."고 하셨습니다. 일체 모든 것이 천도요 천덕입니다. 천지만물의 화생함과 생성하는 것, 간섭하고 명령하고 통일하고, 일월의 밝음이 있고, 생명이 있고 정신이 있고 의식이 있으며, 이치가 있고 기운이 있는데 모두가 천도천덕天道天德 아닌 것이 없습니다.

일용행사에서 사람이 호흡을 하고, 수족을 움직이고, 먹고·마시고·말하고 웃으며, 오장육부가 뛰고, 백조 이상인 육신의 전 세포가 살아 있으며, 신진대사로 생명을 유지하는 모든 것이 한울님의 은덕입니다. 이와 같은 천도천덕을 깨닫게 된 것은 스승님의 은혜입니다. 그래서 복록은 한울님의 덕을 생각하고 도는 스승님의 은혜를 생각하라는 것입니다. 한울님의 은덕을 생각마다 잊지 않고 스승님의 은혜를 염념불망하면서 힘써 닦고 행하면 무위이화로 도성덕립이 될 수 있습니다.

수운대신사께서 경신년 사월 오일에 강령지법降靈之法을 지어 우리로 하여금 강령을 받게 하고, 한울님의 가르침을 받게 한 것은 그 어느 종단에서도 찾아볼 수 없는 것입니다. 수도원에서 일주일만 열심히 기도를 하면 백 명이면 3, 4명을 제외하고는 모두 강령을 받아 한울님을 모셨다는 것을 마음과 몸으로 증험합니다. 한울님을 내 몸에 모셨다는 것을 느낄 때 참회·반성하고 감사하며, 경외지심이 발동되어 새 사람이 되는 것을 볼 수 있습니다. 이것이 이신환성以身換性이요, 정신개벽의 증거입니다. 이 갱정포태지수更定胞胎之數로 사람들을 거듭나게 하고 새 인간으로 개벽하여 참되고 아름다운 한울나라를 건설해야 할 것입니다.

지상신선이 되고 지상천국을 이루려는 것이 인간 자신의 목적이요, 자기이상이요, 인류 전체의 공동 목표입니다. 이 거룩한 목적을 달성하는 여러 가지 다양한 방법을 주장하지마는 한울님께서 개벽 이후 노이무공勞而無功으로 오늘에 이르렀는데, 수운대신사님 말씀대로 '요순의 정치로도 부족하고, 공맹의 덕으로도 부족하며, 유도 불도 기독교도 운이 다 했다'는 것입니다. 여러 종단에서 주장을 하고, 많은 철학자들이 주장을 하고, 많은 정치인들이 주장을 하지마는 그것으로는 될 수 없다는 것이 증명된 것입니다.

오직 스승님의 심법으로 모든 사람들이 한울님을 모시게 됨으로써 한울사람의 참 인간성을 회복하고, 인오동포人吾同胞 물오동포物吾同胞의 이치를 깨달아 천지만물과 화해하며 사인여천事人如天의 새 윤리로 동귀일체同歸一體가 되어야 그 뜻과 이상과 목표를 이룰 수 있는 것입니다.

모든 사람이 한울님을 모시고 있지마는 신앙생활로 한울님을 모셨다는 것을 체험하는 것이 중요한 일입니다. 글을 잘 하고, 말을 잘하고, 박식하다고 되는 것이 아니고, 오직 수련으로 신앙함으로써 성취될 수 있습니다.

수련을 하는데 접령接靈이 되고 강화지교降話之敎가 되어도, 마음으로 차별심에서 벗어나 차별이 없는 마음자리를 거쳐, 비고 고요한 마음자리에 이르러 다시 생각하면서 생각하는 것을 모르고, 말과 행동을 하면서 하는 것을 모르는 비상비비상처非想非非想處를 터득해야 하므로 반드시 선각자의 안내와 지도를 받아야 합니다. 참으로 진리를 바르게 알고 바르게 믿고 바르게 느끼면서 깨달아 정진해야지 그렇지 않으면 많은 시간을 허비하게 되고, 많은 고생을 할 수도 있습니다.

발령發靈이 되어 천문학이 터지자 거기에 빠져 십년이 넘도록 그 자리에서 벗어나지 못하는 사람도 보았고, 점쟁이가 된 사람도 보았고, 차별심에서 더 이상 정진을 못하는 사람도 보았고, 무차별심에서 머무는 사람도 보았고, 공적계空寂界에 빠져 낙공落空이 된 사람도 보았습니다. 성성불매惺惺不昧한 마음으로 밝게 살펴서 스승님의 심법을 지키면서 정심수도로 한울님 모심을 느끼고 깨달아야 육신의 물정심에서 거듭나고 해탈되어 생각과 말과 행동을 일치하게 할 수 있습니다. 바르고·밝고·착하고·의로운 방향으로 습관을 고쳐, 참답고·아름답고·명랑하고·쾌활하고·지혜롭고·어질고·용기 있는 성령인性靈人이 될 수 있는 것입니다.

다른 말로 나에게서 나 아닌 참나를 찾는 것입니다. 어떤 사회 저명인사가 관절염, 신경통, 위궤양으로 정년퇴직을 못하고 육십 세가 되는 해에 사표를 던지고 자리에 눕게 되었습니다. 매일 한 번씩 병원에 다녀오는 것이 일과로 되었으며 오래 된 병은 조금 차도가 있다가는 또 심해져서 고통을 받고 있었습니다. 본래부터 교인이었지만 현대 지식을 많이 공부하여 박식하기 때문에 철학적·사상적으로 진리를 연구하였을 뿐 깊은 기도 생활을 못한 분이었습니다. 그러던 중 어느 때 인연이 이루어져서 상면하게 된 자리에서 기도생활을 권고하면서 "강령을 받게 되면 병은 물약자효가 된다."고 여러 가지 실증을 말씀드렸습니다. 그 후 두 달이 지난 어느 날 건강이 회복되었다고 인사차 오셨습니다. 그때 하시는 말씀이 "강령이 되어 오랫동안 앓던 병이 물약자효가 되었을 뿐 아니라, 기쁘고 감사한 마음이 되어 편안한 경지를 얻었는데 젊어서 이것을 깨달았으면 자신을 가지고 큰일을 할 수 있었겠다."며 활짝 웃었습니다. 그 후에 계속 수련을 하여 많은 깨달음을 얻고 팔십 고령이지만 건강하고, 행복하고, 편안한 마음으로 수도생활을 해오고 있습니다.

그 어른의 부인이 하는 말씀이 "우리 주인 양반은 까다롭고 세밀하여 마주 앉으면 잔소리요 쓸데없는 걱정 근심으로 평생을 살아왔는데, 기도생활을 시작하여 병은 물약자효가 되고 사람이 싹 달라져서 딴 사람이 되었다."는 것입니다. 육신관념에서 욕심과 감정과 고집으로 살아온 사람이 성령인이 되었으니 새 사람이 되는 것은 당연한 일입니다.

진리를 철학적·사상적으로 탐구하면 아는데 그치고, 그 진리를 믿고 신앙 생활로 수련하는 데 이르러야 이신환성이 되고 도성덕립으로 대도견성의 최상정각最上正覺을 이룰 수 있는 것입니다.

천도교를 신앙하는 우리들은 스승님의 심법을 바르게 알고, 바르게 믿고, 정심수도로 도성덕립이 되는 것이 모두의 소원입니다. 종자사람, 선구자로서의 자격이 도성덕립을 하는 데 있다고 말할 수 있습니다. 다시 한 번 도성덕립은 재성재인이라는 뜻을 깊이 생각하여 수도하시는 앞길에 어김이 없고 후회가 없도록 밝게 살펴야 할 것입니다.

* 『설교연구』 제13집, 포덕130(1989)년 10월.

1990년대

동귀일리同歸一理 287 | 주문과 궁리窮理 294 | 동귀일체同歸一體 301

진리유일眞理惟一 307 | 불사약不死藥 316 | 경외지심敬畏之心 323

지상신선地上神仙 330 | 수도를 권하면서 인사를 드립니다 337

天在何方

믿음만 있고 이치가 풀리지 않으면 미신으로 빠지고, 이치만 알고 믿음이 없으면 오류를 범하게 됩니다. 믿음도 있고 이치도 깨달아야 바른 신앙 바른 깨달음을 얻을 수 있습니다.

동귀일리同歸一理

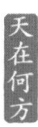

수운대신사께서 「탄도유심급」에서 '내두백사來頭百事 동귀일리同歸一理'라고 말씀하셨습니다. 모든 종교·철학·사상이 한 이치로 돌아온다는 것입니다.

우주의 본체는 오직 하나로서, 각 종교마다 각 나라마다 그 이름이 다를 뿐이요, 근본은 유일무이한 것입니다. 우주의 본체를 일컫는 말로는 한울님, 하나님, 부처님, 상제님, 천주님, 이기, 성심, 기운, 마음, 음양, 무극, 태극, 천지부모, 신, 성령, 본래아, 참나, 대생명, 우주정신, 우주의식 등 많은 명사가 있습니다. 이처럼 많은 명칭이 있지만 본래 유일무이하다는 것을 한울님께서 '귀신자鬼神者도 오야吾也니라', '오심즉여심吾心卽汝心'이라고 수운대신사께 가르쳐 주셨습니다. 의암성사께서도 『각세진경』, 『무체법경』에 본체는 하나라는 진리를 자세하게 밝혀 주셨습니다.

수운대신사께서는 "사람의 수족동정 이는 역시 귀신이요, 선악간 마음 용사 이는 역시 기운이요, 말하고 웃는 것은 이는 역시 조화로세."라고 하시고 "하염없는 이것들아 날로 믿고 그러하냐 나는 도시 믿지 말고 한울님을 믿었어라 네 몸에 모셨으니 사근취원 하단말가."라고 말씀하셨습니다.

해월신사께서는 "천·지·인은 도시 한 이치 기운이니라. 사람은 한울 덩어리요 한울은 만물의 정기이니라. 사람이 곧 한울이요 한울이 곧 사람이니 사람 밖에 한울이 없고 한울 밖에 사람이 없는 것이니라."고 하시고, 또 "사람이 곧 한울이니 사람 섬기기를 한울같이 하라."고 말씀하셨습니다.

의암성사께서는 「법문」에 "너는 반드시 한울이 한울된 것이니 어찌 영성이 없겠는가. 영은 반드시 영이 영된 것이니 한울은 어디 있으며 너는 어디 있는가. 구하면 이것이요 생각하면 이것이니 항상 있어 둘이 아니니라."고 말씀하셨습니다.

우주의 본체는 한울님이요 성령으로, 인간은 한울이 한울된 것이요, 성령이 성령된 것이요, 신이 신된 것이요, 무형한 본체가 유형으로 나타난 것입니다. 본체의 실상이 색상으로 된 것입니다. 한울님을 모신 한울사람이기 때문에 '인시천人是天', '인내천'이라고 합니다.

우주 본체인 한울님은 본래 참나로 같은 성령이며, 인오동포 물오동포요 물물천 사사천으로 유일무이합니다. 성령의 참나는 우주의 본체인 실상으로 천지만물이 화생한 억억만년 그 이전부터 처음이 없고 인연이 없어 본래부터 무무無無·무유無有·무의無依한 실상으로서 존재한 무루무증無漏無增·불생불멸不生不滅합니다.

이와 같은 우주 본체를 그 시대와 그 사람이 깨달은 정도에 따라서 표현도 다르고 주장도 달리 한 것입니다. 지금부터 2500여 년 전후한 시기에 미개한 중생을 가르치기 위하여 많은 방편의 교화를 한 것들이 기독교의 『성경』이나 『불경』이 된 것인데, 오늘날에 와서도 진리와 방편의 말씀을 분별치 못하고 성천性天·심천心天·신천身天의 삼단으로 된 진리 어느 한쪽만을 주장하는 신부·목사·스님들이 많이 있습니다.

뿐만 아니라 세상에는 진리가 무엇인지 알지도 못하고 혹세무민惑世誣民하는 사이비 종교가, 사이비 정치가, 사이비 학자들이 수두룩하게 많이 있습니다. 장님이 장님을 끌고 가니 가는 곳마다 험난한 길이요, 지옥이요, 암흑세계로 일신이 망하고, 일국이 망하고, 온 세상이 망하게 됩니다. 스스로가 한울님을 모신 한울사람·성령인임을 자각하지 못하고 물질을 믿고 습관된 현재의식만으로 살아가면서 괴로워하고, 슬퍼하고, 불평불만하고, 원망하고, 미워하고, 시비하고, 시기하고, 질투하고, 분노하고, 의심과 공포 속에서 쓸데없는 걱정과 근심으로 사서 고생하고, 욕심과 감정과 고집으로 불안한 삶을 살고, 급기야는 병들어 죽어갑니다.

부모·조상님의 염파念波가 나에게서 발현되고 나의 습관과 생각이 합해져서 현재의 육신관념이 된 것인데, 인과법칙에서 비롯된 그 물정심과 각각의 습관으로 만들어진 색안경을 끼고 사물을 관찰하니 어찌할 수 없는 일이라고 탄식하고 있지만 진실로 잘못된 일이요 거꾸로 생각하는 것입니다.

습관된 나는 신기루와 같은 그림자요 가상으로 본래는 없는 것입니다. 질병으로 사경을 헤매는 환자도 '물질은 없는 것이니 육신도 없다 따라서 병도 없다'는 생각으로 바꾸면 기적적으로 순식간에 병을 고칠 수 있습니다. 생각의 파동으로 된 것이 육신이므로 생각하는 데 따라서 변화할 수 있는 것이 또한 육신입니다. 없는 것을 있다고 거꾸로 보고 쓸데없는 걱정 근심으로 애태우고, 슬퍼하고, 화내고, 두려워하면 불완전한 세포가 생성되어 그것이 쌓이면 병이 되는 것입니다.

그 환자가 '이 병이 고쳐질까, 더 악화되면 어떻게 하나, 그러다 죽지나 않을까, 죽으면 어떻게 하지?' 하는 망상을 거듭하면 병이 점점 악화되어 죽게 됩니다. 병이 생긴 환자가 천지만물과 화해하는 마음, 모든 사람을 용서하는 마음, 한울님께 감사하는 생각으로 바꾸면 병은 저절로 소멸됩니다. 병은 어둠이요 진리는 빛이므로 빛이 비추면 어둠은 소멸되기 마련입니다. 진리의 광명사상으로 생각을 바꾸면 육신도 영화靈化되므로 건강해집니다. 영으로 화한 성령인은 생사를 초월하므로 병이 있을 수 없습니다.

진리가 세상에 확명되면 인간의 실생활이 밝고 도덕적이며 아름다운 생활, 기쁨과 웃음이 가득 찬 생활, 병이 없고 건강하고 행복한 생활, 화목과 용서하는 생활로 화하여 사람마다 마음이 천국이 되고 집집마다 가정천국을 이루어 지상에 낙원이 됩니다. 인간 사회에서 싸움과 가난이 없어지고, 모든 괴로움과 공포와 병이 없어지고, 사기와 거짓이 없어지고, 욕심을 멀리하고, 사심私心과 사영私榮을 부끄럽게 생각하고, 자타일체自他一體의 원리에 돌아가서 인오동포人吾同胞 물오동포物吾同胞의 천포형제로서 진선미眞善美가 넘치는 새 천지, 새 인간, 새 삶이 꽃피는 밝은 사회가 됩니다. 수운대신사께서는 '요순 시절이 다시와도 이와 같을 수는 없'다고 찬송하셨습니다.

사람마다 생각이 바르게 되고 말이 바르게 되고 행동이 바르게 되어, 국가 민족이 바르게 되고 세계 인류가 바르게 되어 천국 천인이 됩니다. 사람마다 성령인이 되고, 집집마다 명인이 나고, 온 나라에 성현들이 수없이 배출되어 신선의 나라가 됩니다. 세계의 이목은 신선의 나라로 집중될 것이며 관광을 온다, 유학을 온다고 야단법석으로 떠들썩하게 되며 모든 세상 사람들의 소원이 우리 나라에 왔다 가는 것이 됩니다. 이미 천운으로 정해진 영광이요, 예정된 축복입니다.

이러한 후천개벽의 종자사람, 선구자가 된 수도인들은 지극한 믿음으로 무궁한 지혜를 받고 지극한 정성으로 체천행도體天行道를 할 수 있는 격을 갖추도록 땀 흘리고 노력하고 밝게 살펴 스승님의 심법心法에 일호一毫도 어김이 없어야 하겠습니다.

한울님의 덕과 스승님의 은혜를 생각마다 잊지 말고 스승님의 말씀에 따라 일심정기一心正氣로 정진하며 밤낮을 불구하고 지성으로 주문을 외워야 할 것입니다. 수운대신사께서는 "열세 자 지극하면 만권시서 무엇하며 심학이라 하였으니 불망기의 하였어라."고 하셨습니다. 재사심정再思心定하여 물질에 젖은 마탈심魔奪心을 타파하고 속보속진으로 자유 극락에 이르도록 최선을 다해야 하겠습니다.

사람들의 신앙 방법을 구분하면 육신의 이익만을 위하여 믿는 사람과 육신도 믿고 성령도 믿는 사람과 유일무이한 성령만을 믿는 사람으로 그 차이가 있습니다. 육신은 일시적인 객체客體요 성령은 영원한 주체主體요, 불사불멸한 것입니다.

처음 위천주爲天主에서 시작하여 시천주에 나아가고, 다시 양천주를 거쳐 각천주가 되는 수도 과정을 밟아 인내천의 최상정각에 도달하는 절차 과정이 분명히 밝혀져 있습니다. 인간이 미개한 데서 다신시대多神時代를 거쳐 범신시대凡神時代를 지나서 일신시대一神時代가 되면서 불자佛子, 신자神子라고 하는 사상으로 발전되어 왔습니다. 새롭게 우리 스승님에 의하여 한울님의 가르침으로 오심즉여심吾心卽汝心의 인내천人乃天이라는 무극대도無極大道가 창명되어 만법萬法이 귀일하는 새 진리, 새 신앙이 되었습니다.

한울님의 성령이 곧 사람의 성령으로, 성품이 한 근원이요 마음이 한 한울이라, 한울이 한울된 것이 사람이요, 영이 영된 것이 사람이요, 공자도·예수도·석가도 모두 한울이요, 우리 스승님도 한울이요, 모든 사람들이 한울님입니다. 진리를 깨달으면 성인聖人이고 깨닫지 못하면 범인凡人입니다. 깨달은 사람에게는 세상이 천국이요 깨닫지 못한 사람에게는 지옥입니다.

관념론자는 성선설性善說을 주장하고 유물론자는 성악설性惡說을 주장합니다. 성품은 이치로, 성리는 만리만사의 원리원소요, 고금세계의 거울이요, 만리만사가 거울에 들어와서 운용하는 것이 마음입니다. 성품은 무선악無善惡 무상하無上下 무루무증無漏無增한 원리원소로 양경良鏡이 될 따름이요 다만 마음을 운용함에 따라 선도 되고 악도 되어 행동으로 나타나는 것입니다. 사람의 기운은 바르고 착하게 쓸 수도 있고 삿되고 악하게 쓸 수도 있습니다. 기운은 신이요 마음입니다. 선과 악은 작용하고 나타날 때 있는 것이요, 천지만물이 시판되기 전에 시작도 인연이 없이 본래부터 있는 성령의 본체는 선악이 없습니다. 성선설이나 성악설은 인위적인 추리로 오류를 범한 것입니다.

성령은 근본에서 하나이지만 사람이 분별하여 '습관천習慣天 유정천有情天 무형천無形天'으로 깨닫는 단계를 둔 것입니다. 그러므로 성심신 삼단을 일체 각득하면 유일무이한 우주의 본체를 활연관통하게 되는 것입니다.

성심이 둘이 아니요, 이기가 둘이 아니요, 한울과 사람이 둘이 아니요, 세상과 사람이 둘이 아니요, 무형과 유형이 둘이 아니요, 생과 사가 둘이 아닙니다. 모든 이치가 유일무이한 성령으로 동귀일리가 됨을 밝게 살피시기를 바랍니다.

* 『설교연구』 제14집, 포덕131(1990)년 7월.

주문과 궁리窮理

주문만 외워도 안 되고 궁리만 하여도 안 된다고 해월신사께서 말씀하셨습니다. 한편으로는 주문을 외워서 한울님의 감화와 은총과 사랑을 받으며 강령이 되고 영부를 받아 명인이 되고 한울님과 말씀을 상통하는 중험을 할 수 있어야 하고, 한편으로는 궁리窮理를 잘하여 모든 이치를 달통達通해야 한다는 것입니다.

만법의 인과와 만상의 인과와 화복의 인과 법칙을 깨달아야 하며 성품과 마음을 분별하여 그 진핵眞核을 터득해야 합니다. 천덕사은天德師恩도 생각하면 있고 잊으면 없으며, 만사의 이치도 생각하면 반드시 해답을 얻게 됩니다. 주문을 외워서 중험을 얻어 확고한 신앙을 가지고 이치를 밝게 살펴 깨달아야 견성각심見性覺心의 최상정각最上正覺에 도달하는 것입니다.

믿음만 있고 이치가 풀리지 않으면 미신으로 빠지고, 이치만 알고 믿음이 없으면 오류를 범하게 됩니다. 믿음도 있고 이치도 깨달아야 바른 신앙 바른 깨달음을 얻을 수 있습니다.

주문 3·7자는 한울님께서 대신사께 주시고, 대신사께서 우리에게 전해 주신 것입니다.

    주문은 한울님을 위하는 글입니다.
    주문은 한울님께 비는 글입니다.
    주문은 강령降靈이 되는 글입니다.
    주문은 장생長生하는 글입니다.
    주문은 불망지사不忘之詞입니다.
    주문은 만권시서萬券詩書를 능가하는 글입니다.
    주문은 만사지萬事知가 되는 글입니다.
    주문은 명인名人이 되는 글입니다.
    주문은 신선神仙이 되는 글입니다.
    주문은 무한 능력을 얻는 글입니다.
    주문은 무궁한 지혜를 얻는 글입니다.
    주문은 지화지기至化至氣로 영화靈化되는 글입니다.
    주문은 본래의 나를 찾는 글입니다.
    주문은 가정을 위하고 교회를 위하고 민족을 위하고 인류를 위하는 글입니다.
    주문은 만사여의萬事如意가 되는 글입니다.
    주문은 한마음이 되는 글입니다.

주문은 동귀일체同歸一體가 되는 글입니다.
주문은 천국천민天國天民이 되는 글입니다.
주문은 생명이요, 진리요, 정신이요, 모든 것의 근본 원리입니다.

그동안 수도원에서 수련하는 사람들을 통하여 많은 기적과 영적을 보았습니다. 일주일간의 특별수련으로 거의 모두가 강령이 되고, 대강령으로 영부靈符를 받는 사람도 많이 보았습니다. 발령發靈이 되어 한울님과 대화를 하는 사람도 많이 있었습니다. 「수덕문」에 있는 수운대신사님 말씀과 같이 붓을 들어 글을 쓰니 왕희지의 필적이 나타나는 것도 보았습니다. 발설강화發說降話로 글을 읊고 방언을 하는 사람도 보았습니다. 모습이 달라지는 것도 보았고, 여러 가지 질병이 물약자효勿藥自效가 되는 것도 보았습니다. 기이하고도 두려운 한울님의 조화를 많이 보았습니다.

이러한 기적과 영적이 나타나지만 도성덕립道成德立은 재성재인在誠在人임을 분명히 알 수 있었습니다. 천운天運이 순환하여 운수運數 관계로 단시일 내에 마음과 육신으로 증험이 되어 믿음은 있지만, 스승님의 심법心法을 모르고 이치를 헤아리지 못하여 마치 하루아침에 눈을 뜨게 된 장님과도 같이 동서남북을 분별치 못하는 사람도 보았습니다. 남 못 보는 것을 볼 수 있는 영안靈眼도 열리고 한울님의 가르침도 받지마는 잠재의식 속에 있던 것이 구상화되어 나타나고 자신의 신변사身邊事를 알게 되는 것에 그치는 사람도 보았습니다. 그러나 기적과 영적에 치우치면 약간의 앎이 있을 뿐 미신적인 신앙 상태에 머물게 될 뿐입니다. 지공무사至公無私하신 한울님께서 불택선악不擇善惡 하시고 정시정문正示正聞하기 때문에 바른 것을 구하면 바른 것이 보이고 삿된 것을 구하면 삿된 것으로 보이고 선을 구하면 선으로 보이고 악을 구하면 악으로 보여서 일어나는 현상입니다.

그러므로 바르게 알고 바르게 믿고 바른 마음으로 수도해야 합니다. 처음 수도하는 사람들은 선각자나 선지식善知識을 만나 바른 안내를 받아야 미신으로 떨어지지 않고 바른 깨달음에 도달할 수 있습니다. 이치를 모르고 수도를 하면 많은 시간을 허비할 수도 있고 많은 고생을 할 수도 있습니다. 자구자시自求自示로 사서 고생을 할 수 있습니다.

자칫 잘못 생각을 하여 사사로운 영화나 사사로운 욕심이 생기면 도통은 고사하고 질병으로 고생할 수도 있고 난법난도亂法亂道로 사문師門을 더럽힐 수도 있습니다.

다행히 천도교에 입문하여 신앙을 하더라도 지도를 잘 하는 선생님을 만나야 쉽게 도를 닦아 정진할 수 있습니다. 그렇지 못하다면 스승님께서 말씀하신 경전을 숙독상미熟讀賞味하여 이치를 깨쳐 나가면서 정심수도正心修道를 해야 합니다. 해월신사는 수운대신사를 만나서 성도成道하셨고, 의암성사는 해월신사를 만나서 도통道通을 하셨습니다. 사심을 버리고 정심수도를 하면 좋은 벗, 좋은 선생님을 만날 수 있습니다.

아직은 날이 밝기 전이어서 어둡지만 잠시만 지나면 동천東天에 해가 떠서 환하게 밝은 빛을 볼 수 있게 됩니다. 비 오는 날 땅에서는 태양을 볼 수 없지만 비행기를 타고 구름을 뚫고 높이 올라가면 태양은 항상 빛나고 있습니다.

무엇이든 알면 쉽고 할 수도 있고, 모르면 어렵고 못하게 되어 있습니다. 궁리窮理라는 말씀은 모든 이치를 생각하고 연구하여 깨닫는데 이르러야 한다는 뜻입니다.

수운대신사께서 「흥비가」에 "이 글 보고 저 글 보고 무궁한 그 이치를 불연기연 살펴내어 부야흥야 비해 보면 글도 역시 무궁하고 말도 역시 무궁이라. 무궁히 살펴내어 무궁히 알았으면 무궁한 이 울 속에 무궁한 내 아닌가."라고 하셨습니다. 수도하는 사람들은 스승님께서 말씀하신 경전을 밝게 살펴 일이관지가 되어야 진리를 알았다고 할 수 있습니다.

사람으로 비유하면 수운대신사님의 말씀은 뼈라고 하면 해월신사님의 말씀은 살이요 의암성사님의 말씀은 동작하는 것이라고 할 수 있습니다. 수운대신사께서는 위천주爲天主·시천주侍天主를 강조하셨고, 해월신사께서는 양천주養天主를 가르치셨고, 의암성사께서는 각천주覺天主를 상대적으로 강하게 주장하셨다고 봅니다. 물론 깨달음에 있어서는 동일하며 모두가 견성각심으로 황황상제皇皇上帝의 최상정각에 도달하셨습니다.

이치를 생각하고 연구한다는 것은 예를 들면, 사람은 어떻게 사람이 되었으며, 나라는 어떻게 나라가 되었으며, 세상은 어떻게 세상이 되었는가? 만법의 인과는 무엇이며, 만상의 인과는 무엇이며, 화복의 인과는 무엇인가? 이런 문제의 해답을 얻는 것입니다. 근본 원리를 찾아 모든 답을 얻어 일이관지가 되어 일체의 의심이 없는 깨달음이 되어야 합니다.

어느 해 봄 육순이 갓 넘은 할머니 다섯 분을 모시고 청평 감로암으로 105일 기도를 갔습니다. 그 가운데 영통한 할머니가 있었는데 한문은 모르시고 겨우 한글을 읽을 수 있는 정도였습니다. 기도를 시작하면서 그 할머니에게 "하늘에 별이 몇 개인지 알아보세요." 하는 문제를 드렸는데 3일이 지나도 아무 대답이 없어 재차 물었더니 "글쎄 무슨 뜻인지 알 수 없는데 무량수無量數라고 가르침을 받았다."고 하였습니다.

한울님의 가르침을 받았지만 이치를 모르기 때문에 이해를 못하는 것이었습니다. 비유하면 수학 문제의 답을 한울님의 가르침으로 알아 냈지만, 실제로는 풀지도 못하고 설명도 못하는 것입니다. 이치를 생각하지 않고 연구하지 않으므로 이러한 분이 있는 것입니다. 영통靈通은 되었지만 이치를 생각하고 연구하지 않으므로 자천자각이 되지 않아서 그런 것입니다.

의암성사께서 우이동 봉황각에 계실 때에 최 노인이란 사람이 잡일을 하면서 의암성사님을 모셨는데 그 최 노인은 일을 할 때나 길을 갈 때나 항상 주문을 외웠다고 합니다. 어느 날 교인 한 분이 의암성사께 "최 노인은 저렇게 잠시도 잊지 않고 주문을 외우는데 어찌하여 도통을 못합니까."라고 물었더니 "저 사람은 믿음도 있고 정성도 있어서 주문을 열심히 외우고 있지만 생각을 하지 않고 연구를 하지 않기 때문에 도통이 안 된다."고 대답하셨다고 합니다. 이처럼 주문만 외워도 안 되고 궁리만 하여도 안 된다는 것입니다.

주문과 궁리 299

도를 통하는 두 길이 있는데 돈오頓悟와 점수漸修입니다. 돈오는 일언지하대오一言之下大悟를 한다든지 상지上智로써 돈각頓覺으로 각상覺想이 되어 상통하달上通下達이 되는 것을 말하고, 점수는 하학이상통下學而上通으로 차츰차츰 도를 닦는다는 말씀입니다.

진리를 먼저 알게 되면 곧이어 믿고, 마음과 몸으로 증험하고, 한울님의 가르침을 받아야 하고, 선각자의 안내로 믿음에서 출발한 사람은 마음과 몸으로 증험하고 알아서 한울님의 가르침을 받아야 합니다. 신앙과 철학과 제도가 일치되는 깨달음에 도달해야 하는 것입니다. 그 방법은 주문과 한울님과 스승님과 내 마음과 내 몸과 경전이 하나가 되도록 정진하는 것입니다.

진리는 하나입니다. 색상色相과 법상法相이 하나요, 한울과 사람이 하나요, 생과 사가 하나요, 유와 무가 하나요, 성품과 마음이 하나입니다. 하나인 본체 성령을 깨달으면 자유자재의 자유 극락이 될 것입니다.

* 『신인간』 485호, 포덕131(1990)년 8월

동귀일체同歸一體

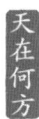

『용담유사』「교훈가」에 "…너도 역시 사람이라 무엇을 알았으며 억조창생 많은 사람 동귀일체 하는 줄을 사십 평생 알았더냐." 라는 말씀이 나옵니다. 이 동귀일체는 수운대신사의 말씀이 아니고 한울님께서 수운대신사에게 하신 말씀입니다.

동귀일체란 모든 것이 하나의 법으로 돌아가야 한다는 말씀입니다. 우리 스승님들께서도 그와 같은 비슷한 말씀을 여러 군데서 하셨습니다. 만화귀일萬化歸一이라든가 동귀일리同歸一理라든가 또 동귀일심同歸一心이라는 말이 다 같은 뜻입니다.

의암성사께서『무체법경』에서 "한울님의 성품은 한 근원이고 한울님의 마음은 한 한울이고 한울님의 법은 일체."라고 말씀하셨습니다. 따라서 모든 것이 하나의 법으로 돌아오게 되어 있다는 것입니다.

이 동귀일체와 반대되는 말씀은 우리들이 잘 아는 각자위심各自爲心입니다. 이 지구 위에 지금 53억 명의 사람들이 살고 있습니다. 그 53억 명이 모두 한울님의 성품을 가지고 있지마는 모습, 형태, 목소리 등이 단 한 사람도 같은 사람이 없습니다. 53억 명이 모두 다릅니다. 그것은 모든 사람들이 그 조상부모님 때의 인과로 인해서 그 모습이 각각 다른 것입니다. 또한 그 인과로 인해서 그 사람들의 마음가짐, 마음쓰임, 생각하는 것이 다 다른 것이 각자위심입니다.

오늘날 세계적으로 도덕이 부패하고 모든 사람들이 짐승과 같이 된 것은 본래의 한울님을 생각하지 않고 습관된 제2천심을 가지고 사는 각자위심으로 인해서입니다. 점점 더 많은 사람들이 짐승과 같이 되어 가고 있는 현실입니다.

세상사람들로서 동귀일체라는 말은 상상하기도 어려운 말씀입니다. 모든 사람이 그 습관이 달라서 하는 것이 다 다른데 어떻게 하나로 돌아갈 수 있느냐는 것입니다. 그러나 그것은 한울님이 대신사님께 약속하신 것입니다. 따라서 우리에게도 한울님께서 이미 약속하신 것입니다. 그러므로 우리들은 동귀일체가 되도록 노력을 해야 합니다. 노력을 하는 데는 다른 방법이 없습니다. 육신관념을 성령으로 바꾸어야 합니다. 나에게서 나 아닌 한울님이 계셔서 간섭하고 명령하고 통일하고 계시는 그 이치를 생각하는 것입니다.

일용행사日用行事가 도 아닌 것이 없습니다. 말하거나, 숨쉬거나, 밥먹거나, 움직이거나, 자거나, 눕거나, 일하거나 간에 모두 한울님이 하시는 것으로 알아야 합니다. 육신관념을 성령으로 바꾸는 것입니다. 그리하여 규모일치

規模一致의 생활을 하면 가히 동귀일체同歸一體할 수 있는 것입니다.

사람의 마음은 각각 다르지마는 한울님 마음은 유일무이하십니다. 한울님은 그 본성이 만리만사의 원리원소로서 그 원리원소가 고금세계를 비치는 거울이 되어 사물이 그 거울에 비쳐서 운용하는 것이 마음입니다. 이 성품과 이 마음을 한울님이라고 하는 것입니다. 그 한울님을 우리가 모두 모시고 있습니다. 한울님의 성령이 자현·자화한 것이 천지만물로서 우리 모두가 다 그 속에서 살고 있습니다. 또한 그 성령이 나에게 있습니다. 한울성품이 나에게 있고 한울마음이 나에게 있기 때문에 우리들은 한울님을 모셨다는 것입니다. 그러므로 우리는 동귀일체를 할 수 있는 것입니다.

해월신사께서도 말씀하시기를 '사람은 한울님을 모시고 있으므로 모두가 다 한울님이다. 사람이 곧 한울님이다. 사람 섬기기를 한울같이 하라'고 하셨습니다. 그리하여 "집에 사람이 오면 사람이 왔다고 말하지 말고 한울님이 강림하셨다고 하라."고 하셨습니다. 더하여 한울님을 공경하고 사람을 공경하고 물건을 공경하는 삼경三敬에 이르러야 가히 한울님을 깨달았다고 할 수 있다고 말씀하셨습니다. 인오동포 물오동포로 천지만물이 하나됨으로 동포同胞라는 것을 깨달으면 삼경을 무위이화로 실행하게 되는 것입니다.

우리들이 핏줄로 형제도 있고, 사촌도 있고, 조카도 있고 그 밖에 여러 친척이 있지마는 천도교를 같이 하지 않으면 그 친척이 천도교를 하는 우리 교인만큼 가깝지를 못합니다. 왜냐 하면 그네들은 각자위심 하며 살기 때문에 한울님을 모르므로, 핏줄은 같지마는 성심은 더 먼 사람이 되는 것입니다.

우리 교인들은 다양한 분들이 모였지만 스승님의 심법을 믿기 때문에 한 식구같이 가깝게 됩니다. 만일 한 식구처럼 생각이 되지 않는다면 그 사람은 한울님 생각을 덜하며 주문을 읽지 않고 기도를 하지 않는 사람입니다. 천도교인은 스승님의 심법을 믿어 거기에 들어가서 하나로 돌아가는 것입니다. 장차 돌아가는 것이 아니라 현재 신앙하고 있는 우리들은 하나로 돌아가고 있습니다. 아직 하나로 돌아가지 못했다면 하루 속히 천심을 회복해야 합니다. 천심을 회복하면 자연히 동귀일체의 그 하나 속으로 귀일하게 됩니다.

한 가정이 식구가 적든 많든 그 식구들이 모두 천심을 회복하여 동귀일체가 되었을 때야 그 가정은 천국이 됩니다. 식구들이 각자위심 한다면 다른 어떤 방법으로도 가정천국을 이룰 수가 없습니다.

우리는 해방 이후 너무나 쓰라린 경험을 하였습니다. 38선 이남에서도 그랬지마는 특히 이북에서는 한 가정에서 아버지는 민주당, 큰아들은 공산당, 작은아들은 청우당 등으로 식구들이 제각기 생각을 달리했던 것입니다. 그래서 모이기만 하면 의견이 다 다르니까 아버지와 아들 사이에 갈등하고, 형 동생 사이에 갈등하여 골이 깊어졌습니다. 그것이 지금까지 이어져 휴전선을 사이에 놓고 이북과 이남으로 나뉘어 서로 다른 의견을 주장합니다. 동서독의 통일은 서독이 엄청난 돈을 가지고 또 대세가 기울어지고 이래서 독일 통일은 쉽게 이루어졌습니다. 우리나라 남북통일은 그런 식으로 되지 않습니다. 동귀일체가 되어야만 남북통일을 할 수 있습니다.

모든 종교가 하나로 되고, 모든 철학이 하나로 되고, 모든 사상이 하나로 돌아갈 때에 한울님의 그 근본 진리가 우리들을 통해서 확명될 때에 대도의 천명은 물론이고 남북통일도 될 수 있는 것입니다.

그래서 천도교에서 오랫동안 내려오는 이야기가 교인들이 종자 사람이 되라는 것입니다. 선구자가 되라는 것입니다. 우리들은 그러한 무거운 짐을 지고 있는 사람들입니다. 때문에 아까 말씀드린 대로 한 가정도 모든 식구가 천심이 회복되어야만 그 가정이 천국이 됩니다. 마찬가지로 교회도 모든 교인이 천심을 회복했을 때에 하나로 돌아갈 수가 있는 것입니다.

천도교인 모두가 천심을 회복하게 되면 무엇이 안 되겠습니까. 두려울 것이 무엇이 있겠습니까? 막힘도 있을 수 없고 못할 일도 있을 수 없습니다. 우리가 포덕을 한다고 늘 말씀을 하지만 한울님 모심을 마음으로 육신으로 증험을 하지 않고서는 포덕을 할 수가 없습니다. 되지도 않습니다.

전국적으로 보아도 주문 외는 사람, 강령 받은 사람, 영부 받은 사람, 한울님의 가르침을 받는 사람 이런 분들이 그래도 몇 명씩 포덕을 합니다. 여기에서 멀어지는 사람들은 하다가도 자꾸 가 버립니다. 여러분들은 열심히 하시기 때문에 지금 남아 계시는 것이고, 남아 계시기 때문에 동귀일체가 될 수도 있습니다. 하루 빨리 우리들이 천심을 회복해서 하나가 되도록 합시다. 우리가 하나가 되면 우리 교회의 모든 목적이 다 이루어집니다.

포덕천하의 길도 거기에 있고, 광제창생의 길도 거기에 있고, 지상천국의 길도 거기에 있고, 남북통일의 길도 거기에 있습니다. 그래서 다시 한 번 생각을 바꾸어 동귀일체가 되어야 되겠다는 말씀을 드립니다.

* 『신인간』 490호, 포덕132(1991)년 1월.

진리유일 眞理惟一

우주의 본체에 대한 이름이 각 종교마다 다르고, 나라마다 방언에 따라 그 명칭이 많이 있지만 진리는 오직 하나요 따라서 우주 본체는 유일무이한 것입니다. 본체를 부르는 이름으로 우리나라에서도 하나님, 한울님, 성령性靈·聖靈, 성심性心, 이기理氣, 실상實相, 법상法相, 음양陰陽, 무극無極, 태극太極, 천신天神, 천리天理, 신神, 영靈, 기운氣運, 지기至氣, 참나, 대생명大生命, 대정신大精神, 우주의식宇宙意識, 본래아本來我, 조물주造物主, 절대자絶對者, 조화자造化者, 창조주創造主 등 각양각색의 명사가 있습니다.

세계에는 수천 개의 방언이 있다고 하므로 우주 본체에 대한 명사도 그렇게 많이 있습니다. 본체는 유일무이惟一無二한 것인데 이름이 많이 있게 된 것입니다. 같은 것도 색안경을 쓰고 보면 그 색에 따라 달리 보이는 것과 같이 본체에 대한 관법에 따라 본체의 이름이 그 시대 그 사람들마다 차이가 있음을 알 수 있습니다.

기독교, 불교, 선교, 유교, 기타 많은 사이비 종교 등에서 본체에 대한 견해를 다르게 설명하고 있음도 또한 사실입니다. 더욱 가련한 사실은 서로 비방하며 이교도를 마귀로 생각하는 극단적인 종파도 있습니다.

역사 이래 숱한 종교전쟁이 있었고 지금도 같은 회교도들 간에 전쟁을 하고 있습니다. 소설가인 어떤 스님이 수녀를 사랑하게 되어 회답이 없는 사랑의 고백 편지를 2년 동안이나 계속한 끝에 그 스님과 수녀가 결혼을 하였습니다. 그러나 세 살 난 아들이 있게 된 지금까지도 밥상을 받아 놓고 남편은 불교식으로 합장을 하고 아내는 천주교식으로 십자가를 그리며 각각 기도를 하면서 생활한다고 합니다. 천주님과 부처님이 하나임을 깨달으면 그 어리석고 고집스럽고 무지함이 얼마나 쑥스럽겠습니까!

우주 본체의 실상인 성령은 본래부터 처음도 없고 인연도 없이 있는 것으로써 소위 무무無無·무유無有·무의無依라고 표현하는 법상입니다. 인간들이 많은 명사를 붙이고 있지만 유일무이한 실상입니다. 그 실상이 자율·자화·자현에 따라 천지만물을 성출하고 그 자체에 환거還居하여 간섭·명령·통일하며 생성 변화하지만 상무주처常無住處하고 무소부재無所不在한 것입니다.

우리 사람도 만리만사의 원리원소가 되는 성품이 있으므로 육신이 있고, 만리만사를 운용하는 마음이 있어서 생명이 있고 정신이 작용하며 일천조 개 이상으로 된 육신의 세포가 신진대사를 합니다. 사람의 일용행사 행주좌와 어묵동정 모두를 성령이 간섭하고 명령하고 통일을 하고 있습니다.

사람은 한울이 한울된 것이요, 영靈이 영 된 것이요, 신이 신 된 것이요,

무형이 유형화 된 것입니다. 그래서 한울님을 모신 한울사람이라고 하며 신선이라고도 말합니다.

한울님께서 수운대신사께 말씀하시기를 '오심즉여심吾心卽汝心'이라고 하셨고 '귀신자오야鬼神者吾也'라고 확실하게 밝혔습니다.

수운대신사께서 "나는 도시 믿지 말고 한울님을 믿었어라. 네 몸에 모셨으니 사근취원 하지 말라."고 말씀하시고, 또 "사람의 수족 동정 이는 역시 귀신鬼神이요, 선악간善惡間 마음 용사 이는 역시 기운氣運이요, 말하고 웃는 것은 이는 역시 조화造化로세."라고 말씀하셨습니다. 한울님, 귀신, 기운, 조화는 글자만 다를 뿐 유일무이한 본체입니다.

불교에서 성심性心을 말하고 유교에서는 이기理氣를 말하는데 성性은 이理요, 심心은 기氣이므로 성리심기性理心氣라고 합니다. 역사 이후 많은 성현들이 출세하셨지만 성심이기性心理氣는 유일무이한 본체의 명사로 같은 뜻임을 의암성사께서 비로소 확명하신 것입니다.

천지인天地人 삼재三才의 이치와 선천의 천황씨·지황씨·인황씨 삼황이 있었던 것에 비견하여 수운대신사를 천황씨, 해월신사를 지황씨, 의암성사를 인황씨로 존칭하게 되었습니다.

스승님을 통하여 완전한 한울님의 뜻이 표현되었기 때문에 진리를 터득하는데도 스승님의 말씀이 일이관지가 되도록 공부해야 합니다. 한울님은 지공무사至公無私하시고 불택선악不擇善惡하시므로 정시정문正示正聞이 되기 때문에 스승님의 심법을 지키는 것이 무엇보다 중요합니다.

그 사람이 생각하고 말하고 행동하는 대로 되는 것이 인과의 법칙입니다. 그 사람이 믿는 대로 되고, 공경한 만큼 한울님과 친해지고, 정성하는 데 따라 성공하느냐 못하느냐가 달려 있습니다. 한울님께서는 불택선악 하시므로 예수의 말씀을 믿으면 기독교인이 되고, 석가의 말씀을 믿으면 불교인이 되고, 공자의 말씀을 믿으면 유교인이 됩니다. 마찬가지로 사이비 종교 교주의 말을 믿으면 사이비 종교인이 될 수밖에 없습니다.

천도교를 믿는 우리들은 스승님의 말씀에 따라 모든 기성종교의 이치가 합일되고 통일된 새로운 인내천의 진리를 믿는 것입니다.『성경』의 계시록에 나타난 새 복음이 바로 이것이요, 미륵불의 가르침이 바로 이것입니다. 모든 사람이 한울님을 모신 한울사람이 되고 신선되는 진리의 길이요, 이 세상이 천국이 되는 참다운 진리입니다. 선천의 암흑세계가 광명의 세계로 변하는 새로운 길입니다.

인내천 진리는 지상천국의 새 세상, 지상신선의 새 인간, 사인여천의 새 윤리, 무한 자유 자용自用의 순환 경제제도, 무한 자유 평등의 새 생활, 무한한 지혜를 받는 창조 발전의 삶을 누리게 하는 진리입니다. 인내천 진리는 무한 능력을 받는 초인간, 무진장으로부터 무한 공급을 받는 풍부한 새 사회가 이루어져서 각수직분各受職分하고 무상정각無上正覺의 인내천의 진경을 터득하여 지상신선들이 살아가는 낙원을 건설하게 될 새로운 종교·철학·사상에 귀일되는 진리입니다.

인내천 진리는 참되고 아름답고 착하고 바르고 밝고 의로운 사람들이 사는 세상, 불평불만이 없고 괴로움이 없고 슬픔이 없고 안타까움이 없는 세상에서 병이 없고 건강하게 천수를 다할 수 있는 삶, 기쁘고 즐겁고 웃음이 충만한 생활을 하며 물욕과 감정과 아집에서 초월한 지상신선으로 살 수 있는 진리의 길이요, 생명의 길이요, 행복의 길이요, 영생의 길이요, 영광의 대도大道입니다.

인내천 진리는 수심정기로 인의예지를 실행할 수 있는 새 진리요, 사인여천의 윤리로 대자대비와 사랑을 사람마다 실천이 되는 진리의 길이요, 각자위심의 사람들이 동귀일체同歸一體가 되어 자타일체自他一體가 되는 길이요, 비밀이 없고 거짓이 없고 속일 수 없는 세상이 되는 길입니다.

인내천 진리는 말과 행동이 바르게 되므로 사람마다 바르게 되고, 가정이 바르게 되고, 나라가 바르게 되고, 온 세상이 바르게 되어 전쟁이 없는 신천지·신세계·신인간들이 되는 개벽의 진리입니다.

후천 오만년의 운이 돌아오매, 구름이 걷히면 태양 빛을 언제나 볼 수 있고, 흙이 묻은 진주는 닦으면 빛이 나고, 먼지가 앉은 거울은 닦아내면 잘 보이는 것과 같이 본래 청정무구한 본체의 진리를 찾게 된 것입니다.

세상에는 요망한 말이 많이 있습니다. "신은 죽었다, 신은 늙었다, 신은 망했다, 신은 없다"고 하면서 신을 배반하고 신의 이치를 거역하는 것이 오늘날의 금수 같은 인간들입니다. 무신론을 주장하며 신을 부인하고 엉터리 주체사상에 염색된 일부 대학생, 지식인이라고 자처하는 사람들이 선동·파괴·방화·테러를 자행하며 부모를 배반하고, 스승을 구타하고, 자살을 찬양하며, 반가정·반민족·반국가·반사회적이요 금수 같은 생각을 하며 행동을 하고 있으니, 저들의 앞날이 참으로 가련하고 한심스럽고 불쌍하게 될 것이 명약관화합니다. 생각하고 또 생각하여 봅시다.

　신은 곧 마음이요 마음은 곧 기운이요 영으로 혼원한 성령입니다. 신은 대우주·대생명이요, 대정신·대의식이요, 우주의 본체입니다.

　수운대신사께서 각도하시어 천사문답天師問答이 이루어졌을 때 한울님께서 "개벽 후 오만년에 노이무공 하다가서 너를 만나 성공하니 나도 성공 너도 득의 너희 집안 운수로다."라고 하셨습니다.

　그러나 수운대신사께서 천도를 체행하신 지 불과 4년밖에 되지 않은 갑자년(1864)에 대구장대에서 참혹한 최후를 당하시게 되매, 한울님은 해월신사를 계강繼降하시어 해월신사 말년에 이르러 만요불발萬搖不拔의 근본이 이루어졌습니다. 또 의암성사를 계강하시어 의암성사 말년에 『무체법경』이 나오게 되어 후천 오만년의 만고 없는 무극대도가 완성되었습니다.

　성천性天·심천心天·신천身天의 성심신 삼단을 일체 각득覺得하여 황황상제皇皇上帝의 위位에 계시는 것은 신성사님이 같습니다. 그러나 조금씩 다른 점도 있습니다. 수운대신사께서 못다 하신 말씀을 해월신사께서 하셨고, 수운대신사·해월신사께서 못다 하신 말씀을 의암성사께서 하셨습니다.

　몇 가지 예를 들면 수운대신사께서는 위천주爲天主·시천주侍天主를 강조하시고 해월신사께서는 양천주養天主를 강조하시고 의암성사께서는 각천주覺天主를 강조하신 것이 다릅니다. 성품과 마음에 대한 말씀도 수운대신사께서는 "중용에 이른 말은 천명지위성天命之謂性" "솔기성수기교率其性受其教" "마음은 본래 허한 것이라 물건에 응해도 자취가 없다."고 하셨습니다. 해월신사께서는 "성심·이기·천지·음양·귀신·조화는 모두 혼원한 기운의 소사所事" "이와 기는 유일무이한 것이요, 또 마음이 선발하여 기운이 작용한다"고 하셨습니다. 의암성사께서는 말년에 "성품은 만리만사의 원리원소요, 양경良鏡이 되므로 만리만사가 거울 속에 들어 운용하는 것을 마음"이라고 하셨고, "성性은 이理요, 심心은 기氣…성과 심은 근본에서 유일무이한 것"이라고 하셨으며 "성품은 음양이 합덕되면서 천지의 거울이 되고, 세계의 거울이 되고, 고금의 거울이 되고, 성리의 거울이 되고, 마음은 만리만사 만물을 간섭하고, 명령하고, 통일하는 천지의 한울이 되고, 세계의 한울이 되고 고금의 한울이 되고, 성리의 한울"이라고 확명하셨습니다.

이와 같이 신성사님께서 계강하시어 무극대도가 완성되고 한울님의 뜻이 이루어진 것입니다. 한울님께서는 정시정문하시므로 신성사님의 심법을 모르면 성심신삼단을 일체 각득할 수 없습니다. 도를 깨닫는 길은 처음 가는 높은 산에 오르는 것과 같아서 안내자가 없으면 대단히 어려운 것입니다. 그래서 옛날부터 공부를 하려면 선지식, 즉 깨달은 사람을 만나는 것이 일생일대의 행운이라고 합니다. 몇 년, 몇십 년을 공부를 하고도 깨달음에 이르지 못하다가 깨달은 사람을 만나 몇 마디 문답으로 진리를 터득할 수도 있습니다. 선각자를 만나는 것이 공부하는 지름길이 될 수 있습니다.

세상에는 사이비 종교도 많이 있어서 영통靈通을 한답시고 허무맹랑하고 엉뚱한 생각에서 신통력을 얻으려고 입산하여 수십 년 동안 허송세월하는 사람들도 많이 있습니다. 설령 유교·불교·선교·기독교의 수련 방법으로 수련한다고 하여도 선천종교는 운이 다하여 약간의 기적과 영적은 있을지언정 천인합일의 인내천의 경지에 도달할 수는 없습니다. 아무리 옛날부터 '천도는 무문'이라고 하지마는 사람의 수명은 100년이란 유한한 것이므로 아차 하면 돌아가야 하는 것이 인간입니다. 공자께서 30세에 입지立志하고 40세에 불혹不惑이 되고 50세에 천명을 안다(知天命)고 말씀하신 것은 모두 뜻이 있어서 하신 말씀입니다.

 세월은 잠깐도 쉬지 않고 바람과 같이 지나갑니다. 육신의 한 세상은 꿈꾸는 시간과 같은데 본래 마음은 무량수로 영생하기 때문에 자신이 죽는다는 것을 생각하지 않습니다. 세상사람들도 건강할 때에는 80, 90살이 되어서도 죽는다는 것을 까맣게 잊고 살아갑니다. 90살이 넘은 노인이 사업을 한다고 수십 억원을 들여 외국에서 인쇄 기계를 수입하였습니다. 그러나 작업할 물량이 없어 직공들에게 신경질을 부리고 안달을 하며 괴로워하더니 밤 사이에 심장마비로 돌아가시는 것을 보았습니다.

 도가 높은 스님들은 스스로 죽는 날을 알고 열반실에 들어가 가부좌한 자세로 무아경이 되어 열반에 든다고 합니다. 본래 생과 사가 둘이 아니요 법상인 진성은 무무無無·무유無有·무위無爲·무의무립無依無立·무선무악無善無惡·무루무증無漏無增한 본체입니다. 또한 불생불멸不生不滅·청정무구淸淨無垢한 것이 본래의 무체성이요, 생과 사가 없는 무량수인 실상은 참으로 말로 글로 다할 수 없이 무한하고·무극하고·무궁한 것입니다.

후천 오만년이 다하도록 모든 사람들에게 전해질 의암성사의 「법문」에 "너는 반드시 한울이 한울된 것이니 어찌 영성이 없겠는가. 영은 반드시 영이 영된 것이니 한울은 어디 있으며 너는 어디 있는가. 구하면 이것이요 생각하면 이것이니 항상 있어 둘이 아니니라."고 하셨습니다.

진리는 오직 유일무이한 것으로 한울님과 사람이 둘이 아니요, 생과 사가 둘이 아니요, 성과 심이 둘이 아니요, 이와 기가 둘이 아니요, 나와 세상이 둘이 아니요, 하나님과 천주님이 둘이 아니요, 한울님과 부처님이 둘이 아니요, 상제님과 신이 둘이 아니요, 기와 영이 둘이 아니요, 생명과 정신이 둘이 아니요, 무형과 유형이 둘이 아닙니다. 세상에는 오직 유일무이한 실상實相뿐이요, 그 실상이 바로 성령의 나요 참나인 무궁한 이 울 속에 무궁한 나입니다.

진리는 오직 하나이므로 물물천 사사천이요 인오동포 물오동포이니 경천, 경인, 경물을 실천하라고 말씀하는 것입니다.

인간은 태어날 때부터 무한 지혜와 무한 능력을 갖고 있으며, 무진장으로부터 무한 공급을 받을 수 있으니 당초부터 여의주를 갖고 왔으며, 만사여의가 될 수 있습니다. 그러기에 누구나 그 진리를 체득하여 자유自由·자재自在·자용自用으로 신선생활을 해야 할 것입니다.

* 『신인간』 498호, 포덕132(1991)년 9월.

불사약 不死藥

경전에 불사약不死藥을 선약仙藥 또는 영부靈符라고 말씀하셨습니다.

「포덕문」에 "나에게 영부 있으니 그 이름은 선약이요 그 형상은 태극이요 또 형상은 궁궁이니 나의 이 영부를 받아 사람을 질병에서 건지라."는 한울님 말씀에 의하여 백지 펴고 붓을 들어 천도의 형체를 그린 것이 불사약이요, 선약이요, 영부입니다.

수운대신사께서 「수덕문」에서 "가슴에 불사약을 지녔으니 그 형상은 궁을弓乙이요 입으로 장생하는 주문을 외우니 그 글자는 스물한 자라."고 말씀하셨습니다.

「안심가」에서는 "삼신산 불사약을 사람마다 볼까보냐. … 진시황 한무제가 무엇 없어 죽었던고 내가 그때 났었더면 불사약을 손에 들고 조롱만상 하올 것을 늦게 나니 한이로다. … 금수 같은 너희 몸에 불사약이 미칠소냐. … 편작이 다시와도 이내 선약 당할소냐."라고 말씀하셨습니다.

이와 같이 불사약을 선약 또는 영부라고 한 것은 약동하는 한울님의 정체를 그림으로 보여준 것으로, 그것은 바로 참마음이요 사람마다 모시고 있는 한울님이요 유일무이한 우주 본체입니다.

한울이 한울된 것이 사람이요, 성령은 물질을 얻었고 물질은 다시 성령을 얻은 것이요, 성령의 적극적 표현은 유형이요 소극적 표현은 무형이므로 유형 무형은 곧 하나요, 색상즉법상色相卽法相이라고도 합니다. 불경에도 색즉시공色卽是空 공즉시색空卽是色이란 말씀이 있습니다.

우주의 실상인 성령은 천지만물이 있기 전부터 시작이 없이 아무런 인연도 없이 본래부터 있는 것으로 무루무증無漏無增하고, 청정무구淸淨無垢하고, 불생불멸한 것이므로 육신을 성령으로 바꾼 수운대신사께서는 불로불사 하신다고 하셨습니다. 성령은 영원하고 영생하는 것이므로 늙지도 아니하고 죽지도 않습니다. 성령인은 불로신不老神, 불사신不死神, 금강신金剛神, 불괴신不壞神이요 불멸신不滅神이므로 무한장생을 합니다. 그러므로 한울이 한울된 것을 깨닫고 성령인임을 자각하면 불사약을 얻었다고 할 수 있습니다. 수운대신사께서는 이 경지, 이 희열을 "금을 준들 바꿀소냐 은을 준들 바꿀소냐 좋을시고 좋을시고 이내 신명 좋을시고."라고 노래하셨습니다.

경신년 사월 오일 한울님께서 수운대신사께 불사약인 영부를 내려주시면서 제인질병濟人疾病하라는 특허를 주셨습니다. 신성사님께서는 한결같이 이 특허권을 행사하시어 영부를 써서 허다한 세상 악질을 물약자효勿藥自效로 만병을 회춘하게 하시어 만세명인이 되셨습니다. 천도교인들은 모두가 신성사님의 제자요 문도門徒입니다. 제자는 스승님을 닮아야 합니다.

스승님과 같은 명인이 되고 신선神仙이 되도록 진심갈력으로 정진해야 할 것입니다.

어느 해 외국어대학교 교수로 있는 프랑스 사람인 여동찬 씨가 중앙총부를 방문하게 되어 총부 직원 약 20명과 교리 토론을 하는 자리에 참석하였습니다. 여동찬 교수는 신부로 우리나라에 왔다가 환속하여 결혼을 하고 대학교에 교수로 있으면서 천도교의 교리를 연구하신 분입니다.

총부 직원들에게 하는 말씀이 "여러분은 천도교의 성직자로서 강령을 받았으며 또 영부를 받았습니까?"라고 물었습니다. 어떤 분이 "강령을 받고 영부를 받은 사람은 극히 적은 편입니다." 하고 대답하였습니다. 그 교수는 "그러니까 천도교의 교세가 미약하지요. 교조께서 하라고 가르친 것을 왜 모든 교인들이 하지 않습니까."라고 하면서 매우 답답하다는 표정을 하였습니다.

참으로 어이가 없는 일입니다. 신부였던 그분이 얼마나 한심하면 그렇게 말씀하였을까요! 우리 교인들이 크게 반성할 문제입니다. 장차 전 세계 모든 사람에게 강령을 받게 하여 한울님 모심을 깨닫게 하여야 할 종자 사람들이 강령과 영부를 받지 못하고 있다면 큰 문제요, 스승님의 심법을 바르게 수호한다고 할 수 없습니다. 교인들은 모두 강령을 받고 영부를 받아야 합니다.

어느 해 경상도 남해를 갔는데 그 농촌에서 어떤 교인이 이런 말씀을 하였습니다. 부업으로 돼지를 십여 마리를 사육했는데 전염병이 돌아서 집집마다 돼지가 죽어나가는 것을 보고 곰곰이 생각한 끝에 영부를 받아서 돼지들에게 한 장씩 살라서 복용시켰다는 것입니다. 결국 그 마을 다른 돼지는 모두 죽어나갔는데 그 도인 집 돼지는 한 마리도 죽지 않았다고 하시면서 그 후 사람들에게 영부를 써 보았는데 병이 낫는 사람도 있고 낫지 않는 사람도 있었다면서 돼지만 못한 사람도 있다고 하였습니다.

수운대신사께서는 「포덕문」에서 "영부를 병난 사람들에게 써 보니 혹 낫기도 하고 낫지 않기도 하므로 그 이유를 살펴보니 정성으로 한울님을 지극히 위한 사람은 병이 낫고 도덕을 따르지 않는 사람은 효험이 없었으니 이것은 받는 사람의 정성과 공경이 아니겠는가."라고 말씀하셨습니다.

인간은 경험과 지식과 사고력이 발달하여 교사한 마음이 금수보다 월등하므로 도덕에 순종하지 않고 한울을 등지고 자기 멋대로 살기 때문에 금수보다 못한 사람이 수두룩하게 있습니다. 수운대신사께서는 "금수 같은 너희 몸에 불사약이 미칠소냐."라고 하셨습니다.

사람은 그 인과와 습관에 따라 그 모습을 달리하고 마음가짐도 각각 다른 것이 사실입니다. 인류 사회를 위하여 도움이 되는 사람도 있고 반면에 해를 주는 기생충 같은 사람도 있습니다. 불사약은 한울님께서 모든 사람들의 질병을 고쳐 주라고 내리신 영부이지만 효험이 있는 사람도 있고 없는 사람도 있습니다. 인과법칙에 의하여 한울님의 특별한 감응을 받게 되는 것이므로 선악 정사의 분별이 분명하게 나타납니다.

영부를 받아 보면 반드시 태극太極과 궁을弓乙로만 나타나는 것이 아니고 받는 그 사람에 따라 표현이 다르고 병에 따라서 그 형상이 다르게 받아집니다. 경전에 있는 말씀대로 왕희지적王羲之迹도 나타나고 신필로 그림도 그려집니다. 영부를 받을 때 신율神律이 자동自動하기도 하고 그냥 그대로 접령 상태에서 그려지기도 합니다. 영부의 약동하는 상태가 나타나서 그대로 그리기도 합니다.

　강령과 영부를 받는 사람들이 후천개벽의 종자 사람이요 선구자이며 창생을 구원할 수 있는 새 인간들입니다. 새 마음·새 사람·새 가정·새 민족·새 국가·새 세상이 이루어지는 개벽의 운수이므로 온 세상사람들이 한울님 모심을 증험하는 첫 관문이 강령이요, 둘째 관문이 발령이 되면서 영부를 받는 데서부터 시작하셔야 합니다. 강령을 받고 영부를 받는 것은 견성각심見性覺心의 과정에서 나타나는 현상으로 신성사님께서도 증험하셨던 것이므로 우리 문도들은 모두 증험해야 하겠습니다.

　강령을 받고 발령이 되어 영부를 받고 한울님 말씀을 알게 되어야 생각을 일으켜 모든 인과법칙을 깨닫게 되고, 한울과 사람이 둘이 아님을 자각하게 되어 자천자각에 이르고, 각심이 되어 일체의 의심이 없어지므로 해탈이 되고, 대도견성으로 각성에 이르러 명인도 되고 성인도 되고 신선도 되고 신인도 될 수 있습니다.

　오직 수심정기의 묘법으로 한울님의 덕과 스승님의 은혜를 생각마다 잊지 말고 주문과 경전과 한울님과 자기 몸과 마음이 하나가 되도록 정진해야 할 것이며 정명선의正明善義에서 털끝만치라도 어김이 없이 진심갈력하면 반드시 자유 극락의 마음을 얻을 것입니다.

　영부는 우주 본체인 성령을 그림으로 표현한 것이요, 주문 3·7자는 글로 표현한 것으로 주역의 하도河圖와 낙서洛書에 비유할 수 있습니다.

　강령을 받고 영부를 받고 강시를 받고 한울님과 언어가 상통되었다고 견성각심이 된 것은 아닙니다. 한울님과 언어가 상통되어 영통이 되었다고 자천자각이 된 것도 아닙니다. 영대가 밝아졌던 사람이 하루아침에 캄캄해져서 아무 것도 모르게 되는 사람을 여러분 보았습니다. 강령, 영부도 한번 받았다고 계속 받아지는 것이 아닙니다. 태만해져서 정성도 없고 주문을 외우지 않고 기도를 하지 않으면 계속해서 강령도, 영부도 받을 수 없습니다.

　강령과 영부는 수련의 과정에서 초발심이 되는 사람들이 받게 되는 단계의 현상으로, 더욱 정진하여 자천자각, 견성각심으로 나아가야 합니다. 공부하는 학생이 유치원, 초등학교, 중학교, 고등학교를 거치면 다음에는 대학교, 대학원을 통과하여야 박사가 되는 것과도 같습니다.

　교중에 도훈道訓의 원직元職을 갖고 있는 어느 분께서 대학병원에서 버림을 받은 자기 아들의 병을 고치기 위하여 내외간에 결심을 하고 3·7일을 정하고 기도를 하여 강령도 모시고 영부도 받아서 복용시킨 결과 아들의 병을 고쳤습니다. 그 후 5, 6년이 지나면서 차차 해이해지고 일을 한다는 구실로 하오 9시 청수 시간도 제대로 못 지키고 정성도 없어지고 경외하는 마음도 없어지고 믿음도 빈약해짐을 깨닫고 수도원에 오셨습니다. 그 도훈께서 열심히 주문을 외우지만 정신도 산만하고 강령도 안 되고 영부도 받을 수 없어 안타까워 하고 땀을 흘리며 애를 쓰더니 5일이 지나서야 강령이 되고 영부를 다시 받게 되는 것을 보았습니다. 칼도 오랫동안 쓰지 않고 선반에 두면 녹이 슬게 됩니다. 수도하는 사람들은 항상 근근불식勤勤不息하고 진진불퇴進進不退해야만 기운이 운절되지 않고 현현묘묘玄玄妙妙한 속에서 밝고 밝은 마음을 간직할 수 있습니다.

경전에 과불급過不及이란 말씀이 있는데 수도하는 사람이 자기의 판단으로 지나쳐도 큰일이지만 꾀가 생겨 미치지 못해도 큰일이란 뜻으로 순수하고 바르고 착한 마음이 아니면 도의 중용을 잡고 심법에 어김이 없이 실천궁행하기가 어려운 것입니다. 모든 욕심을 버리고 처음 결심한 그 마음으로 감정을 초월하고 크고 작은 자기의 고집을 버려야 자존심이 없어지고, 의구심도 없어지고, 미망심도 없어져서 깨달음에 이르러 활연관통으로 일이관지가 될 수 있습니다.

하나 하나 증험을 얻어 정진하면 접령·강화도 되고 불사약도 얻고 견성각심도 되어서 만사여의의 최상정각에 도달할 수 있을 것입니다.

* 『설교연구』 제15집, 포덕132(1991)년 11월.

경외지심敬畏之心

　수운대신사께서는 「도덕가」에서 "아동방 현인달사 도덕군자 이름하나 무지한 세상 사람 아는 바 천지라도 경외지심 없었으니 아는 것이 무엇이며 천상에 상제님이 옥경대에 계시다고 보는 듯이 말을 하니 음양이치 고사하고 허무지설 아닐런가."라고 하셨습니다.

　또 「도덕가」에서 "번복지심 두게 되면 이는 역시 역리자요, 물욕교폐 되게 되면 이는 역시 비루자요, 헛말로 유인하면 이는 역시 혹세자요, 안으로 불량하고 겉으로 꾸며내면 이는 역시 기천자라 뉘라서 분간하리. 이같이 아니말면 경외지심 고사하고 경명순리 하단말가."라고 말씀하셨습니다.

　또한 전후 팔절에서 "공경이 되는 바를 알지 못하거든 잠깐이라도 모양하는 마음을 늦추지 말고 내 마음을 자나 깨나 두려워하라."라 하시고 "두려움이 되는 바를 알지 못하거든 지극히 공변되게 하여 사사로움이 없는가를 생각하고, 죄 없는 곳에서 죄 있는 것같이 하라."고 말씀하셨습니다.

　이와 같이 경외지심敬畏之心의 작용과 방법까지도 설명이 되었습니다. 한울님께 경외지심을 가지는 것은 너무나 당연한 일입니다. 한울님은 만물의 부모요 스승이요 임금의 격을 갖추고 있습니다. 그러므로 한울님 모양하기를 어린아이가 어머니를 생각하듯이, 목마른 사람이 물을 생각하듯이, 추운 겨울날 헐벗은 사람이 옷을 생각하듯이 하라는 것입니다.

경외지심은 습관된 물정심物情心에서 천심이 회복되어 변화된 마음입니다. 경외지심이 발동되면 두려운 마음과 감사하는 마음이 생기고 기쁜 마음도 생겨납니다. 경외지심이 발동되어야 발령이 되고, 영부도 받게 되고, 한울님과 언어도 상통될 수 있습니다.

경외지심이 없으면 그 사람은 금수와 같습니다. 보고 듣고 배우고 경험한 유한한 현재의식, 즉 물정심으로 생각하여 자행자지自行自止하면서 불평과 불만, 원망, 미움, 괴로움, 슬픔, 안타까움에 사로잡혀서 물욕, 감정, 아집으로 충만된 생지옥에서 살게 됩니다.

경외지심이 없으면 윤리 도덕이 있을 수 없고, 천지부모에게 효도하는 마음도 있을 수 없습니다. 이웃을 사랑하는 마음, 국가 민족을 사랑하는 마음도 없고 오직 자기 자신밖에 모르는 극단적인 사람이 되는 것입니다.

경외지심이 발동되어야 대자대비하고 효제충신孝悌忠信할 수 있습니다. 경외지심이 발동되어야 따뜻하고 사랑하는 마음에서 한울님을 공경하게 되고, 사람을 공경하게 되고, 물건까지도 공경할 수 있는 마음에서 천지만물과 화합하려는 마음도 생기고, 매매사사에 한울님과 스승님에게 감사하게 됩니다. 거기서 더욱 정진하여 진리를 깨달아 희희아喜喜我·희희물喜喜物의 경지에 이르고 자유 극락의 마음이 되어야 합니다.

경외지심이 없어서 무서운 것을 모르면 무신론자가 되어 자포자기로 타락하고 방종하고 난폭하게 되어 윤리도덕을 업신여기고, 사회질서를 문란케 하여 날이 갈수록 부패하여 짐승들의 아수라장이 될 수밖에 없습니다.

지금 공산주의를 하던 동구 여러 나라가 그렇고 공산주의의 종주국인 소련을 갔다 돌아온 사람들이 한결같이 하는 말이 한심하고 목불인견이라고 합니다. 윤리도덕도 없고, 사회질서도 없고, 일을 싫어하고, 의욕도 상실하고, 무표정하고, 웃음을 잃고, 노예와 같고, 로보트와도 같은 모습이고, 시가는 쓸쓸하고, 본래 개인상점이란 것은 없고, 국영상점은 텅 비었고, 심지어 휴지 칫솔 치약 등도 없고, 먹을 것이란 빵이나 과자도 없고, 골목에 간혹 있는 관영 식당에서는 시간이 넘으면 음식을 팔지 않기 때문에 미리 갖고 간 라면으로 허기를 채우며 고달픈 여행을 하였다고 합니다.

무한 자유자재의 인간성 자연을 부인하고 사람을 금수와 같이 독재정치의 노예로서 학대한 스탈린을 위시한 독재자들이 이루어 놓은 소위 사회주의 국가는 다 같이 못살기 운동을 하였고 거지의 나라를 만들어 생지옥에서 살게 하였던 것입니다. 역사상 나타난 독재자들은 한결같이 무신론자이며, 경외지심이 없는 배천역리자들이요, 한울님을 알지 못하여 무서운 것을 모르는 사람들입니다.

무신론자들 때문에 전 인류는 큰 시련을 거쳤지만 아직도 깨닫지 못하여 만경창파에서 돛 부러진 배와 같이 갈 바를 모르는 사람들이 있습니다.

우리 인류에게는 만법귀일萬法歸一·동귀일리同歸一理가 될 수 있는 진리가 창명되어 찬란한 빛을 발휘하고 있는데 세상사람들은 장님이 되고 귀머거리가 되어 마탈심魔奪心에 사로잡혀 보지도 듣지도 못하고, 알지도 못합니다.

그러나 동쪽에서 해가 떠오르면 찬란하게 밝아지듯이 한울님께서 뜻을 두면 금수 같은 세상사람들이 진리의 광명을 찾게 되어 행복의 신세계가 도래할 것입니다. 모든 인간들의 마음에서 경외지심이 발동되어 경천순천敬天順天을 할 수 있어야 동귀일체하여 세계 평화가 이루어지고, 사람 사람이 감사하고 기뻐하며, 명랑하고 행복하고 쾌활한 삶을 향유할 수 있게 될 것입니다. 경외지심이 발동되어 시천주를 자각하면 사인여천도 저절로 실행하게 되고 물오동포物吾同胞 인오동포人吾同胞의 진리를 깨달아 천지만물과 화합할 수 있는 마음이 솟아나는 것입니다.

경외지심이 발동되면 허위·공상·욕심·감정·아집과 자존심·의구심·미망심의 망상에서 벗어날 수 있습니다. 경외지심이 발동되어야 더욱 믿음과 공경과 정성이 강해지고 한울님과 친해져서 한울님의 도움을 받게 되고 한울님의 가르침을 받을 수 있습니다.

어떤 교인이 당신은 사계명을 합송할 때 암송으로 하고 감히 큰소리로 합송할 수가 없다고 합니다. 자기는 아직도 4계명을 지키지 못하고 육신관념의 포로 생활을 하고 있기 때문에 4계명을 입으로만 외울 수가 없다고 합니다. 그래도 그분은 양심의 가책을 받는 사람이요, 장차 도인이 될 수 있는 사람입니다. 참으로 경외지심이 발동되지 않으면 4대 계명을 지킬 수 없으며 금수 같은 세상사람들과 조금도 다를 바가 없는 탁명교인입니다.

평생 천도교를 신봉한 70세 넘은 노인이 수도원에 오셨습니다. 지난날 이북에서 청우당 간부로 종사하면서 천도교를 철학적·사상적으로 받아들여 사업을 위주로 해 오다가 느낀 바가 있어 신앙적인 증험을 얻기 위하여 기도를 시작했습니다. 모든 어려움을 참고 땀을 흘려가면서 수련을 하시어 강령을 받아 경외지심이 발동되어 하시는 말씀이 '그동안 천도교를 했는데 생각과 말로, 사상과 이념으로 공산주의자들과 싸우기 위하여 하였을 뿐 신앙생활을 독실하게 하지 못하여 진리를 깨닫지 못하고 수박 겉핥기식으로 하다가 이제야 참다운 신앙생활을 하게 되었다'고 기뻐하시며 많은 사람들 앞에서 큰절을 하면서 고마워하셨습니다. 몸은 비록 늙었으나 한울님과 스승님의 감응으로 은총과 사랑을 받아 신앙의 증험을 하게 된 것입니다.

경외지심이 발동되면 그 사람이 180도로 전환하여 우주관·인생관·세계관이 확고해져서 생각하는 것 말하는 것 행동하는 것이 달라집니다.

교인 집 자제인 일류대학 학생이 어머니를 따라서 수도원에 왔습니다. 일류대학 학생이라 그 자존심이 안하무인이요, 수련시간에 참석은 하지만 주문은 외우지 않고 경전을 보면서 3일을 지냈습니다. 4일째 되던 날부터 다른 사람들이 강령을 받고 영부를 받는 것을 보더니 그때서야 주문을 외우기 시작하였습니다. 5일째 되던 날에는 참회 반성으로 많이 울었습니다. 그날 저녁 수련시간에 대강령을 받고 경외지심이 발동되어 많은 사람 앞에 큰절을 하였고 어머니에게도 큰절을 올리고 지난날 잘못을 빌면서 대성통

곡을 하는 것을 보았습니다. 학생은 그 이튿날 영부를 받고 기뻐하며 감사하는 마음으로 변하였습니다. 교만하였던 그 모습이 밝고 착한 학생으로 일대 전환이 되었습니다. 이것이 바로 정신개벽이요 이신환성입니다.

또 다른 어떤 사람은 오랫동안 심장병과 협심증으로 고생고생 하다가 인연이 되어 수도원에 왔습니다. 5일 만에 대강령을 받고 경외지심이 발동되어 모든 것을 감사하게 되었고, 기쁜 마음이 되자 통증이 없어지고 맥박은 정상으로 뛰었고, 소화도 잘 되고 편안한 마음을 가지게 되어 건강을 회복하는 것을 보았습니다. 이와 같이 경외지심이 발동되어 허다한 질병에서 물약자효가 되는 것을 수없이 많이 보았습니다.

경외지심이 발동되면 감사하는 마음으로 큰절을 하는데 그 엄숙하고, 침착하고, 고요하고, 거룩함이 말이나 글로 표현하기가 어렵습니다. 직접 목격해야만 진짜로 사인여천하는 참 모습을 볼 수 있습니다.

경외지심이 발동되어야 남을 위할 줄 알고, 남을 도와주려고 힘쓰며, 웃으면서 희생하고 봉사하며 솔선수범하고, 교회의 의무 실행도 잘 하게 되고, 아낌없이 성금도 잘 내는 교인이 됩니다. 신앙심이 생겨남으로써 진선미가 나타나는 것입니다.

경외지심이 발동되면 아들딸로서, 아버지 어머니로서 자기의 책임을 다하며 효도와 지인공애를 다하게 되고, 서로 믿고 공경하고, 서로 정성을 다하게 되므로 한울님을 모신 신선들이 모여 사는 가정낙원의 광명세계로 변화하는 것입니다.

그러면 어떻게 하면 경외지심이 발동될 수 있는가. 세상사람들에게서는 경외지심을 가진 사람은 좀처럼 찾아보기 어렵습니다. 사람이 보고, 듣고, 경험하고, 글을 많이 배운다고 경외지심이 발동되는 것은 아닙니다. 믿음을 갖고 기도를 해야 하고, 정성으로 주문을 많이 읽어 강령을 받아야 비로소 경외지심이 발동됩니다. 강령이 되어 마음과 몸으로 한울님 모심을 중험해야 한울님을 경외하는 마음이 자연히 생겨납니다. 한울님의 존재를 확신하게 됨으로써 공경스럽고 두려운 마음으로 변하는 것입니다.

천덕사은天德師恩을 생각마다 잊지 않고, 수심정기로 바르고 밝고 착하고 의로움을 지키며, 수고롭고 힘쓰고 부지런하여 한울님과 스승님의 감응을 받아 은총과 사랑을 받을 때 더욱 경외지심이 작용하게 되는 것입니다.

세상사람들은 육신관념의 노예가 된 무신론자로 경외지심이 없기 때문에 세상은 갈수록 혼란하고, 부패하고, 복잡하고, 황폐화되어 가고 사람들은 금수와 닮아가고 있습니다.

후천개벽의 종자사람이 된 천도교인들은 창생을 구원할 책임과 의무를 지니고 있습니다. 스승님의 심법으로 금수 같은 세상사람들에게 경외지심이 발동하게 하여 모든 사람들이 한울님을 경외하며 경천순천함으로써 새 마음, 새 인간, 새 가정, 새 민족, 새 사회, 새 세상을 이루도록 최선의 노력을 모두 같이 하셔야 하겠습니다.

* 『설교연구』 제16집, 포덕133(1992)년 8월.

지상신선 地上神仙

天在何方

　수운대신사께서는 "입도한 세상사람 그날부터 군자 되어 무위이화 될 것이니 지상신선 네 아니냐."라고 말씀하셨습니다.

　사람은 누구나 한울님으로부터 성품과 마음을 부여받았습니다. 성품은 일원一源이요 마음은 일천一天이므로 모두 같아야 하겠지만, 그 사람이 마음을 운용하는 데 따라서 금수 같은 세상사람·군자사람·지상신선으로 각각 다르게 됩니다. 조상 부모님으로부터 받는 선천적인 인과도 있지마는 그 사람의 마음을 쓰는 데 따라서·후천적으로 인격이 형성되는 것이므로 금수 같은 세상사람도 될 수 있고, 천인합일로 신선사람도 될 수 있는 것이 자유의지를 가진 인간입니다. 성운을 맞이하거나 쇠운을 당하는 것, 정사正邪와 선악, 성인과 범부凡夫 이 모두가 그 사람의 마음을 정하고 정하지 못하는 데 있습니다.

　수운대신사께서는 사람을 세상사람, 군자, 지상신선 셋으로 구분하여 단계를 두고 말씀하셨습니다.

첫째, 세상사람이란 욕심과 감정과 집착으로 자존심·의구심·미망심에 빠져서 불평불만과 미움과 원망, 시기와 질투, 고집과 싸움, 불안과 초조, 고뇌와 슬픔, 쓸데없는 걱정과 근심으로 스스로 고생하며 병이 들어 공포 속에서 사는 사람들을 말합니다. 세상사람들은 전도망상顚倒妄想으로 없는 것을 있다고 생각하고, 있는 것을 없다고 거꾸로 생각하며 우주 본체인 신을 믿지 않는 사람들입니다.

신을 부인하고 물정심物情心과 마탈심魔奪心으로 물질만이 실재한 것으로 보는 유물주의적 우주관·인생관·세계관을 갖고 짐승같이 싸우고·빼앗고·뺏기고, 음해중상과 거짓과 위선으로 살고, 사람의 본성을 악하다고 보고 법으로 통제하고, 총칼로 위협하고, 권력으로 인간의 기본자유를 말살하는 사람들이 세상사람입니다. 인간을 물질로 보는 데서 살아 있는 기계로 취급하여 권력의 노예, 황금의 노예로 생활할 것을 강요하며, 자타일체自他一體의 진리를 모르고 한울님을 모시고 있는 지고한 인간의 생명을 파리 한 마리의 생명보다 못한 것으로 생각하는 어리석은 사람들이 세상사람입니다.

둘째, 군자君子사람은 신을 믿고 스승님의 계명과 규율을 잘 지키며 윤리와 도덕에 순종하는 어진 사람을 말합니다.

수심정기守心正氣로 인의예지仁義禮智를 높이 지키고 수행하며 지인공애至仁公愛로 사회의 질서와 법을 준수하며, 대자대비大慈大悲한 마음으로 천지만물과 화합하며, 모든 사람들을 내 몸과 같이 아끼고·사랑하고·용서하고·이해하고·도와주고·공경하는 사람이 군자입니다.

공자는 지智·인仁·용勇을 실천하는 사람은 군자라고 하였습니다. 군자는 공과 사를 분명히 하고 선과 악, 정正과 사邪를 분별하여 옳고 그른 것을 가리고, 남의 말을 들을 줄 알고, 때를 알기 때문에 기다리고 참을 줄 알고, 좋지 않은 일이 있어도 화내지 않고 웃음으로 넘길 수 있는 아량과 여유를 가지고 있습니다. 군자는 부드럽고·순하고·따뜻하고·친절하며, 밝고·착하고·바르고·의로운 대장부요, 의기남아요, 영웅호걸입니다. 군자는 경천순천敬天順天을 으뜸으로 생각하고 인간으로서 자기가 할 도리를 다하며, 남을 위하여 자기의 책임과 의무를 다하는 어질고 참되고 아름다운 사람입니다.

불교에서 말하는 보살과도 같고 기독교에서 말하는 사도와 같은 사람을 군자라고 합니다. 불경에 나오는 지장보살은 추운 겨울날 헐벗은 사람에게 옷을 벗어주고 자기는 땅 속에 들어갔다고 합니다. 이것을 보살행菩薩行이라고 하는데 군자는 헐벗은 사람에게 옷을 주고, 배고픈 사람에게 밥을 주고, 목마른 사람에게 물을 주는 사람입니다. 군자는 모든 사람들과 더불어 같이 기뻐하며 즐거워하는 사람입니다.

천도교에 입도한 사람은 한울님을 위하는 3·7자 주문을 많이 정성껏 외워 감화를 받아 한울님 모심을 마음과 몸으로 증험하고 시천주에서 양천주의 단계로 정진하는 군자사람이 되어야 합니다. 그러나 입교한 지 오랜 세월이 지난 교인 중에도 발천發闡되지 못하여 감화를 받지 못하고 속세의 중생과 같이 세상사람 그대로 있는 분들도 있습니다.

또한 발천되어 강령을 받고 영부를 받은 사람 중에서도 한울님과 스승님의 가르침을 힘써 지키지 않고 분별심이 강하게 운용되어, 남의 흉을 보거나 시비하는 마음을 일으키고, 큰 소리를 하며 심지어는 화를 내는 사람도 있는데 이는 아직 군자사람이 되지 못한 때문입니다.

세간에는 혹 개체의 잡신과 통한 무당이나 점쟁이들이 있습니다. 그런 사람들 중에는 타심통他心通, 숙명통宿命通, 수명통壽命通이 되어 무엇이든 알아 맞히는 사람도 있습니다. 그러나 그것은 한울님을 믿지 않고 미신으로 인한 잡신의 작용이요 사리를 분별치 못하고 정도正道가 아니므로 그들이 군자사람이 될 수 없습니다. 그러므로 바른 마음을 가지고 수도를 하지 않으면 군자사람이 될 수도 없고 바르게 진리를 터득할 수가 없는 것입니다.

수도하는 사람들은 조심하고 삼가고 얼음 위를 걸어가는 심정으로 스승님의 심법을 일호도 어기지 않아야겠습니다. 힘써 도를 지켜 정진하면 군자사람의 자격을 얻게 되고 무위이화로 지상신선이 될 수도 있습니다.

무위이화無爲而化의 뜻을 경전에서 해석한 것을 보면 '저절로 된다' 또는 '자연히 된다'로 해석하였는데 비슷한 해석이라고 할 수 있으나 좀더 정밀히 말한다면 수운대신사께서 '오도吾道는 무위이화', '조화자는 무위이화'라고 하셨는데 무위이화의 뜻은 글자 그대로 '무無에서 화化하다', '없는 데서 화생한다'는 뜻입니다. 없는 것으로 없는 것을 보면 없는 데서 있는 것을 볼 수 있는데 그 있는 것이 바로 성령이요, 한울님입니다. 따라서 한울님으로부터 화생한다는 말이 무위이화의 참뜻입니다.

　조화造化의 뜻은 없는 데서 창조되고 변화한다는 의미로, 인간의 경험이나 지식으로는 알 수 없는 것이 한울님의 조화입니다. 진성眞性을 무무無無, 무유無有, 무위無爲로 표현하는데 바로 그곳으로부터 천지 만물이 화생되어 변화하는 것을 무위이화라고 하며 조화라고 합니다. 군자사람이 되면 한울님의 간섭·명령·통일·지혜·능력을 느끼고 볼 수 있는데 이 모두가 무위이화로 나타납니다. 군자사람은 무위이화로 지상신선이 되는 것입니다.

　셋째, 지상신선입니다. 신선사람은 건강하고, 편안하고, 부부화순으로 가정이 화목하고, 기쁘고 감사하며 행복한 생활을 하는 사람입니다. 육신관념에 사로잡힌 사람에서 성령사람으로 개벽이 되어 진리를 깨닫고, 법열 속에서 생사를 초월하고, 한울님을 모신 한울사람이요, 신선이요, 신입니다.

　인간은 한울이 한울된 것이요, 영이 영된 것이요, 신이 신된 것이요, 무형천이 유형천이 된 것이요, 본체성령이 성령사람으로 된 것입니다. 성품이 한 근원이요, 마음이 한 한울이므로 한울성품이 사람성품이요, 한울마음이 사람마음으로 유일무이한 성심본체입니다. 따라서 신선이 신선된 것이 사람입니다. 신선은 금강신金剛神, 불괴신不壞神으로 영생불멸의 실상이므로 살아서는 지상신선이요, 죽은 후에도 성령출세가 된 신선입니다.

　수운대신사께서 「수덕문」에서 부친이 "하루아침에 신선되었다."고 말씀하셨고, 「용담가」에서 "나도 또한 신선이라 비상천 한다 해도…"라고 하시고 「안심가」에서 "나도 또한 신선으로 이런 풍진 무삼일고 나도 또한 한울님께 신선이라 봉명해도…"라고 사후의 신선에 대한 말씀을 분명히 밝혔습니다.

의암성사께서 말씀하신 성령출세로 합세간출세간合世間出世間이 되어 신선으로 영생불멸하는 것입니다. 수도하는 사람들이 스승님을 만나보고 가르침을 받은 사례도 많이 있습니다.

사람이 살아가는 두 길이 있는데 육신관념에서 살면 아무리 많은 돈이 있고, 지식이 있고, 권력이 있어도 고뇌 속에서 전도망상으로 짐승과 같은 삶이 되는 것이요, 반면에 성령인으로서 살면 이 세상이 천국이요, 사람마다 한울사람이요, 기쁨과 감사한 마음으로 행복한 신선생활을 하는 것입니다.

신선사람은 욕심이 없고, 감정을 초월하고, 집착과 고집이 없습니다. 신선사람은 불평불만이 없고, 미워하지도 않고, 원망하지도 않습니다. 신선사람은 남의 흉을 보지 않으며, 남과 시비를 아니하고, 싸우지도 않습니다. 신선사람은 불안도 없고, 고뇌도 없고, 걱정 근심도 없고, 병도 없습니다. 신선사람은 전도망상을 하지 않고 따라서 물정심에 좌우되지 않습니다. 신선사람은 불이불염不二不染의 본래 마음으로 일묵一默에 공적극락空寂極樂이요, 일희一喜에 태화건곤太和乾坤이요, 일동一動에 풍운조화風雲造化의 최상정각最上正覺이 되어 일체의 장애가 없어 공도공행公道公行으로 생활하는 사람입니다. 신선사람은 한울님의 무궁한 지혜와 무궁한 능력을 받고 무한 공급으로 자유자재의 생활을 하는 천국천민天國天民이 된 사람입니다. 신선사람은 인내천의 진리를 깨닫고 한울님을 모신 한울사람입니다.

성품이 고금세계의 거울이 되어 만리만사萬理萬事가 거울에 비쳐 운용하는 것이 마음인데 운용될 때 마음을 조절치 못하는 사람을 세상사람이라 하고, 마음을 조절할 수 있는 사람을 군자사람이라 하고, 조절함이 없이 공사가 분별되고 주와 객이 일체가 된, 한울님을 모신 한울로서 일체의 걸림이 없는 마음으로 무한 자유를 얻고 대자재경大自裁境에서 공도공행하는 한울사람을 지상신선이라고 합니다.

세상사람에서 군자사람이 되고, 지상신선이 되는 방법은 한울님의 덕과 스승님의 은혜를 생각마다 잊지 않고 믿음과 공경과 정성을 다하여 수도하는 길밖에는 다른 길이 없습니다. 끊임없는 기도생활로 한울님의 감화를 받아 강령이 되어 한울님 모심을 증험하고, 영부를 받아 만고명인이 된 기쁨을 얻고, 한울님의 가르침을 받아서 모든 인과의 법칙을 깨닫고, 자천자각으로 해탈이 되어, 대도견성으로 무상정각에 도달하는 것입니다.

천도교인들은 먼저 자기 자신을 구하고 가정을 구하고, 세상을 구하기 위하여 극진한 수도생활로 세상사람들에게 군자사람이 되고 지상신선이 되도록 최선을 다해야 하겠습니다.

* 『신인간』 524호, 포덕135(1994)년 1월.

수도를 권하면서 인사를 드립니다

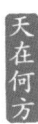

　의암성사께서는 「권도문勸道文」에서 "도란 것은 사람이 한갓 지키어 사업만 할 뿐 아니라 진리를 온전히 터득하여 어김이 없게 함이니 어찌 삼가지 아니하리오."라고 말씀하셨습니다. 해월신사께서는 「강서」에서 "도란 것은 갓난 아기를 보호하듯이 하고 대자대비하여 수련 성도로 일이관지함이니라."고 하셨습니다. 수운대신사께서는 「전팔절」에서 "도가 있는 바를 알지 못하거든 내 믿음이 한결같은가 헤아리라." 하시고 「후팔절」에서 "도가 있는 바를 알지 못하거든 내가 나를 위하는 것이요 다른 것이 아니니라."고 말씀하셨습니다.

　한울이 한울된 것이 사람이요, 무형한 한울님이 유형화된 것이 사람입니다. 한울이 물건을 화생하고 물건은 다시 한울을 얻은 것이므로 무형이 곧 유형이요 유형이 곧 무형으로 유일무이한 것이 한울님이요 성심본체입니다.

　이 한울님이 억억만년 전부터 시작도 없고 인연도 없이 본래부터 고요히 있으며, 억억만년 후 영원히 무루무증無漏無增·불생불멸하는 우주 본체요, 최고 무상無上한 진리요, 모든 종교의 뿌리요, 모든 학문의 근본입니다. 이것이 바로 성천性天·심천心天·신천身天의 삼단이요, 본래 참나요, 위아래도 없고 가고 오는 것도 없으며 항상 머무는 곳이 없고 아니 있는 곳이 없는 우주의 실상이요 법상입니다. 이 본체는 무한하며, 무극하며, 무진장한 보고입니다.

세상에는 도를 모르는 사람이 너무도 많습니다. 그 중에 다행히도 도를 아는 사람, 믿는 사람, 수도를 하여 마음과 몸으로 증험을 얻어 기쁨을 얻은 사람, 감사할 줄 아는 사람, 천인합일이 된 사람, 해탈이 된 사람, 견성이 된 사람도 있고 지혜와 능력을 받은 사람들이 있습니다.

도는 무선무악하기 때문에 정시정문正示正聞합니다. 그 사람이 생각하고 말하고 행동하는 그대로 형상화 되는 것입니다. 하고자 하는 생각을 일으키는 것은 마음이요 할 수 있게 간섭하고 명령하는 것은 한울님입니다.

그러므로 사람이 행주좌와行住坐臥·어묵동정語默動靜, 마시고 먹고 오장육부가 운용되는 것, 피가 돌아가고 신경이 통하고 맥박이 뛰고 세포가 신진대사하는 것, 마음·생명·정신이 운용되는 모든 것이 모두 한울님의 덕이요, 이것을 밝게 가르쳐 주신 분이 신성사神聖師님입니다. 그래서 한울님의 덕과 스승님의 은혜를 생각마다 잊지 않으면 지기와 지극히 화하여 성인이 된다고 하신 것입니다.

성품이 일원一源이요, 마음이 일천一天이요, 법이 일체一體이므로 누구나 꼭 같은 음양·이치·기운으로 화생·운용되는 것입니다. 무체성無體性에는 차별이 없고, 유체성有體性인 유전자가 대대손손 혈통으로 내려오면서 천차만별로 차이가 있는 것입니다. 그러나 유전자도 마음가짐에 따라서 변화하는 것이므로 어리석은 사람이 어진 사람이 될 수 있고, 범부凡夫도 성인이 될 수 있고, 잉태한 엄마가 태교를 잘하면 요순 같은 성현도 낳을 수 있고, 공맹 같은 성인도 낳을 수 있다고 하셨습니다.

또 이신환성以身換性으로 육신을 개벽하면 만사의 개벽은 쉽게 된다고 하셨습니다. 이신환성이 되어야 포덕광제의 목적을 달성할 수가 있습니다.

한울님을 부모와 같이 모시고 섬기고, 효로써 봉양하고, 식고를 잘하고, 출입 심고를 잘하고, 성경신을 다하여 실천 봉행하면 반드시 한울님께서 감동하십니다. 때때로 조용히 앉아 경외지심으로 위천주·시천주·양천주·각천주의 단계를 거쳐 나아가면 깨닫게 되고 통하게 되어 만사지 경지에 도달할 수 있습니다.

누구나 백절불굴의 정신으로 두려운 마음을 갖고 바르고·밝고·착하고·의로운 마음으로 정진하여 샛길로 가지 말고, 수렁에 빠지지 말고, 이불청음성耳不聽淫聲하고, 목불시악색目不視惡色하고, 먹으면서 먹는 것을 모르고, 말하면서 말하는 줄을 모르고, 살면서 사는 줄을 모르고, 걸림이 없고 막힘이 없는 자유심을 얻어 대도순성大道順成하시기를 바랍니다.

* 『천도교월보』, 250호, 포덕142(2001)년 5월, 연원회의장 취임사

부록

「월산 선생님 말씀집」 출간을 축하드리며 | 이영복 종법사 343

「월산 선생님 말씀집」 출간을 축하하며 | 임운길 연원회의장 346

사람이 한울되는 답은 인내천 | 조현 한겨레신문 기자 349

월산 도정과의 마지막 만남 | 조현 한겨레신문 기자 352

월산 김승복 약력 357

「월산 선생님 말씀집」 출간을 축하드리며

먼저 「월산 김승복 종법사 천도교 설교집」 출간을 기쁘고 감사하게 생각합니다.

선생님께서 우리와 유명을 달리 하신 지도 어느덧 만4개 성상이란 짧지 않은 세월이 흘렀습니다.

비록 종법사님의 색신色身은 우리들의 육안으로 볼 수 없으나 영체靈體는 우리들의 성령과 융합일치되어 일거일동을 같이 하시면서 영우靈佑의 가르침으로 지도 교화하고 계심을 절실하게 느끼고 있습니다. 예로부터 전해오는 말에 '사람들 가운데는 살아 있으면서도 죽은 사람이 있는가 하면 죽었는데도 살아있는 사람이 있다.'고 했습니다. 이 말씀 가운데 후자는 분명히 고인이되신 종법사님을 두고 하신 말씀이라고 확신합니다. 오늘 이 출간이 그 사실을 더욱 확인시킵니다.

의암성사께서 「이신환성설」에 "성령은 사람의 영원한 주체요, 육신은 사람의 한때의 객체에 지나지 않는다."고 하신 바와 같이 월산 종법사님은 생사일여 영적장생의 표본을 우리에게 보여 주고 계십니다.

회고하건대 종법사님은 꺼져가는 등잔불에 기름을 붓듯 쇠진할 대로 쇠진하였던 천도교의 시천주신앙을 새롭게 밝히셨습니다.

지금도 기억이 새롭습니다. 포덕 118년 본인이 교령으로 초선되었을 당시 교회는 쇠운이 지극하여 교중이 사분오열되어 한걸음도 전진할 수 없는 극한 상황이었습니다. 이러한 난국을 수습하여 교회를 안정시키고 교인들의 흩어진 마음을 집결시켜 동귀일체하기란 참으로 난감했었습니다. 이때 월산종법사님은 원로 교역자님들의 뜻을 모았습니다. 아무리 시간이 걸리더라도 신앙심을 불러일으키는 길밖에 없다는 것입니다. 그래서 저는 교령 취임 첫 사업으로 거교적인 연성 강도회를 실시하였습니다. 한울님과 스승님의 각별하신 감응이 나타났습니다. 남녀노소 청년학생, 모든 교인들의 대대적인 참여로 감격스런 성과를 거두었습니다. 종법사님은 환한 미소를 지으셨습니다. 이제야 30여 년의 숙원이 풀렸다며 기뻐하시던 모습은 평생 잊을 수가 없습니다.

월산 종법사님은 돈독한 시천주 신앙인으로 무극대도의 진리에 확고한 신념을 가지고 일이관지하시면서 후학들을 지도 교화하신 탁월하신 지도자로서 많은 덕을 쌓으셨습니다. 천도교의 장래에 대하여는 언제나 "천도교는 잘된다", "산하대운이 진귀차도하여 만 종교, 만 과학이 무극대도의 진리 위에서 통일된다"고 신념에 찬 말씀으로 항상 역설하셨습니다.

오늘날 우리 인류는 불투명하고 불확실한 미래를 향하여 불안감 속에서 살아가고 있습니다. 이러한 상황에서 확고한 신념에 찬 정확한 노선 제시야말로 암흑 속의 등불이 아닐 수 없습니다. 많은 분들을 새로운 참 삶의 길로 인도하시면서 무한한 덕을 쌓으셨습니다. 바로 이것이 덕업장생하는 길임을 새삼 느끼게 됩니다.

  이 말씀집이 천도교의 인내천 진리를 다시 한 번 세상에 널리 알리는 등불이 되길 바랍니다. 자신의 정체성을 찾지 못해 방황하는 세상의 많은 영혼들에게 사람이 곧 하늘이라는 깨달음으로 안내하길 기원합니다.

  그동안 어려운 상황임에도 불구하고 출간에 애쓰신 여러분께 감사드립니다.

포덕 150년 3월　일

전 천도교 교령

종법사 이영복 심고

「월산 선생님 말씀집」 출간을 축하하며

　월산 김승복 종법사님께서 환원하신 지 어느덧 4년이 지났습니다. 날이 갈수록 추모의 심정이 간절해지는 이때에 여러 후학들의 정성으로 월산 선생님 설교집을 간행하게 된 것을 감사하게 생각하면서 진심으로 축하합니다.

　월산 선생님께서는 20대 초에 '죽기 전에 진리를 알아야겠다'는 굳은 결심으로 고향인 평북 정주 앞바다의 무인도 관도리에서 수도하신 것을 비롯하여, 30대 초반에는 대도의 근본을 반드시 깨닫겠다는 큰뜻을 품고 3년간 입산 수도하시어 무극대도의 진리를 깊이 터득하셨습니다. 그리하여 수많은 강론과 설교, 수련회 지도를 하시고 또한 『신인간』 등을 통한 지상설교로 많은 사람들에게 감화를 주고 인생의 나아갈 길을 밝혀 주셨습니다. 특히 오랫동안 끊어진 수도의 도풍을 다시 이으시고 수도의 절차와 요령을 알기 쉽게 밝히시어 많은 후학들을 육성하셨습니다.

　천도교 영등포교구에서는 48년 전, 포덕102년(1961년) 10월에 1차로 교당을 건립하고 강도회를 개최하면서, 그때 바로 3년(천일)기도를 마치고 하산 하신 월산 선생님을 강사로 모셔서 말씀을 듣고 많은 분들이 큰 감화를 받았습니다. 이것이 계기가 되어 영등포교구는 수도 연성에 주력하면서 모든 동덕들이 한마음 한뜻이 되어 월산 선생님을 정원포 도정으로 모시고 오늘과 같이 큰 발전을 보게 되었다는 것을 회상해 볼 때 월산 선생님에 대한 생각이 더욱 간절해지고 감회가 깊어집니다.

또한 월산 선생님은 10여 년 동안에 121회의 수도 간담회를 통해 많은 가르침을 주셨습니다.

그리고 저 자신이 지나온 길을 돌아 볼 때 8·15 광복 후 학생 시절에 천도교에 입교하였으나, 주로 사상적으로 신앙해 오다가 월산 선생님을 만나면서 수도의 길을 걷게 되었으며 한평생 기쁨과 희망과 사명감을 갖고 건강하고 보람 있게 살아온 것을 감사하게 생각하지 않을 수 없습니다.

포덕천하 광제창생 보국안민 지상천국 건설을 목적으로 하는 천도교가 과거에는 갑오동학혁명·갑진개화혁신운동·기미 3·1독립운동 등 사회운동으로 근대사를 주도해 왔다면, 앞으로는 이신환성 수련을 통한 정신개벽운동으로 민족과 인류의 영원한 평화와 행복의 길을 열어 나가게 되리라고 생각할 때, 수도의 길을 밝혀 주신 월산 선생님의 공덕은 앞으로 더욱 빛날 것이라고 생각합니다.

이 설교집은 종교인이건 비종교인이건 누구든지 부담 없이 읽을 수 있고 생활에 많은 도움이 되리라 생각합니다.

아무쪼록 이 책이 널리 보급되어 방황하는 세상 사람들에게 자아완성을 위한 수도 생활의 길잡이가 되어 지상신선으로서의 행복한 삶을 영위하게 되고, 특히 민족의 통일과 평화세계 건설을 위한 정신개벽운동의 역군이 많이 나오게 되기를 바랍니다. 그리하여 인내천의 새 시대, 새 역사를 열어 나가는 횃불이 되기를 기원합니다.

　월산 선생께서는 육신은 비록 계시지 않지만 성령으로 출세하시어 장생하시면서 또한 이 책과 더불어 항상 우리와 함께 계시면서 우리들의 앞길을 밝혀 주시리라 믿습니다. 이 설교집 발행을 위해 수고하신 여러분들께 깊은 감사를 드립니다.

　　　　　　　　　　　　　　　　　　　　포덕 150년 3월　일
　　　　　　　　　　　　　　　　　　　　천도교연원회의장
　　　　　　　　　　　　　　　　　　　정원포 도정　임운길 심고

사람이 한울되는 답은 인내천

조현 기자__ 한겨레신문 2002년 4월 5일

1860년 4월 5일 수운 최제우가 깨달음을 얻고 천도교를 연 143주년 천일天日 기념을 맞은 서울 종로구 경운동의 천도교 중앙총부로 김승복(76) 연원회 의장을 찾았다. 연원회란 겉으로 드러난 조직과 달리 수운대신사로 부터 심법(깨달음)이 계승되는 비밀 조직과 같다.

김 의장은 천도교 3대 교주로 3·1운동 때 민족대표 33인의 수장이었던 손병희 선생 이후 거의 끊기다시피한 수도 전통을 산중 7년 수도로 깨달음을 얻은 뒤 회복시켰다. 때문에 천도교인들로부터 '월산 선생님'으로 불리며, '도인'으로 존경받고 있다. 이번에도 천도교는 천일을 앞두고 21일 동안 전국의 교당에서 매일 밤 시천주수도를 하는 등 수도 열기를 되살렸다.

김 의장은 매스컴에 한번도 얼굴을 드러낸 적이 없다. 2년 전 산길을 한나절이나 걸어 올라가야 하는 경기도 가평 화악산 중턱의 수도원까지 찾아간 기자에게도 인터뷰를 허락하지 않을 정도로 그는 일체 자신을 드러내지 않았다.

그러나 그에게서 '권위적'인 모습을 찾아 보기란 불가능하다. 노구를 누구에게나 깊이 숙이는 모습은 깨달음을 얻고 집으로 돌아온 수운이 부인에게 3배를 올리고, 노비 2명을 수양딸과 맏며느리로 삼을 만큼 '사람을 한울'로 여기는 인내천人乃天의 정신이 삶 속에 그대로 녹아있다.

지위와 돈으로 사람을 평가하고 가난한 나라에서 온 외국인 노동자를 멸시하고 두들겨 패기까지 해 국제적 지탄을 받는 우리 현실에서 '인내천'은 다시금 큰 경종을 울려준다.

"모두가 근본을 몰라서 그 근본과 우주 본체를 알기 위해 답을 찾아가는데, 천도교는 답으로부터 시작한다." 그가 전하는 천도교 창교의 의미다. 종교도 세상 사람도 겉으로 드러난 물질적 형상에 잡혀 만물을 개체로 생각하는데 원래부터 '모두는 하나'이며 '우리가 곧 한울'이라는 것이다. 신라 의상조사가 "사람이 한울되는 것이 큰 꿈인데, 누가 그 큰 꿈을 이룰 것인가"라고 물었는데, 그 답이 곧 '인내천'이라는 것이다.

"우주의 본체는 억만년 전부터 시작없이, 인연없이 성심 성령으로 고요히 무형으로 있는데, 정자와 난자가 만나는 순간 부모와 조상의 습관이 전해져 각자 다르게 나타날 뿐이다."

그가 '태교'를 특히 강조하는 이유는 여기에 있다. 부모의 생각이 아이에게 그대로 전달되므로 사람을 미워하면 아이가 미운 사람을 닮고, 장애인에게 손가락질을 하면 장애인을 낳을 수 있는 것이 이치라는 것이다.

천도교 주문 수련 과정에선 온갖 초능력이 생기기도 한다. 그러나 그가 가장 경계하는 것은 사도로 떨어지는 것과 미신이다. 대부분의 종교가 다른 종교를 배타하면서도 스스로는 미신으로 떨어져 있다고 그는 말한다.

"귀신이 어디에 있단 말인가. 한울은 마음이 흰 것을 구하면 흰 것을 주고, 검은 것을 구하면 검은 것을 준다. 그래서 원래 귀신이 없는 것이지만 귀신을 구하는 자에게 귀신이 나타나고, 산신을 구하는 자에게 산신이 나타나는 것이다. 원래 한 성령뿐이지만 구하는대로 성령이 만물로 나타나는 것이다."

때문에 그는 운명론과 팔자를 철저히 경계한다.

"콩 심은 데 콩 나고 팥 심은 데 팥 난다. 기운이 곧 마음이기 때문에 마음 먹은 대로 되는 것이다. 우리가 탐심을 버리면 마음은 하나이기 때문에 서로가 통한다"

명쾌한 가르침을 주고서도 오히려 그는 가르침을 받은 사람보다 더 깊이 고개를 숙인다. 숙이는 마음과 마음 사이에 너도 없고, 나도 없다.

김승복 도정과의 마지막 만남

조현 한겨레신문 기자__ 신인간 651호(2004년 11월호)

공암(空菴, 월산) 김승복 도정이 10월 4일 밤 환원했다는 소식을 그 다음날 듣고 처음엔 잘 믿어지지 않았다. 78살로 고령이지만, 불과 10일 전에 만난 월산 선생의 모습은 어떤 젊은이보다 더 건강해 보였다.

월산 선생을 마지막으로 만난 것은 9월 24일 오후 1시 30분이었다. 필자는 신문사에서 자비 연수를 신청해 인도의 종교와 공동체를 1년 동안 돌아보고 왔다. 선생을 만나기 하루 전에야 다시 한겨레신문 문화부 종교 담당으로 복귀했다. 신문사에 복귀해 첫 인터뷰 대상자로 월산 선생을 꼽았다. 천도교에선 1904년에 3대 교조인 의암 손병희 선생이 주도한 갑진개화혁신운동 100주년을 맞고 있었다. 어느 시대에나 역사를 주도하는 세력이나 사상이 있게 마련이다. 100년 전 역사의 흐름을 주도한 대표적인 종교가 천도교였다.

의암의 수도 정신을 이어온 월산 선생으로부터 당시 의암의 사상이나 시대관을 들어 보고 싶었다. 의암의 사상에 대해 학문적으로 또는 체계적으로 공부한 이들도 있다. 그러나 최제우-최시형-손병희로 이어지는 천도교 초기 스승들의 심법을 제대로 이으려는 수도인들을 찾는 것은 쉽지 않다.

천도교는 태동 이후부터 동학혁명과 3·1운동을 이끌며 잠자는 민족을 일깨웠다. 천도교가 오랜 유교적 봉건주의나 일제 등 철벽과도 같았던 상대와 순교로 맞설 수 있던 용기는 '사람이 곧 한울'이라는 깨달음과 수도의 힘에 바탕한 것이었다.

천도교가 세력뿐 아니라 정신마저 쇠퇴해 초기의 힘을 찾아보기 어려운 것은 일제와 분단의 와중에서 가장 심한 핍박을 받은 탓도 있지만, 이를 뚫고 나갈 만한 수도의 힘을 잃어버린 탓이 적지 않을 것이다. 그런 면에서 천도교 초기 스승들이 깨달은 바를 체득하려 각고의 정진을 하고, 수도의 단계를 상세히 밝혀 놓은 월산 선생의 노력은 천도교의 정신을 다시 되살릴 수 있는 소중한 불씨를 남긴 것이 아닐 수 없다. 실제 자신의 실제 수련과 검증을 거쳐, 구체적으로 수행 과정에서 나타나는 체험과 부작용 등을 밝힌 것은 수행의 종교라는 한국 불교의 선사들에서도 익히 볼 수 없는 것이다. 내가 월산 선생을 처음 만난 것은 2000년 6월 경기도 가평군 화악산수도원에서였다. 수행·수도 현장 르포인 '나를 찾는 사람들'이란 연재 기사를 쓰기 위해 천도교 시천주 주문 수련을 취재하러 갔다. 그때 월산의 탁월한 법설과 수도인들의 진지한 수도와 겸허한 자세에 참으로 큰 희열을 느꼈다. 근대 한반도를 깨웠던 정신이 아직 죽지 않았다는 느낌이 든 때문이었다. 그래서 난 그 뒤에도 가끔 월산 선생을 찾아 법설을 듣곤 했다.

서울 인사동 건국다방에서 만난 월산 선생은 만개한 꽃 같은 웃음으로 나를 안았다. 더할 나위 없이 건강해 보였다. 얼굴이 얼마나 깨끗하고 맑은 지 마치 빛이 나는 것만 같았다. 평북 정주가 고향인 월산 선생은 이날 점심 때 종로의 한 냉면집에서 고향 친구들 모임이 있었다고 했다. 그는 "친구들 중에 상당수가 먼저 갔다."고 말했다.

"인터뷰는 안하는 게 좋겠어. 그래도 조 기자 얼굴 한 번 보고 싶어서 나왔어." 월산 선생의 말을 듣고 나는 순간 당황했다. 그 다음 주 화요일이 추석이어서 추석 연휴가 시작되기 앞서 종교면 한 페이지의 기사를 미리 써 놓아야 했던 나로선 그날 오후가 내게 주어진 유일한 취재 시간이었다. 그래서 마음이 몹시 급한데도, 월산 선생과의 인터뷰만은 하기로 한 것인데, 이마저 시간만 허비하게 되었다는 생각이 들었다. 월산 선생은 "의암 선생의 근대 시기 행적 문제가 제기되고 있는 마당에, 곧바로 언급하는 것은 좋지 않다."고 밝혔다. 그는 "밖에서 문제 삼은 지적들이 맞는 부분도 있지만, 뜻을 이루기 위해 방편 도리를 쓰는 성인의 뜻을 어찌 후세 사람이 다 알 수 있겠느냐."고 했다.

인터뷰에 대해 '존경하는 선생님'인 월산의 뜻이 그러니 어찌할 것인가. 일단 '일' 생각은 내려놓고, 월산 선생과 모처럼만에 짧고도 긴 얘기를 나눴다. 그가 나의 인도 여행에 대해 묻길래 히말라야를 여행한 얘기를 했더니, "젊은 시절엔 여건이 안 됐고, 지금은 짬도 있고 여유도 있지만 몸이 따르지 않는다."며 이 생에 히말라야를 갈 수 없음을 아쉬워했다. 내가 "건강이 아주 좋아 보이신다."고 했더니, "몸도 건강하고, 근심 걱정이 없다."고 말했다. 그리고 "토건업을 하는 큰사위가 생활비도 부족함이 없이 주어 집안도 걱정할 일이 없다."고 했다. 서로 안부를 나눈 뒤 그는 "조 기자도 자유를 얻었으니 이제 걱정할 일이 없을 거여."라며 지긋이 바라보았다. 난 "그렇지가 않습니다. 이제 시작인 걸요."라고 답했다. 그러자 그는 "그렇지가 않아. 조 기자 책도 내가 꼼꼼히 다 읽어 보았어."라고 말했다. 천도교뿐 아니라 불교, 원불교, 천주교, 개신교 등 여러 종교와 수련 단체의 수행·수도장 17곳을 취재한 연재물을 『나를 찾아 떠나는 17일간의 여행』이란 책으로 펴낸 적이 있는데, 그 책을 말한 것이었다.

나는 쑥스러운 마음이었지만, '진정으로 자유를 얻으라'는 경책으로 알아듣고 입을 다물었다. 그런데 어쩐지 그에게 우리나라의 미래에 대해 묻고 싶은 생각이 들었다. 한국에 돌아와 보니, 북한 핵과 미국의 호전성 때문에 한반도 위기설이 심심치 않게 나돌고 있고, 한반도 전쟁설이 포함된 무슨 예언서까지 돌고 있다는 얘기를 들었다.

평생의 수도 과정에서 태양 같은 허광심으로 반딧불 같은 점술과 미신을 녹이는 그의 지혜를 통해 이런 사회 현상을 어떻게 봐야 하고, 위기를 어떻게 이겨야 할지 듣고 싶었던 것이다.

"한울은 불택선악不擇善惡이야. 정해진 게 아니지. 한반도도 우리 하기에 달린 거지."

운명론과 팔자를 철저히 경계해온 그였다. 한울은 마음이 흰 것을 구하면 흰 것을 주고, 검은 것을 구하면 검은 것을 준다는 것이었다.

"용서는 좋은 거지. 상대가 몰라서 그런 거니 용서할 수 있는 거지." 그가 마지막으로 한 말은 내가 바쁜 상황인데도 '그것을 몰라 불러냈으니 용서하라'는 것인지, '남·북, 좌·우가 서로 상대를 모르고 심하게 하는 것이니, 용서하라'는 것인지 정확히 알 수 없었다. 아무래도 좋았다. 그것은 나 자신에게도, 한반도에게 가장 필요한 선물이었다. 난 고작 차 한 잔을 대접했지만, 그가 내게 남기고 간 선물은 지우려야 지울 수 없는 향기였다.

월산 김승복 약력

포덕67년(1926) 6월 27일 평북 정주군 임포면 염호동(둔투리)에서 부친 김승진과 모친 공주김씨의 5남매 중 막내아들로 출생.

포덕85년(1944) 동광중학교(중국심양) 졸업.

포덕90년(1949) 3월 30일 고향에서 천도교 입교.

포덕91년(1950)말 월남하여 군복무.

포덕96년(1955) 입산하여 3년간 수도. 이때부터 아호 '월산月山' 씀.

포덕102년(1961) 11월 천도교 영등포교구에서 포덕 교화 시작. 수년 사이에 전국적으로 신앙 수도 분위기 진작하고 정원포 도정道正으로 추대됨. 도호 '공암空菴'을 받음.

포덕105년(1964)부터 포덕140년까지 천도교 중앙총부 상주선도사, 교서편찬위원, 종학원 강사, 연원회 부의장 등 역임.

포덕107년(1966) 영진공업사 대표이사로 취임 20년간 봉직.

포덕141년(2000)부터 3년간 천도교 연원회 의장 역임.

한평생 대도중흥을 위하여 수도연성 지도에 정성을 다하였으며 특히 포덕 104년부터 교역자 수도간담회를 개최하여 정신개벽을 위한 깊은 공부를 하도록 지도하다가, 포덕 135년도부터는 일반 수도간담회로 확대 발전시켜 121회에 걸쳐 지도하면서 정심수도의 길을 밝혀 주시던 중

포덕145년(2004) 10월 4일 저녁 7시 15분경에 향년 79세를 일기로 환원.

월산 김승복 천도교 설교집
天在何方: 한울은 어디에 있는가

등록 1994.7.1 제1-1071
1쇄 발행 2009년 4월 5일
2쇄 발행 2019년 12월 24일

지은이 김승복
펴낸이 박길수
편집인 천도교영등포교구
        월산김승복천도교설교집 편찬위원회
편집장 소경희
편 집 조영준
관 리 위현정
디자인 이주향
펴낸곳 도서출판 모시는사람들
        03147 서울시 종로구 삼일대로 457(경운동 수운회관) 1207호
전 화 02-735-7173, 02-737-7173 / 팩스 02-730-7173
홈페이지 http://www.mosinsaram.com/

인 쇄 천일문화사(031-955-8100)
배 본 문화유통북스(031-937-6100)

값은 뒤표지에 있습니다.
ISBN   978-89-90699-68-8   03250

* 잘못된 책은 바꿔드립니다.
* 이 책의 전부 또는 일부 내용을 재사용하려면 사전에 저작권자와 도서출판 모시는사람들의 동의를 받아야 합니다.